LA DRA. LAURA SCHLESSINGER recibió su doctorado en fisiología de la Universidad de Columbia en Nueva York, y también ha hecho estudios posdoctorales en terapia de familia y de pareja. Es la autora de siete bestsellers en la lista del *New York Times* y de cuatro libros para niños. Tiene un programa de radio sindicado a nivel internacional, y actualmente vive en el sur de California con su esposo e hijo.

EL RABINO STEWART VOGEL es el líder espiritual del Templo Aliyah en Woodland Hills, California. Por veinte años ha trabajado en obras con miembros de distintas religiones y ha sido galardonado por la Conferencia Nacional de Cristianos y Judíos. El rabino Vogel es ex presidente de la Asamblea Rabínica de la Región Oeste, y se lo reconoce como orador dinámico, maestro y líder de sinagoga. Vive en Los Ángeles con su esposa y sus cuatro hijos.

Otros Libros por Laura Schlessinger

Poder de Mujer

Woman Power

Cómo Cuidar y Tener Contento al Esposo

The Proper Care & Feeding of Husbands

Ten Stupid Things Women Do to Mess Up Their Lives

How Could You Do That?!

Ten Stupid Things Men Do to Mess Up Their Lives

The Ten Commandments

Stupid Things Parents Do to Mess Up Their Kids

Ten Stupid Things Couples Do to Mess Up Their Relationships

Libros para niños

Why Do You Love Me?

But I Waaannt It!

Growing Up Is Hard

Where's God?

LOS
DIEZ
Mandamientos

La Importancia de las Leyes de Dios en la Vida Cotidiana

Dra. Laura Schlessinger
con el rabino Stewart Vogel

Traducido del inglés por Ana del Corral

rayo

Una rama de HarperCollinsPublishers

Diseño del libro por Jessica Shatan Heslin

Para Lew y Deryk, quienes han compartido el camino. (L.S.)

Para mi esposa Rodi, mi compañera en la vida:
"y serán una sola carne" (Génesis 2.24);
y mis hijos Talya, Eliezer, Ari y Avi:
"Los hijos son una herencia de Dios" (Salmo 127.3). (S.V.)

Contenido

Agradecimientos

Este mes celebro el cuarto aniversario de la internacionalización de mi programa de radio. He hecho un recorrido fascinante en el mundo de las transmisiones radiales que me ha llevado desde un programa local en KFI en Los Angeles, con un formato que algunos llamaban "charla de loquero" hasta lo que ahora he llamado un programa de "salud moral." Yo "predico, enseño y fastidio" acerca de la moralidad, los valores, la ética y los principios. El formato evolucionó junto con mi recorrido religioso personal. Empecé a salir al aire hace unos veintitrés años, primero como una persona común y corriente, luego como una terapeuta formada y entrenada en la consejería matrimonial y de familia. En cuanto a religión, mi matrimonio era "inter-no religioso" y tardé la mayor parte de mi vida adulta en desarrollar una profunda creencia en Dios.

El rabino Stewart Vogel proporcionó mi primera orientación y me apoyó en este esfuerzo. En nuestra primera reunión, me reprendió con suavidad en el sentido de que "sentirse judía" no era un substituto válido para la formación y la práctica. Mi hijo,

Deryk, y yo nos convertimos formalmente al Judaísmo a través del programa, con sede principal en Los Ángeles, de la Universidad Conservadora del Judaísmo, dirigido por el rabino Neil Weinberg, un maestro maravillosamente entusiasta y conocedor.

Tras escuchar mi programa en Ottawa, recibí un fax encantador del rabino Reuven Bulka, ortodoxo, autor prodigioso, y colega en la radiodifusión. Después de desarrollar una amistad a través del fax y del teléfono durante varios años, él se convirtió en mecenas de los estudios judaicos de mi familia, que culminaron en 1998 con nuestra conversión (la de Lew, Deryk y yo) al judaísmo ortodoxo. Esta hazaña hercúlea fue lograda gracias a la tutela y el apoyo del rabino Eli Schochet y de Penina, su esposa.

Me he sentido animada por el fuerte y conmovedor apoyo que la comunidad cristiana le ha dado tanto a mi programa como a mi crecimiento religioso personal. La cantidad de monjas, sacerdotes, pastores, ministros, maestros laicos y personas cristianas que han intercambiado correspondencia conmigo durante estos cuatro años ha sido algo inspirador. Me siento conmovida y agradecida. Demuestra que las personas que son sinceras en cuanto a su amor por Dios comparten un sólo pensamiento.

Puesto que ha sido más que todo a través de mi programa radial que he tenido la oportunidad de comunicar y de "fastidiar," me siento, desde luego, agradecida con quienes lo han hecho posible: Premiere Radio (Steve Lehman, Kraig Kitchin y Greg Noack); Multiverse Networks (David Landau y Ken Williams); mis magníficos asistentes personales (Keven Bellows, Lisa Medel, Amir Henrickson y DeWayne McDaniel); y mi grupo de apoyo para la transmisión (Carolyn Holt y Dan Mandis).

Le perdono a Diane Reverand (también conocida como "La Reveranda Diana"), mi editora, por introducir tantas comas y eliminar tantos paréntesis. Este es nuestro cuarto libro, ¡imaginen! Aprecio su paciencia, su esclarecimiento, su crítica (la mayor parte del tiempo) y su entusiasmo.

Mi agradecimiento hacia Lew, mi esposo, y a Deryk, mi hijo, por ser los amores de mi vida, es algo que les expreso personalmente... así que, suficiente. Bendiciones a mi querida amiga Patti Edwards, alma gemela espiritual.

E infinitos agradecimientos a mi audiencia. Gracias por luchar conmigo... porque, aparte de Dios, somos lo único que nos queda.

—Dra. Laura C. Schlessinger

Existen muchos caminos en la vida que podría haber escogido. Fue el amor al judaísmo del que hicieron gala mis abuelos, Abe y Betty Jabkowski (bendita sea su memoria) y mis primeras experiencias con ellos las que sembraron la semilla de mi posterior compromiso con la vida religiosa. El Dr. David Elcott identificó mi potencial y me enseñó cómo ser un apasionado y comprometido maestro de escuela religiosa. Más adelante, los rabinos Robert Wexler y Elliot Dorff despertaron en mí un sentido de propósito a través de su estímulo para que me convirtiera en rabino. Estoy en deuda con su sabiduría y amistad.

He tenido el privilegio de servir en sinagogas que cuentan con congregantes amorosos y comprometidos lo que ha ayudado a que sea una experiencia satisfactoria. Mi trabajo en el Centro Templo Israel (White Plains, Nueva York) y en Valley Beth Shalom (Encino, California) me permitieron ser parte de sinagogas modelo y aprender de los mejores. Soy líder espiritual del Templo Aliyah (Woodland Hills, California) y mi relación con la congregación no puede describirse como menos que ideal. Cuento con excelentes profesionales y congregantes dedicados, con quienes estamos creando una sinagoga que hace énfasis en la comunidad

Agradecimientos

y en el compromiso judío. Cada día trae la bendición de personas que comparten su vida conmigo y enriquecen la mía en el proceso. Gran parte de mi contribución a este libro se debe a los sermones y las enseñanzas que he compartido durante los pasados años.

Este libro ha sido una labor de amor. La colaboración con la Dra. Schlessinger nos ha permitido aprender, compartir y escribir durante muchas horas. Su esclarecimiento y amistad han sido una parte importante de mi vida durante el proceso. Me siento agradecido con el Dr. Elliot Dorff y con Leslie Gilbert-Lurie por sus comentarios y con la Rabino Naomi Levy por su estímulo. Ellos han sido instrumentales en mi vida. Muchos clérigos respondieron preguntas sobre los Diez Mandamientos y nos ayudaron a entender sus diversas interpretaciones y aplicaciones. Me siento especialmente agradecido con monseñor Paul Dotson por su sabiduría y amistad. Una de las personas que le dió cordura a mi vida durante el tiempo en que se escribía este libro fue mi secretaria, Barbara Schwartz. Sin ella, mi vida habría sido un caos.

Siempre me inculcaron la importancia de la familia. Mis padres, Pearl y Bill Vogel, hacen que sea fácil cumplir con el Quinto Mandamiento. Han estado siempre presentes mediante su amor y estímulo para apoyarme y compartir mis éxitos. Se requiere de una familia completa para criar a un hijo, y yo me siento en deuda con toda mi familia por haberme dado una vida llena de amor y de amistad. Contando a mis cuatro hermanas, a mis tías y tíos, a mis primos y todos sus hijos, la vida es una serie de grandes celebraciones familiares. Tuve la fortuna en mi matrimonio no solamente de ganar una increíble esposa sino otros dos maravillosos padres. Shirley y Eric Mauer siempre están disponibles para la familia y son los suegros más discretos que uno podría esperar.

Me siento especialmente agradecido por la bendición que es Rodi, mi esposa. La vida a su lado es un recorrido maravilloso que es cada día mejor. Su inteligencia, su gozo de vivir e increíble talento para ser madre son una inspiración para mí. Ella aporta equilibrio y significado a una vida profesional ajetreada. Mis hijos, Talya, Eliezer, Ari y Avi, me enseñan todos los días mucho sobre la vida. Es asombroso cómo pueden ser de diferentes los hijos creados a partir del mismo material genético. Sólo espero que los valores a los que nos adherimos en este libro orienten sus vidas.

Y finalmente, me siento agradecido con Dios por regalarme una vida que ha superado todas mis expectativas.

—Rabino Stewart Vogel

Prefacio

Todo el mundo se sabe los Diez Mandamientos, ¿verdad? Veamos: Dicen algo sobre robar, mentir, matar... ah... pero eso son solo tres... Son más las personas que dicen vivir según los Diez Mandamientos que los que saben concretamente qué son, y ni hablar de lo que realmente significan. ¿Y por qué habrían de saberlo? ¿Qué tan importantes son, al fin de cuentas? Vivimos en un mundo moderno y esos sucesos, ideas e historias bíblicas son de tiempos antiguos. ¿Cómo van a tener valor en esta, la era de la propulsión a chorro y del desarrollo nuclear?

Cada día tomamos innumerables decisiones al parecer insignificantes acerca de cosas que no parecen realmente capaces de sacudir la Tierra. Así que, ¿qué importa que no cumplamos una promesa? Muchas veces se incumplen promesas, y las personas lo superan y siguen adelante. ¿Y si somos infieles a nuestro cónyugue? Tenemos derecho al placer y a la satisfacción propia. ¿Y si estamos demasiado concentrados en el trabajo, la televisión o las discotecas para pasar tiempo con la familia? Nadie tiene derecho a decirnos qué hacer. ¿Y qué si la religión no es gran cosa en nuestra vida? Las personas religiosas son hipócritas y Dios es un mito tonto para los débiles.

Cuando uno suma todos los "¿y si ...?" termina con una vida sin dirección, significado, propósito, valor, integridad y alegría a largo plazo. Lo que muchas personas no han aprendido acerca de la Biblia es que está llena de sabiduría y dirección, que puede elevar nuestra vida por encima de la existencia animal hacia los niveles sublimes que la humanidad es capaz de experimentar.

Conocí al rabino Vogel en 1995 cuando empecé mi recorrido religioso que culminó con la conversión de toda mi familia al Judaísmo Ortodoxo en 1998. La decisión conjunta de escribir acerca de los Diez Mandamientos tiene su origen en nuestra pasión compartida por la Biblia y en nuestro deseo de compartir los valores judeo-cristianos que se derivan de ella. Aunque este libro ha sido una colaboración (¡discutimos con deleite sobre las Escrituras!), he utilizado la primera persona del singular para evitar la confusión creada por múltiples voces y, en algunos casos, para hablar sobre asuntos que son de especial importancia para mí.

No se supone que este sea un estudio exhaustivo y académico sobre la Biblia. Es una actualización moderna de la palabra de Dios. En *Los Diez Mandamientos,* tomaremos lo que al parecer son expresiones directas y sucintas ("Harás..." y "No harás...") y las llevaremos a su conceptualización más plena para demostrar cómo, a través de su aplicación, su vida puede ser más satisfactoria, significativa, moral e incluso santa.

Este libro está lleno de ideas, emociones y humor. Lo conmoverá, lo ilustrará, lo instruirá e incluso a veces lo frustrará, lo educará y lo entretendrá. Ni siquiera será capaz de mirar nuevamente los sucesos más mundanos de su vida exactamente de la misma forma. Después de leer este libro, se detendrá a pensar sobre cuál es la forma correcta de actuar. Aunque a lo mejor, en ese momento, se sienta enojado por lo que su alma y su psiquis le indican, en última instancia se sentirá esclarecido y elevado. Se lo prometemos.

—DRA. LAURA C. SCHLESSINGER
JUNIO 1998

Introducción

"Dios, le Presento a Laura; Laura, Este es Dios"

Creer en Dios es una experiencia relativamente reciente en mi vida. Mi padre, un judío nacido en Brooklyn, Nueva York, nunca mencionó a Dios ni a la religión ni al judaísmo—excepto para hacer una crítica acerca del servicio judío de Pascua. Comentó cómo, a una temprana edad, había salido de la celebración del seder pascual de sus padres gritando "no voy a celebrar el asesinato masivo de niños egipcios."

"Vaya, ¡eso es terrible!," pensé, y ese tema o cualquier cosa acerca del judaísmo, para el caso, dejó de ser discutida para siempre.

Imaginen mi sorpresa cuando, unos cuarenta años después, mientras asistía al seder pascual en una sinagoga, llegamos a la parte en que se recitan las Diez Plagas, que culminan con la muerte de los primogénitos de Egipto, y metimos el dedo en vino tinto y dejamos caer sobre un plato las lágrimas simbólicas de compasión, simpatía y angustia de parte del pueblo judío en respuesta al sufrimiento de los egipcios. Imaginen la cólera que sentí contra mi padre cuando comprendí que la experiencia del éxodo egipcio era un relato acerca de la redención de un pueblo de la esclavitud para entrar en alianza con Dios y traer a todas las gentes Su carácter y Su deseo de amor y comportamiento ético universal *y no* un estudio en salvajismo como lo había dado a entender el resumen negativo y sentencioso que había hecho mi padre de una magnífica historia de cuatro mil años.

Mi madre nació en Italia en el seno de una familia católica, conoció a mi padre cuando este participaba en la liberación del norte de Italia llevada a cabo por los soldados estadounidenses, y se casó con él al final de la guerra, en 1946. Su única contribución a mi formación religiosa fue decir que los católicos estadounidenses se toman mucho más a pecho la religión que los italianos y que detestaba a los sacerdotes porque mientras ellos andaban por ahí bien vestidos y alimentados, la gente se moría de hambre.

Una vez, en mi adolescencia, mis padres me preguntaron si yo creía en Dios. "Claro que no," respondí con certeza. "Eso es algo como de otra dimensión." Ahora que lo recuerdo, pienso que los tomó por sorpresa. Debo preguntarme por qué, si uno me había dicho que Dios era un sádico y la otra que los hombres de Dios eran egoístas y codiciosos. No hubo conversaciones acerca de Dios ni oraciones, ni prácticas religiosas, ni adoración.

Probablemente al darse cuenta de que habían cometido un error o porque sentían que algo hacía falta en su propia vida, mis padres decidieron hacer algo religioso cuando yo tenía unos dieciséis años. Encontrándose en "el punto medio" entre sus diferentes orígenes religiosos y creencias, se inscribieron en una iglesia unitaria local. Recuerdo mi confusión acerca de la literatura del servicio semanal que elogiaba el "no dogma" y la ausencia de mandamientos, mientras que el coro entonaba bellas canciones acerca de Jesucristo. Los unitarios enseñaban que había belleza y verdad en muchas tradiciones y que creer en Dios o en Jesús como divinidades era opcional. Tuve la misma reacción a esta variada opción de platos tradicionales que uno tiene cuando en un restaurante le llenan a uno el plato de alimentos que no logra distinguir. Perdí el apetito.

No quiere decir esto que yo llevara una vida sin moralidad o ética. Mis padres me enseñaban qué estaba bien y qué no. No estaba bien responder con altanería a los padres, utilizar malas palabras, mentir, robar, desobedecer a la autoridad, llegar a casa tarde o no decir con claridad dónde había estado o qué estaba haciendo, herir los sentimientos de los demás, fumar, beber, tener relaciones sexuales, y demás.

¿Cuál era la autoridad que respaldaba estas normas? La policía podía detenerme, los amigos podían odiarme o mi padre podía darme unas palmadas. La autoridad tras estas normas eran las consecuencias que a la larga me causarían dolor, arrepentimiento e infelicidad. El miedo es muy motivador... pero solo durante un tiempo. A medida que crecía, la influencia de la literatura sobre héroes e ideales, el refuerzo sobre conceptos de virtud que recibía en la escuela, y las admoniciones de mis padres de que la bondad y la decencia son en sí mismas la recompensa, apoyaron mi capacidad de elevarme por encima de la mayoría de las tentaciones que ofrece la libertad de vivir en un dormitorio universitario.

Yo quería que mis padres se sintieran orgullosos de mí, y quería caerle bien a la gente. Estas eran mis motivaciones para ser "buena." En cuanto a otro tipo de complicaciones, ahora les comento. Muchas personas populares no siempre gustan de uno cuando uno *"no juega"* a hacer trampa ("No pasa nada, Laura; no es una materia relacionada con tu carrera—es apenas una electiva..."), las drogas ("Vamos, Laura, es una sensación espectacular—no seas tan aburrida..."), el sexo ("No vas a ser muy popular con los tipos, Laura, si eres tan recatada..."), saltarse clases ("Ay, Laura, deja de ser tan compulsiva—aprende a relajarte un poco y a divertirte"), o las protestas ("Tenemos derecho a impedir que funcione la universidad si no hacen lo que nos parece o si no nos dan lo que queremos...")

A consecuencia, no era la más querida por los populares. No se trata de que todos, ni siquiera la mayoría de mis compañeros de universidad fueran "malos." La libertad que da estar lejos de casa proporciona la oportunidad de experimentar, lejos también de la autoridad de los padres, casi siempre sin ser detectado por las autoridades universitarias y en compañía de otros que se adhieren a la noción de la elección, gusto, preferencia, deseo, valores y decisiones *individuales*. No obstante, de alguna forma entremezclada en este lío está la noción de que los que nos precedieron simplemente no sabían lo que nosotros sí sabemos ni tenían la habilidad de apreciar la vida como la apreciamos nosotros. Y ni hablar de inventar permanentemente la rueda.

La siguiente complicación fue darme cuenta de que mis principales autoridades, mamá y papá, eran imperfectos, inconstantes, a veces tenían problemas y muchas veces era difícil relacionarse con ellos. Esto debilitó la noción de preocuparme de que ellos se enorgullecieran de mis actividades.

No obstante, seguía firme en mi determinación de ser decente y buena. Para mí, este era un símbolo interno de mi personalidad. Utilizaba lo elemental como base (no hacer trampa ni robar y demás) con la ventaja de que mi inteligencia me permitía cierta laxitud en la interpretación y ejecución de estas ideas.

Es decir, descubrí las racionalizaciones. Las racionalizaciones incluían:

➤Nociones de superioridad (*"Yo sé lo que hago"*).

➤Arrogancia ("Puedo manejarlo—no será un problema").

➤Elitismo ("Yo me merezco este margen porque hago cosas especiales").

➤Estupidez ("Esto realmente no es gran cosa—es tan sólo una experiencia").

➤Insensatez ("Esto realmente no repercute en quién yo soy").

➤Miopía ("Mi futuro no se verá afectado por esto").

➤Egoísmo ("Si *usted* no lo puede manejar, ¡es problema suyo, no mío!")

La experiencia universal de la juventud es luchar entre la aceptación de la autoridad con sus reglas, normas y actitudes, y la energía y la emoción de lo que parece ser el primer y único descubrimiento de la verdadera esencia y el significado de la vida. En la "pre" madurez, esa esencia se concentra en el yo y en la sensualidad, la libertad ilimitada, el perpetuo querer y desear, la impulsividad, la confusión acerca de la identidad personal, y la dolorosa ignorancia acerca del *significado* de todo.

Aunque mi crianza me dio más que suficiente disciplina para no traspasar el límite ni con tanta frecuencia ni yendo muy lejos, sí tengo remordimientos y siento vergüenza. Hasta cierto punto, la presencia incómoda de esos pesares en mi alma y mi mente, unidos a mi apreciación y dependencia en la autoridad de Dios, me ayudaron a enfocar mi programa radial durante los últimos seis años. Trato especialmente de ayudar a los jóvenes a minimizar la ocurrencia de esas decepciones consigo mismos, y sus consecuencias—a veces tan terribles—presentando y reforzando los valores y los parámetros morales que deberían haber recibido en casa. Estos valores en general no son reforzados por la sociedad, y son inexpugnables de parte de las racionalizaciones: Los Mandamientos de Dios.

Todavía estoy tratando de descubrir cuándo y cómo di ese salto hacia la aceptación de Dios. Aún ayer, le preguntaba a mi esposo, quien me ha conocido durante un cuarto de siglo, si alguna vez habría adivinado que yo me volvería "religiosa." Me respondió, "¡Nunca!" De hecho, siempre había sido ligeramente condescendiente, pero cortés, con cualquiera en la radio o fuera de esta que profesara una relación con Dios. Nunca permitía que ni Dios ni la religión, especialmente las citas bíblicas, ¡fueran mencionadas en mi programa!

Eso me ha dejado con la pregunta sobre quién o qué es la autoridad tras mis posturas y respuestas. Esa autoridad procedía de una combinación de:

➤ Soy la que tiene el micrófono.

➤ Soy inteligente.

➤ Soy psicoterapeuta licenciada.

➤ Soy profesora universitaria.

➤ Escribo libros.

➤ Soy la única a quien están llamando.

➤ Tengo un mejor entendimiento de las cosas.

➤ Estoy en lo correcto porque así lo haría yo misma.

➤ Sin darme cuenta, estoy hablando sobre comportamientos ordenados divinamente.

➤ Soy racional y puedo resolver las cosas.

➤ Me siento segura en cuanto a mis posturas.

➤ Soy mayor y tengo más experiencia de la vida.

➤ Conozco la filosofía y la psicología.

➤ Tengo éxito en lo que hago; por lo tanto ¡debe ser correcto!

Todo lo anterior es valioso. Todo lo anterior es necesario. Todo lo anterior no es suficiente.

Sentía que algo me hacía falta profesional y personalmente. Llegué a saber qué era a través de Deryk, mi hijo. Cuando Deryk nació, ni mi esposo (que proviene de una familia Episcopal, sin ninguna formación o práctica religiosa) ni yo (esta parte ya la conocen) éramos religiosos. Nos preocupaba ese aspecto en cuanto a nuestro hijo, pero suponíamos que estaba demasiado pequeño para que la religión le importara y teníamos tiempo de buscar una solución. Desde luego que nada hicimos.

Un domingo lluvioso, Deryk, que en ese entonces tenía seis o siete años, y yo, estábamos cambiando de canales en la televisión. Se me congeló el dedo en el control remoto cuando en nuestra pantalla apareció una imagen de mujeres desnudas, con sus bebés igualmente desnudos en brazos, acurrucadas a lo largo del borde de una profunda zanja en la tierra, a la espera de que las balas de los soldados nazis pusieran fin a su miedo. La boca de mi hijo se abrió horrorizado. Él y yo escuchamos la voz de Elizabeth Taylor como la de una de las pequeñas que le gritaba a su madre muerta que no podía respirar porque su cuerpo inerte la aplastaba entre la pila de cadáveres. Me quedé sin habla, como me sucedía cada vez que veía escenas del holocausto, pero más aun dado que mi hijo observaba conmigo algo incomprensible para él—para cualquiera que tuviera una conciencia.

"Mamá," gritó Deryk, agarrándose de mí. "¿Qué está pasando?"

"Cielo," traté de decirle serenamente. "Son soldados alemanes en la Segunda Guerra Mundial que están asesinado a mamás con sus bebés."

"Mamá, ¿por qué hacen eso?"

"Son malos."

"¿Quiénes son esas mujeres?"

"Las mujeres y los hijos son judíos."

"Mamá, ¿quiénes son los judíos?"

"Deryk, los judíos son nuestra gente. Tú eres judío."

"¿Qué es un judío?"

"Sabes algo, Deryk, realmente no lo sé. Voy a estudiar y te lo diré cuando lo sepa."

Pasamos el resto de ese fin de semana llorando y abrazándonos. Vaya forma de presentarle a mi hijo la religión.

Ahora, según la ley judía, ni yo, que nací de padre judío pero no de madre judía, ni Deryk, éramos judíos. Teníamos sangre judía por el lado de mi padre. Por algo inexplicable, siempre había sentido una conexión con el pueblo judío—pero no sabía qué significaba. Para mí, mi hijo y yo éramos judíos, y esa era nuestra gente. La ley judía quizás no lo habría aceptado, pero sí lo habría aceptado Hitler.

Cumplí la promesa hecha a mi hijo. Empecé a estudiar. El estudio, la oración y la práctica fueron mis primeros pasos hacia Dios. La primera vez que entramos a una sinagoga, tuve que salirme porque me sentí abrumada de emociones cuando sacaron la Torá y la sostuvieron en alto ante la congregación. Me fui al estacionamiento, sin entender bien por qué lloraba a mares. Me parecía increíble que yo formara parte de una historia de hacía cuatro mil años, de algo tan magnífico y especial: la introducción del mundo a la relación de Dios con las personas.

Mi hijo empezó a asistir al colegio Hebreo. Mi esposo y yo hicimos un curso de conversión en la Universidad del Judaísmo en Los Ángeles. Deryk y yo nos convertimos a través del programa conservador. Después de que mi esposo culminó sus estudios, él, Deryk y yo nos convertimos todos al mismo tiempo en una ceremonia Ortodoxa.

Si hubo un momento de revelación que me llevó hacia Dios y hacia el judaísmo, fue la lectura de Éxodo 19:4–6. Los israelitas acampan en el Sinaí meses después de salir de Egipto. Dios llama a Moisés a la montaña y le dice, "**Habéis visto cómo he tratado a los egipcios y cómo os he llevado sobre alas de águila y os he traído hasta Mí. Si escucháis atentamente Mi voz y guardáis Mi alianza, vosotros seréis Mi pueblo preferido entre todos los pueblos; porque Mía es toda la tierra; vosotros seréis un reino de sacerdotes, un pueblo santo. Esto es lo que tienes que decir a los israelitas.**" Leer esto me dejó prácticamente sin respiración. Había pasado toda la vida tratando de encontrarle un *significado* a la "niña buena," al por qué me desempeñaba bien en la escuela, al ser inteligente, a tener éxito. Aunque era importante en extremo, no llenaba todo el espacio de donde debía estar el significado. Leer que yo tenía un mandato dado por Dios de representar

Su carácter, Su amor y Su voluntad ética era el significado que había estado buscando.

Interpreto la alianza en Sinaí, no en su sentido metafórico, sino como algo real y verdadero. Esto sí me pone en contraposición con algunos judíos contemporáneos, para quienes el judaísmo es más un pueblo y una cultura que un pueblo de "la alianza." No obstante, sin mi fe y mis creencias firmes en que *todo un pueblo* experimenta a Dios *directamente,* no podría creer en Dios en absoluto ni aceptar la autoridad de Dios sobre el mundo y sobre mí. Me muevo hacia la *fe* porque la alianza entre el pueblo de Israel y Dios se *evidencia* de la existencia continua del pueblo judío a pesar de miles de años de intentos constantes por parte de otras culturas poderosas por eliminarlos, culturas que en muchos casos se han extinguido ellas mismas.

Esta alianza, de hacer de los judíos el "pueblo elegido," ha sido malinterpretada a lo largo de los tiempos. La comprensión judía de "elegido" no significa un hijo favorito o el preferido del maestro—ser elegido no es asunto de ser especial, es asunto de aceptar responsabilidades serias.

Básicamente, a los israelitas se les encomendó una tarea. Por su adhesión a una forma única de vida, con leyes de santidad, justicia, generosidad, misericordia, ética y compasión, el mundo entero llegaría a conocer, amar y obedecer al Único Dios. Los judíos debían ser los modelos a seguir, y su comportamiento en la vida privada y pública, según el mandato de Dios, debería atraer a otros: en última instancia, esto llevaría a la realización del reino de Dios en la tierra. Dios ama a todas las personas. Hemos sido hechos todos "a Su imagen." La tarea para los judíos no era ni es hacer que todas las personas del mundo sean judías, sino acercar a todo el mundo al conocimiento de la presencia de Dios y los valores básicos ordenados por Dios como una bendición: **"...por ti serán bendecidas todas las comunidades de la tierra"** (Génesis 12:3).

Una vez que comprendí el significado de este propósito reli-

gioso, mi estilo de vida, mi felicidad, mi satisfacción, y mi estado
mental y sentimental cambiaron drásticamente. Cuando me en-
trevistaron hace poco para la revista de un periódico, el perio-
dista me comentó que todos mis amigos decían que yo trabajaba
duro y estaban contentos de ver que me iba tan bien. Me encontré sin palabras, lo cual me confundió por unos instantes, puesto
que, al fin de cuentas, se trataba de un cumplido—debería haber
reaccionado con agrado. En cambio, al cabo de unos veinte segundos de confusión, dije que "antes de convertirme en una judía
seria, oír que me estaba yendo bien habría sido un maravilloso
cumplido y un alivio. Pero ahora que mi motivación procede de
un lugar muy diferente, tan solo me sentía elogiada por la frase
'haciendo el *bien*'."

Tener éxito es algo por lo cual he trabajado duro y que me he
ganado, y es gratificante. El respeto, la oportunidad, y la compensación financiera son cosas maravillosas. Si sintiera que tengo
éxito sin hacer cosas que tienen valor o significado, sería un
triunfo vacío. Subir un punto en los niveles de sintonía no me
ofrece tanta satisfacción en comparación con la alegría que siento
cuando conozco a una familia del público que me concede parte
del crédito por su alegría en quedarse en casa con los hijos, salvar
el matrimonio o abandonar un hábito dañino, como el alcohol.
Esa es mi nueva medida no seglar del éxito.

Mi nueva alegría viene con obligaciones y responsabilidades
de gran envergadura. Los ideales de pensamiento, palabra y acción más nobles carecen de significado cuando no se llevan a la
práctica. Es en el *diario vivir* que le damos significado a los ideales y a las ideas. Por eso son tan importantes los rituales. Por
ejemplo, los judíos deben colocar una mezuzá en su puerta principal. Dentro de este recipiente tubular pequeño y muy artístico
hay un pequeño rollo de pergamino en el cual están escritos dos
pasajes de la Biblia: (Deuteronomio 6:4–9) **"Escucha, Israel: El
Señor, nuestro Dios, es el único Señor…"** y (Deuteronomio
11:13–21) **"Si cumplís los mandamientos que Yo os prescribo
hoy…"** Ahora bien, se preguntarán qué sentido tiene colgar un

objeto de esta naturaleza. Aunque muchas veces son bellos, no son para decorar. Aunque albergan la palabra de Dios, no son amuletos de la buena suerte. Aunque yo no presumo de conocer el raciocinio de Dios o de su propósito para cada uno de Sus mandamientos, mi humilde percepción sería que el propósito de una mezuzá es que sirve para *recordar*.

Quitarse el sombrero ante una dama nos sirve para recordar que debemos ser respetuosos. Decir "por favor" antes de cada petición nos recuerda ser humildes. Decir "gracias" después de recibir un regalo o una bendición nos recuerda la gratitud. Encender las luces direccionales en el automóvil antes de girar nos recuerda el bienestar de otros. Bendecir y dar gracias por los alimentos antes o después de cada comida nos sirve para recordar el amor a Dios, y el amor de Dios por nosotros.

Sin estos recordatorios nos volvemos burdos y centrados en nosotros mismos. Estos actos rituales nos dan la oportunidad de volvernos más santos en nuestro propósito de acercarnos a Dios. Es por esto que me adhiero a una dieta kosher (leyes acerca de la alimentación que se explican en el Levítico), cumplo con el sabbat, matriculé a mi hijo en una escuela judía, asisto a las ceremonias, apoyo la sinagoga, leo materiales religiosos, oro, y hago mi más grande esfuerzo para *obedecer* los mandamientos de Dios. Ahora, siempre digo que soy una judía comprometida, no una judía perfecta. Me preocupan las personas que se sumergen hasta tal punto en la *forma* en que se celebran de los rituales que se olvidan del *significado* de ellos. El significado tras los rituales es aspirar a la santidad, en la imagen de Dios, no la perfección, pues Dios conoce muy bien nuestras imperfecciones humanas y el mal uso que accidental o deliberadamente hacemos a veces del libre albedrío.

Siempre me he considerado una persona racional e independiente, orientada hacia lo intelectual y lo científico. Puede parecer un salto peculiar para alguien como yo llegar a aceptar una autoridad externa, especialmente sin contar con explicaciones concretas de parte de Dios acerca de Sus motivaciones para cada uno de los mandamientos. He descubierto que aunque sí adquirimos sabiduría mediante el ejercicio del análisis y la disquisición sobre los mandamientos de Dios, adquirimos carácter a partir de la decisión de obedecer a pesar de nuestra limitación humana para comprender.

La ciencia puede explicar el "qué," pero solamente la religión le da significado a ese "que." Tal vez la razón nunca sea capaz de demostrar científicamente la existencia de Dios y la inmortalidad del alma.

Cuando Moisés (Éxodo 19:3–8) les presenta a los mayores de Israel el concepto de una relación de alianza entre Dios y Su pueblo, la respuesta *no fue* "¡Espere! ¿Cómo es el cuento?" La respuesta fue, "**¡Nosotros haremos todo lo que el Señor ha dicho!**" (Éxodo 19:8). La reacción inmediata e inequívoca es de aceptación ante la autoridad divina basada en el amor y la gratitud de los israelitas por haber sido redimidos de la esclavitud en Egipto.

En la vida, un idealismo más elevado y una moralidad más profunda, justa y consistente, solamente se encuentran a través de los mandamientos. Mi vida tiene un sentido, un propósito y un significado. Me siento parte de algo más importante de lo que mis experiencias cotidianas me brindan; es decir, que mis acciones y mi ser tienen un significado más allá de mi dicha y/o dolor personal. Ya no me siento tan sola. Me siento parte de un panorama más amplio—aunque no siempre lo "perciba" o "vea." Me siento más capaz de ayudar a las personas que me llaman al programa radial o que lo escuchan, programa en el cual yo "¡predico, enseño y fastidio!" Puedo ofrecerles un plan, el propósito de Dios, un camino, los mandamientos de Dios; y una meta, la santidad de Dios. Mi vida familiar tiene un sentido por encima de las comodidades, necesidades y deseos materiales y más allá de estos. Tengo amistades más profundas debido a intereses y participaciones religiosas que, aunque diferentes, son compartidos. Cuento con una base más equitativa, justa y consistente sobre la cual tomar decisiones morales. He descubierto la paz inherente a esta aceptación.

—Dra. Laura C. Schlessinger
Junio 1998

Muchos Caminos Conducen a Roma... ¡Ay!... Quiero Decir... a Jerusalén

Aunque mi recorrido religioso fue muy diferente al de la Dra. Schlessinger, yo podría haber escrito el párrafo anterior. Nací en el seno de una familia que ponía en práctica algunos de los preceptos judíos. No cumplíamos con los mandatos fundamentales como el Sabbat y las leyes que reglamentan la dieta kosher, que forman parte del llamado general a la santidad, pero crecí bajo la experiencia de la calidez y la alegría aportadas por las celebraciones de las festividades judías más importantes y la celebración de los sucesos relacionados con el ciclo de la vida. No tuve un "despertar judío," puesto que el judaísmo era un factor que se daba por descontado en mi existencia. Preguntarme, "¿por qué soy judío?" equivalía a preguntarme "¿por qué respiro?" Me sentía orgulloso de ser judío y orgulloso de mi historia.

La desventaja de haber nacido judío es que muchas veces los judíos dan por descontado el hecho de serlo, mientras que quienes se han convertido, como la Dra. Schlessinger, virtualmente estallan de entusiasmo y compromiso serio, lo cual crea en ocasiones una relación incómoda entre los dos grupos.

En nuestra sociedad, un ejemplo de dar por descontado el Judaísmo ocurre en el caso del Bar Mitzvá (o en el Bat Mitzvá si se trata de niñas). El Bar Mitzvá, que literalmente significa "hijo del mandamiento," es el ritual de crecimiento de los judíos que indica el estatus adulto en cuanto a responsabilidad a los trece años. El recién designado adulto está obligado a cumplir las leyes. Bien sea que uno haya celebrado la ceremonia de Bar Mitzvá o no, el estatus de adulto es automático. La ceremonia es simplemente un pronunciamiento público en el sentido de que el hombre/mujer-niño/niña tiene la suficiente edad para distinguir el bien del mal y es responsable ante la ley.

Para la mayoría de los judíos estadounidenses, el Bar Mitzvá no tiene este significado, y es más bien una ceremonia social-religiosa que representa la culminación exitosa de los estudios religiosos y una demostración pública del orgullo judío. La verdad es que los trece años son en realidad una edad muy temprana para comprender la importancia de las responsabilidades religiosas, y que esta ceremonia muchas veces es vista más bien como una culminación honrosa de los estudios y la participación en asuntos judíos. Fue de esta forma como yo celebré mi Bar Mitzvá: una ceremonia que celebra el orgullo Judío pero que *no* representa un compromiso religioso.

En la tradición judía, comprender la razón de ciertas leyes, costumbres y rituales específicos sirve para dotar de significado el cumplimiento de estos, pero ese trasfondo no es esencial para el cumplimiento mismo. Mis bisabuelos, quienes eran muy religiosos, no sabían el por qué de las cosas que hacían. No les importaba. Hacían "cosas judías" porque eso era lo que hacían los judíos. ¿Lo que motivaba su actitud era una profunda fe en Dios o un sentido de obediencia ciega a las únicas tradiciones que conocían? Quisiera creer que era su fe en Dios y en una forma de vida que ha sido parte del pueblo judío durante cuatro mil años. La suya era una generación que no cuestionaba la autoridad.

Soy producto de una generación que cuestiona todo tipo de autoridad; una generación para la cual la duda y la rebeldía han remplazado la fe y la creencia. Estas fuerzas poderosas, que ayudaron a una nación a cuestionar y derrotar el status quo del racismo y a protestar abiertamente contra una guerra cuestionable (Vietnam), también han conducido a un declive general de las afiliaciones religiosas organizadas. Vivimos en cambio en un país que añora la "espiritualidad," que está en busca de bienestar y significado. Queremos los beneficios de Dios sin la obligación.

Últimamente, los movimientos modernos Nueva Era son tan sólo placebos, para sentirse mejor sin ser necesariamente mejor.

Mis abuelos maternos, nacidos en Polonia, hicieron gala de un gran amor por el judaísmo. Tengo recuerdos vívidos y hermosos de asistir a los servicios de oración con mi abuelo. En la escuela religiosa había aprendido las oraciones y percibía la devoción en la forma de orar de mi abuelo, pero no podía sentir las oraciones. Las palabras del Salmo (51:17) **"Señor, abre mis labios y mi boca anunciará Tu alabanza,"** no tuvieron sentido sino cuando empecé mi búsqueda de Dios. Solamente entonces me di cuenta de que se trataba de un llamado a Dios para que nos ayudara a transformar "la oración de nuestros labios" en "la oración de nuestro corazón."

A través de cientos de encuestas informales que se les han hecho a Judíos, he descubierto que la mayor parte de las familias judías no hablan de Dios. Claro, los padres seguramente responden a las preguntas de los pequeños de "¿Dónde está Dios?" o "¿Cómo es Dios?," pero las respuestas son breves y poco claras. Como rabino, he llegado a aprender que muchos adultos judíos se sienten incómodos con su propia visión de Dios, y por ende el tema se ha vuelto tabú. Crecí en un hogar así—y a su vez también mis padres. Esa era la cultura de disfunción teológica que definió mi vida anterior a hacerme rabino.

Dado esto, ¿cómo o por qué terminé siendo rabino? Me hice rabino porque mi pasión por el judaísmo compensaba mi incertidumbre teológica. Creía en un Dios de la Creación, pero no mucho más. Era un comienzo. Durante estos diez años de trabajar como rabino, de observar el obrar de Dios en mi vida y en la vida de los miembros de mi congregación, he llegado a creer en un Dios más personal. Si bien la mayoría de las personas ve la vida a través de sus propios ojos y a través de los de un selecto grupo de familiares y amigos, como rabino yo experimento la vida a través de los ojos de casi mil familias, desde el nacimiento hasta la muerte, los 365 días del año. En virtud de ser rabino y participar en las vidas de esos individuos y de sus familias, tengo el honor de experimentar más acerca de la vida que la persona promedio. Creo que Dios es parte activa en nuestra vida. No puedo ver las manos de Dios en acción, pero sí puedo ver y sentir Su presencia en el diseño y la creación de una naturaleza y experiencia de la vida—infinitamente compleja y asombrosa.

Creer en Dios es creer que los humanos son más que accidentes de la naturaleza. Significa que estamos dotados de un propósito a partir de una fuente superior, y que nuestra meta es cumplir ese propósito más elevado. Si cada uno de nosotros crea su propio significado, también creamos nuestra propia moralidad. Resulta difícil creer esto, pero así es, lo que los nazis hicieron no fue inmoral porque la sociedad alemana lo había aceptado. Igualmente, la moralidad subjetiva de todas las culturas mayoritarias en todo el mundo podría validar su atroz comportamiento. Se reduce a un asunto muy simple: sin Dios la vida carece de *significado objetivo,* y tampoco existe una *moralidad objetiva.* No quiero vivir en un mundo donde el bien y el mal son subjetivos.

A la edad de quince años, después de que un viaje a Israel me inspirara a empezar mi recorrido judío, empecé a cumplir algunos de los mandamientos básicos. Lo hice con poco apoyo por parte de mis amigos judíos, puesto que para ellos ser judíos era simplemente una identidad cultural y étnica más que una experiencia diaria o un camino a la santidad. Finalmente comprendí que el propósito de la religión es llevarnos a la santidad, a una relación con Dios, y que nos sirve de inspiración para tratar de estar a la altura de haber sido "hechos a imagen y semejanza de Dios."

Con esa meta en mente, llegué a darme cuenta de que el precepto del sabbat, las leyes kosher, las oraciones rituales, y otros rituales importantes no representaban una prohibición sino una forma de desarrollar la santidad en todas mis palabras, pensamientos y acciones.

Durante mis entrevistas para ser admitido en la escuela rabínica me preguntaron por qué quería hacerme rabino. Si bien no recuerdo la respuesta exacta, era algo relacionado con demostrarle a la juventud judía que el judaísmo podía ser una parte vibrante, dinámica e integral de la vida. No fue sino unos años después de mi ordenación que en efecto comprendí que la razón que me llevó a hacerme rabino era de una naturaleza más personal. Cuando empecé a compartir con los miembros de mi congregación mi amor por el judaísmo, me di cuenta de que, durante mi vida, aquellas ocasiones en que me sentí más completo, satisfecho y conectado con la familia y con la comunidad fueron los momentos judíos. Mi "crecimiento judío" y mi eventual ordenación fueron simplemente un deseo de llenar mi vida de esos momentos, de compartirlos con los demás, en un esfuerzo comunitario y también personal para relacionarme mejor con Dios.

La elección de una escuela rabínica me obligó a resolver otro conflicto religioso. ¿Cuál era la naturaleza de mi obligación hacia Dios? ¿Podía yo acaso elegir cuáles de los mandamientos obedecer o estaba obligado a seguirlos todos? ¿Eran los mandamientos en realidad mandatos de Dios o eran una tradición?

Me sentía incómodo con la filosofía de algunas denominaciones judías de concederle al individuo el derecho de ser el árbitro final. Confiaba en la capacidad del ser humano de razonar, pero también conocía la tendencia humana a justificar el comportamiento carente de ética. Después de una ardua lucha personal, finalmente acepté la autoridad de los mandamientos. Ahora podía celebrar a Dios—no al Dios severo y justiciero que muchas veces ponen de relieve las religiones, sino al Juez de quien proceden toda autoridad y toda bondad. En mi evolución espiritual personal, finalmente estuve igual a Jacob al despertar de su sueño: **"Ciertamente el SEÑOR está en este lugar, ¡y yo no lo sabía!"** (Génesis 28:16).

Como rabino, soy el líder espiritual de mi sinagoga y un representante de la fe judía. Predico y enseño a muchas personas que tienen las mismas dudas teológicas que yo tenía hace quince años pero que todavía no han llegado al punto de tomar la religión lo suficientemente en serio como para resolver sus conflictos. Aunque las personas me buscan para encontrar respuestas, casi nunca están interesadas en lo que Dios tiene que decirles a través de la Biblia y las escrituras rabínicas. Después de diez años de ser rabino, me encuentro hablando cada vez más acerca de Dios y menos acerca de "sentirse bien con uno mismo." Espero inspirarlos a buscar a Dios; no solamente a un Dios que pueda hacerlos *sentir* bien, sino a un Dios que los pueda ayudar a *hacer* el bien.

El trayecto ha sido largo, pero ahora estoy más en paz con Dios que nunca antes. Todavía cuestiono los comportamientos de Dios. Lo llevo en la sangre. Desde Abraham, quien discutía con Dios acerca del destino de Sodoma y Gomorra, hasta Job, que no lograba comprender por qué su vida estaba llena de tragedias, mi fe me ha enseñado a retar a Dios. Cuando un niño lucha por comprender los comportamientos de sus padres, la lucha se convierte en un diálogo una vez que se acepta el papel de los padres. Aunque todavía hay muchas más preguntas que respuestas, es posible encontrar a Dios tanto en las preguntas como en las respuestas.

—Rabino Stewart Vogel
Junio de 1998

LOS
DIEZ
Mandamientos

1

El Primer Mandamiento

"Yo soy el Señor tu Dios, que te sacó de Egipto, donde eras esclavo."

Según cifras publicadas en la revista del *New York Times* (diciembre 7, 1997), el 96 por ciento de los estadounidenses afirmaron creer en Dios; las palabras "En Dios confiamos" decoran nuestro dinero; y la representación de Moisés y los Diez Mandamientos adorna la sala en la cual los jueces de la Corte Suprema muchas veces decretan inconstitucionales los Diez Mandamientos si estos se exhiben sobre la pared de un aula escolar. Los padres fundadores de los Estados Unidos reconocieron a Dios como nuestro creador y como una fuente de derechos y estándares morales universales e inalienables. ¿Por qué ahora, al parecer, nos sentímos amenazados por esa afirmación?

El juez Roy S. Moore, el jurista de Alabama que está involucrado en una batalla legal para conservar una réplica de los Diez Mandamientos en la sala que él preside, decir que él estaba en el centro del debate del reconocimiento de Dios por parte de los estadounidenses. "¿Todavía somos una nación bajo Dios? ¿Todavía reconocemos una ley superior?" preguntaba. (*Jewish Times,* octubre 24–30, 1997). Parecería que sufrimos de ambivalencia acerca de la creencia en Dios, de reconocer a Dios como autoridad máxima y de enseñar públicamente esa creencia y autoridad a nuestros hijos.

Jim Senyszyn, un ateo autoproclamado, escribió en el *Record* de Greensboro, Carolina del Norte (noviembre 2, 1997) que puesto que "el modelo cosmogónico básico de la Biblia es monárquico, cualquiera de los derechos que se deriven ocurren por causa del monarca," y que "los símbolos religiosos (por ejemplo exhibir los Diez Mandamientos) intimidan y conceden una autoridad falsa." Un artículo de opinión de John Tuouy que aparecía en el mismo periódico, argumentaba que "Nada en los Diez Mandamientos expresa una autoridad estilo Gestapo para obligar el cumplimiento. Lo seres humanos tienen libre albedrío bien sea que cumplan o que no cumplan."

Universalmente, las personas luchan por liberarse del dominio despótico para poder decidir sobre su propio destino. Personalmente, los adolescentes luchan por liberarse del poder de los padres y así poder hacer lo que quieran, cuando quieran y como quieran. Liberarse del control externo permite la autodeterminación, la autoexpresión, la satisfacción personal… ay, ay, demasiado "yo"… oportunidades, diversidad de opinión e ideas, experimentación—una oportunidad clara de explorar los confines más lejanos de las posibilidades humanas. En apariencia, esto no es algo malo. Pero ¿debería haber límites? ¿Cómo sabemos si lo que hacemos está bien o mal? ¿Es todo comportamiento deseado por el individuo justo o bueno para el resto de la sociedad en general—y debería esto siquiera importar? ¿Qué hace que la vida tenga un propósito y que sea satisfactoria?

Para muchas personas "creyentes" o "no creyentes" el asunto de la "autoridad externa y superior" es un tema delicado. Muchas personas llaman a mi programa y describen su relación con Dios como una en la cual Dios los ama y los consuela o a veces les hace favores. Cuando indago un poco más acerca de su sentido de obligación *hacia* Dios, generalmente hay un silencio incómodo, seguido por protestas en el sentido de que las iglesias son hechas por los hombres y por ende así mismo las reglas, así que no hay obligación aparte de la preferencia personal. Cuando sugiero que las Escrituras aclaran la voluntad de Dios con respecto a nuestros comportamientos, muchas veces me descalifican con argumentos como: "La Biblia fue escrita por una serie de autores diferentes durante un largo período de tiempo y 'después de los hechos' y por lo tanto no es literalmente la palabra de Dios," o "Existen muchas formas de interpretar sus pasajes," o "Eso era entonces, vivimos en tiempos modernos," y finalmente, "Mi situación es diferente." No obstante, muchas de estas mismas personas buscan la Biblia en tiempos de dolor o dificultad. Según lo expresó una vez alguien, "Dentro de la peligrosa trinchera no hay ateos."

Como me escribió Donna, una de mis oyentes, *Ayer oí algo en televisión y pensé en usted. Era un nuevo programa acerca de un sacerdote llamado* Soul Man. *El sacerdote le pregunta a una conocida si va a la iglesia. Ella responde, 'No, demasiadas reglas.' El sacerdote responde, 'No robar, no matar... ¿quién aguanta tanta presión?' "*

Si bien la aspiración de los seres humanos a la libertad es noble, esta nos puede destruir. Una de las tiras cómicas de *Frank and Ernest* (enero 14, 1998) representa a Moisés sosteniendo las tablas y preguntándole a Dios, "¿Esto no es un contrato que dice 'Hazte responsable de tus acciones,' o sí?" El lado opuesto de la felicidad es la responsabilidad, sin la cual se llega a la lógica expuesta por el antiguo presidente de la *Washington State Bar Association* (Asociación Estatal de Abogados de Washington), Lowell Halverson, quien tuvo aventuras sexuales con varias de sus clientas a quienes representaba en casos de divorcio y paternidad. Al preguntársele si su conducta era "inapropiada," Halverson denominó palabra "cargada de prejuicio." "Lo que es inapropiado para una persona no lo es para otra," dijo. Respeto

los valores de los demás pero no tienen que ser mis valores."
(*Seattle Post-Intelligencer,* diciembre 13, 1997).

La frase de Dostoyevsky que se cita tan a menudo, tomada de
Los Hermanos Karamazov, "Donde no hay Dios todo está permitido," me viene a la mente en este caso. Hay quienes piensan
que la actividad sexual de los adultos con niños pequeños es moralmente correcta; hay quienes piensan que es correcto eliminar a
los débiles y enfermos (Hitler) o a los educados (Pol Pot) o a los
diferentes (hutus, serbios, abogados de la supremacía racial) o a
quienes disienten (Stalin o Mao).

¿Puede sobrevivir la población humana sin ningún estándar de
valores en cuanto a lo que es correcto? ¿Podemos aceptar el concepto de los valores absolutos sin pensar que nos han usurpado la
libertad? ¿Podemos encontrar mayor valor, significado, dirección
y gratificación en una vida con valores absolutos o sin ellos? ¿Y
de dónde provienen esos valores?

Si los valores no se derivan de Dios, entonces provienen: de
modas y preferencias (hoy en día la maternidad sin pareja y
por opción es idealizada, pero cambiar un búho del sitio donde
anida para llevar a cabo una construcción se considera muy
malo, ¿ah?); la pereza (si en realidad uno reconoce que algo
está "mal" habría que prescindir de la pereza y hacer algo al respecto); el egoísmo (lo que yo quiero es automáticamente definido como bueno); y el deseo personal de salirse con la suya en
cualquier aspecto bajo la protección de la idea de no juzgar (¡es
mi vida!).

Los valores ilustran nuestra conciencia, lo cual influye sobre
nuestro comportamiento. Nuestros comportamientos determi-
nan la calidad de nuestra vida y el significado de nuestras contribuciones personales a los demás, a la vida y a la historia.

Quizás necesitamos dejar de pensar en términos de obediencia
y subordinación ciega a un autoritarismo invisible. Quizás debemos empezar a pensar en términos de una necesidad interior de
ser y hacer el bien en aras de un imperativo especial, exclusivamente humano e interno—siendo Dios ese sentido moral, que

desea que seamos como Él, que nos definan la bondad, la justicia, la compasión y la santidad. Cuando los individuos producen "las reglas," es justo e inteligente preguntarse, "¿Por qué les convienen?" Cuando reconocemos las reglas de Dios, sabemos por qué le convienen a Él—nuestro bienestar y nuestra gracia. Para algunos, esto quizás no sea tan seductor como el poder, el consumismo codicioso, y la simulación constante.

El Primer Mandamiento nos reta a todos a tomar en serio nuestra relación con Dios. Una vez que uno quiere crecer en la fe y afirma estar dispuesto a honrar los mandamientos de Dios, creará un ambiente en el cual podrá sentir la presencia de Dios.

¿Qué *Es* lo que Pide el Primer Mandamiento?

Para los judíos y para algunos protestantes, el primero de los Diez Mandamientos dice **"Yo soy el Señor tu Dios, que te sacó de Egipto, donde eras esclavo"** (Éxodo 20:2). Según los católicos y los luteranos, ese mandamiento continúa con las palabras **"Y no tendrás otros dioses fuera de Mí,"** lo cual se puede interpreta como una orden: una relación exclusiva y una prohibición implícita contra el politeísmo. Para las tradiciones judías y protestantes, para las cuales esas palabras conforman el Segundo Mandamiento, ¿qué es lo que se ordena en esta "afirmación"?

Para comprender la respuesta a lo que se está decretando en **"Yo soy el Señor tu Dios ..."** uno tiene que reconocer que se trata de una afirmación—no es un mandamiento del tipo "Harás" o "No harás." De hecho, la traducción más precisa de la declaración hebrea original hecha por Moisés para el pueblo de Israel en Deuteronomio (4:13), no es **"El Señor os promulgó su alianza y os mandó ponerla en práctica; eran los *Diez Mandamientos* que escribió sobre dos tablas de piedra."** La interpretación correcta de *"aseret he'devarim"* no es "mandamientos" sino "dichos" o "declaraciones." Moisés reitera que Dios ha ordenado obedecer a diez afirmaciones concretas. En este contexto, los "Diez Dichos," que seguiremos llamando los Diez Mandamientos, son las diez *declaraciones* esenciales de *fe* o de *vida* dadas por Dios en el monte Sinaí.

No tendría sentido que Dios ordenara creer que **"Yo soy el Señor tu Dios ..."** porque, si ya de entrada no se aceptara a Dios como divino, entonces Dios no tendría la autoridad para ordenar nada. Después de la milagrosa redención del pueblo de Israel de la esclavitud en Egipto, se creó una base profunda de respeto y gratitud que motivó la aceptación de una alianza o vínculo y relación especial con Dios.

El Primer Mandamiento establece la *autoridad* de un Dios, más que ordenar *creer* en ese Dios. Sin establecer la autoridad de Dios, los mandamientos subsiguientes se convierten en puras sugerencias en lugar de mandamientos.

Puesto que la traducción correcta de "Diez Mandamientos" es "Diez Dichos," puede ser tentador caer en la tendencia moderna de una moralidad más subjetiva, y considerar esas "declaraciones" como sugerencias, para ser usadas a discreción—si a uno le apetece, si le parece buena idea, si no sería demasiado problemático—en lugar de mandamientos, los cuales uno tiene el deber de obedecer porque Él está presente para todos nosotros.

¿Exige Dios Algo Concreto de Mí?

En nuestras extensas discusiones con varios grupos, hemos descubierto que aunque muchas personas se sienten cómodas con la idea de que los humanos tenemos ese tipo de obligaciones hacia Dios como "Has a los demás lo que quieres que ellos te hagan a ti," se sienten incómodos con la idea de que sean obligaciones concretas como "Guardarás el día sábado para santificarlo"—lo cual incide desafortunadamente con las compras.

Las obligaciones concretas *aparentemente* requieren:

➤La abdicación de la libertad personal (no es el caso, uno siempre retiene el *libre albedrío*).

➤La adhesión a declaraciones que probablemente son solo metafóricas, no literales (¿pero acaso Dios no tiene derecho a comunicar expectativas concretas en estilos metafóricos?)

➤La aceptación de una filosofía anacrónica o de un estilo de vida anacrónico (el poder de las tradiciones es que han sobrevivido la prueba del tiempo).

➤El abandono de la voluntad o el poder personal (pero alimentarse de la gracia de Dios es la forma en que los humanos generan y se concentran en su potencial para estar a la altura y hacer lo correcto).

➤La subordinación del intelecto ante un misticismo antiguo (pero imaginar el intelecto propio como el poder y la inteligencia más elevados constituye una arrogancia suprema).

Incluso quienes creen en Dios, en ocasiones se resisten y se resienten con la noción de que ciertos deberes sean concretamente una orden. Las personas muchas veces quieren tener un Dios para sus peticiones personales o para que intervenga en las crisis, y posiblemente utilicen el ser "creyentes" como una forma de incrementar el estatus, el respeto o la confianza que inspiran ante los demás.

Entrar en una relación con Dios no se trata únicamente de las recompensas que recibimos en este mundo o en el siguiente sino más bien de cómo le demostramos a Dios que tomamos en serio nuestra relación con Él.

Hemos tenido demasiadas experiencias con personas hospitalizadas que nos cuentan acerca del trato que han hecho con Dios, si Él accede a salvarlos. "Prometo dar dinero a la sinagoga" o "Prometo cumplir más mandamientos." Son promesas comunes hechas en oración y que oigo mascullar a aquellos que tienen un futuro incierto. Vemos el dolor en sus rostros y percibimos su miedo y nos entristece que estas oraciones sean la única oportu-

nidad en que estas personas le hablan a Dios. Puesto que su relación con Dios no ha sido desarrollada, están demasiado ocupados
pidiendo milagros, cuando una relación profunda con Dios les
habría proporcionado el consuelo y la fortaleza necesarios para
enfrentarse a su enfermedad y a sus miedos. Nuestra relación con
Dios, al igual que cualquier otra relación sana, debe estar basada
en el respeto y la obligación mutua.

¿Cómo sabemos qué quiere concretamente Dios de nosotros?
El problema con la naturaleza intangible de Dios (no hay correo
electrónico ni línea telefónica directa de emergencia) es que las
personas no pueden siempre saber con absoluta certeza lo que
Dios quiere de ellos en un determinado momento. Intentamos
discernir y aclarar "la voluntad de Dios" (expectativas, obligaciones, rituales, etcétera; o sea, lo que Dios quiere de nosotros) a
través de nuestras tradiciones religiosas (expectativas, obligaciones, rituales).

Una de mis oyentes, Pat, de San Diego, California, escribió el
siguiente pasaje, que describe su relación con Dios: *"Veo a Dios
en todo, todos los días. Creo que Él está en todos nosotros, todo
el tiempo. Lo único que tenemos que hacer es aprender a escuchar, sentir y prestar atención en cuanto a qué y hacia dónde nos
está llevando a través de nuestra vida diaria. Es cierto que Dios
es amor, pero el amor es un verbo y eso nos requiere actuar. Dios
no existe para nosotros si no estamos abiertos a su amor demos-
trándoles amor a los demás. Podemos elegir en cualquier momento (¡otra vez la palabra 'elegir'!) alejarnos de Dios o no
prestarle atención a Su llamada o Su existencia en nuestra vida.
Es por eso que muchas personas creen que Dios no existe, confunden el poder con la presencia de Dios. Él por lo general no es
tan directo. Si quieres oír o sentir y llegar a comprender Su llamado, debes primero prepararte mentalmente y estar lo suficientemente tranquilo y callado para escuchar Su voz."*

¿Cómo Te Quiero?

En nuestra lucha por comprender la relación con Dios, muchas veces pensamos en formas más conocidas de relacionarnos. El primer ejemplo obvio es el modelo de marido y mujer. Uno puede ver los Diez Mandamientos como un acuerdo prenupcial que estipula las obligaciones que tenemos hacia Dios. El compromiso se demuestra a través de la acción. El matrimonio es algo más que un compromiso verbal hecho durante la ceremonia de bodas. Es más que un pedazo de papel: Es una alianza sagrada.

La respuesta, "Pero es que no me apetece" ya no es aceptable porque tenemos responsabilidades y obligaciones matrimoniales. El amor debe ser visto como un verbo, y como verbo, requiere acción; "...así que la plenitud de la ley es el amor." (Romanos 13:10) Tal como nos escribió el Pastor Bill Millar de la Iglesia Presbiteriana Ortodoxa Caney en California, *"La persona que diga no necesitar los Diez Mandamientos es tonta. Porque si dice, 'Lo único que necesito es amar a Dios,' ¿cómo sabe qué hacer a menos que Dios le diga? Me gustaría ver a un esposo probar exitosamente esa lógica en relación con su esposa. Si yo de verdad amo a mi esposa, ella me dirá cómo amarla de la forma en que ella quiere ser amada. No soy lo suficientemente inteligente para inventarlo."*

¿Cómo podemos conocer y confiar en el amor declarado solamente por los labios si las acciones no comprueban y perfeccionan las palabras? Los mandamientos son los preceptos del amor. Las palabras no son suficientes: **"Por sus frutos los conoceréis. No todo el que Me dice, ¡Señor! ¡Señor!, entrará en el reino de Dios, sino el que hace la voluntad de Mi Padre celestial."** (Mateo 7:20–21).

Lograr una vida santa es una meta común del judaísmo y el cristianismo. Pero ¿qué es una vida santa? La palabra hebrea en la Biblia para *santo* es *kadosh*. Quiere decir apartar algo para un propósito especial dirigido hacia Dios. Cuando una unión entre un hombre y una mujer está dotada de un propósito santo, se convierte en una "unión sagrada" lo cual difiere de "rejuntarse" o "una ayuda financiera." Cuando cumplimos la voluntad de Dios a través de la acción, participamos en un acto santo. Cuando vivimos cada día consciente de que nosotros somos uno de los medios de los que se vale Dios para traer la bondad y la rectitud al mundo, nos convertimos en vehículos santos.

Para quienes preferirían elegir lo que más les gusta de las leyes de las Sagradas Escrituras y decidir qué les funciona, lo que parece relevante hoy en día, o lo que es conveniente o cómodo, existe la tentación de categorizar las leyes de manera simplista, como preludio a hacer caso omiso de ellas. Aun las leyes al parecer más arcaicas (como la ley judía kosher de no mezclar leche y carne, o de no utilizar atuendos que mezclen lino y lana) forma parte de la receta de Dios para la santidad, la perfección moral de los seres humanos.

La mayoría de las personas ni siquiera se detienen a bendecir los alimentos porque no los educaron así o porque están cansados, o tienen prisa, o porque han llegado a ver a los seres humanos—campesinos o dueños de la tienda de víveres—como los proveedores de alimentos. Dios proporciona la tierra, el sol y el agua con los cuales cultivar el trigo. El hombre toma el trigo y lo transforma en pan. Es trabajo de equipo—y, como en todos los equipos, todos los miembros son importantes. Cada uno merece respeto. Cuando uno se toma el tiempo para demostrar ese respeto, la relación se profundiza, el ser se enriquece y hay más alegría y satisfacción en la experiencia.

¡Porque Soy Tu Padre—Por Eso!

La relación humana-divina puede ser comparada con la relación padres-hijos. A los hijos, las reglas de los padres les parecen arbitrarias, limitantes e irritantes. Los padres pueden intentar explicar sus razones, pero a veces después de altercados exhaustivos, los padres deben decidir imponer la razón más elevada de todas,

"Porque soy quien te trajo al mundo, pago todas tus cuentas, te limpio la nariz—y hasta que Dios me lleve a mí o a ti, yo soy el señor tu Dios." En esa afirmación simple, se establece la autoridad. Las reglas de los padres comprometen porque son dadas por los padres—los más inmediatos transmisores de vida, los intermediarios entre el niño y Dios.

Los padres se sienten responsables por el bienestar de su hijo, y de la absoluta responsabilidad se deriva el poder absoluto, así como Dios demostró ser responsable por los israelitas y por lo tanto los sacó de Egipto: **"He oído ahora el clamor de los israelitas a quienes los egipcios los tienen esclavizados, y Me he acordado de Mi pacto."** (Éxodo 6:5).

Desde el tiempo del Edén hasta el presente, la relación Dios-humanos demuestra una evolución sutil, si no en poder, sí en responsabilidad. Noé, por ejemplo, cuando Dios le dijo que el diluvio era inminente y que acabaría con toda la humanidad salvo él y su familia, responde con el equivalente de "Que bien. Nos toca a nosotros dos, Dios. Eh, ¿cuántos codos dijo que eran?" Cuando Abraham es confrontado con el plan de Dios para Sodoma y Gomorra, él discute con Dios acerca de la justicia de ese acto, a pesar de que él y su familia se salvarían. Abraham asume responsabilidad por el bienestar de "sus hermanos." En diez generaciones entre Noé y Abraham, algo especial ha ocurrido.

A medida que los hijos crecen y maduran, interiorizan las reglas y la moralidad de sus padres. Como lo reconocen todos los padres, los hijos anhelan ser adultos poderosos, pero los padres a veces titubean para soltar su poder protector. Los israelitas, rumbo al desierto después de haber sido liberados de la esclavitud en Egipto, dudaron un poco acerca del peso de la responsabilidad y las dificultades de la "libertad": **¿No te decíamos en Egipto: 'No te preocupes por nosotros pues queremos servir a los egipcios'?—Porque ¿no es acaso mejor servir a los egipcios que morir en el desierto?"** (Éxodo 14:12). Y Dios, como respuesta, le dice a Moisés que informe a los israelitas que dejen de lloriquear y que los llame al orden: "**¿Por qué clamas a Mí? Di a los israeli-tas que sigan adelante.**" (Éxodo 14:15).

Así como el padre o la madre llegado el momento deben pres-cindir del asiento de bebé por la bicicleta y permitirle al niño moverse y buscar su equilibrio solo, Dios nos da todos lo que necesitamos y luego nos suelta. Sabemos qué tenemos que hacer para equilibrar los retos terrenales con las expectativas divinas de Dios. Mediando el libre albedrío, cada minuto de cada día elegimos entre lo sagrado y lo ordinario.

Los Diez Mandamientos comprometen porque fueron dados por Dios, progenitor de toda la humanidad.

Típicamente, hay un padre y una madre. ¿Quién verdadera-mente tiene el poder? Los niños, especialmente aquellos que son producto de hogares desintegrados, saben demasiado bien cómo enfrentar al padre contra la madre para lograr lo que quieren (no necesariamente lo que necesitan). En los tiempos de los Diez Mandamientos (aproximadamente 1300 A.E.C.), la idea de tener una obligación hacia un *sólo* Dios era algo original. En lugar de alianzas con varios dioses que desempeñaban papeles contradic-torios en el mundo, y cuyos estados de ánimo y comportamientos demasiado humanos desdibujaban el absolutismo del bien y el mal, el monoteísmo (la creencia en un sólo Dios) hizo posible una moralidad única y objetiva. A los israelitas se les dijo que no tienen que vivir confundidos como niños cuyos padres están batallando entre sí por el poder y el amor y no logran ponerse de acuerdo sobre reglas establecidas. Más bien, al reconocer al Único Dios verdadero, habría más claridad sobre estas reglas.

No Preguntes Qué Puede Hacer Dios por Ti...

Bien sea a través del modelo de cónyuge/cónyuge o hijos/padres, las alianzas hechas con Dios representan una relación de obliga-ciones y beneficios. Por naturaleza las relaciones primordiales en nuestras vidas se basan en dar y recibir. Expresamos nuestro amor a Dios a través del cumplimiento de los mandamientos de Dios, y Dios manifiesta su reciprocidad a través de su presencia en nuestra vida y en el mundo. Los Diez Mandamientos son los fundamentos de estas obligaciones.

Aceptar el Primer Mandamiento es aceptar la idea de que Dios es por lo menos tan exigente hacia nosotros como lo somos nosotros con nuestras propias relaciones. Si Dios es el trae bondad y compasión al mundo, y queremos ser sus asociados en la creación de un mundo "muy bueno" (el término utilizado al final de la Creación, Génesis 1:31), entonces debemos reconocer nuestros respectivos papeles. Esta es la verdadera esencia de la idea religiosa de una alianza. El Primer Mandamiento nos recuerda que nuestra relación con Dios no es *casual* sino una *alianza comprometedora.*

Eso Era Antes, Ahora Es Ahora

La motivación final en los israelitas para aceptar estos mandamientos fue su agradecimiento por la *redención,* su rescate de la esclavitud y su anticipación del futuro cuidado de Dios. Este gesto de salvar un pueblo fue tan grande que exigía una nueva relación, una relación en la cual el pueblo judío entrara en una *asociación* con Dios para ayudar a perfeccionar el mundo (Tukkun Olam). La presencia constante de Israel (en la Diáspora o en la tierra natal) sirve como evidencia de que Dios está vivo y activo y no ha abandonado sus promesas a Abrahán, ni a toda la humanidad—por más alejado de Dios que aún sea nuestro comportamiento.

Existe algo en común en la motivación de los judíos y los cristianos para *amar* y *obedecer* a Dios: la salvación. Hay diferentes opiniones sobre cómo es esa salvación y lo que entraña. Ambos, judíos y cristianos, perciben a Dios como "Salvador." Para los judíos, esa gracia salvadora es nuestra supervivencia a pesar de la opresión *externa* y los enemigos. Para los cristianos, esa gracia salvadora es el sacrificio de Cristo para salvar a cada alma humana de su propia tendencia *interior* hacia el pecado. En la visión cristiana, el mundo es redimido en la medida en que cada alma por individual es salvada a través de Jesucristo. En la visión judía, estamos redimiendo al mundo mediante nuestros propios esfuerzos.

Sea cual sea la alianza, la del Sinaí o la de la resurrección de Jesús, todos estamos dotados, por un sentido de deber y gratitud, a demostrar mediante nuestra forma de *actuar,* el aprecio por la gracia salvadora de Dios. La cualidad y el carácter de cómo los judíos y los cristianos viven su vida se vuelve un continuo reconocimiento *visible* de la presencia y verdad de Dios.

La Religión Está Bien—El Problema Es con Dios

Tristemente, las discusiones acerca de Dios son cautelosas e infrecuentes en nuestra vida y en nuestro hogar. Un sentimiento de obligación, de culpabilidad o la costumbre de celebrar ciertas festividades o rituales reduce el judaísmo a oscuros legalismos o a un club cultural, aunque esté de por medio un profundo sentido de responsabilidad cívica. Pero no se trata solamente de un asunto judío. Hay movimientos en camino para reformular iglesias según el modelo de un centro comercial, con sus puestos de comida, para que las personas no estén tan *incómodas* como estarían en un lugar *sagrado.*

David Klinghoffer denomina este fenómeno la "Religión Kitsch;" es decir, religión sintética. Escribió lo siguiente en el *National Review* (junio 3, 1996):

En un sistema religioso centrado en la ortodoxia, el sistema le pide al creyente que suscriba una serie de principios derivados de lo que el sistema afirma como Verdad acerca de Dios, del cual también se derivan una serie definida de estándares de conducta. Después de que el creyente ha aceptado esos principios y ha procurado organizar su vida según estos, recibe la compensación: la experiencia, por fugaz que esta sea, de Dios y Su trascendencia... La religión kitsch refleja solamente al mundo: sus intereses políticos, su deseo de estar libre de obligaciones morales incómodas. La relación con el Supremo que el creyente ortodoxo deriva de su fe es derivada... como resultado de reflexionar acerca de la impresión inmediata que deja la Verdad acerca de Dios. Es solamente entonces cuando comienza el milagro. La religión kitsch, por contraste, predigiere la ortodoxia para el feligrés y le ahorra esfuerzos, afirmando poder proporcionarle un atajo hacia la trascendencia que le permite dar un rodeo a lo que en la religión auténtica es necesariamente difícil.

Está Bien, Puede Predicar—Pero No Machaque

Aun para los israelitas, quienes experimentaron la revelación espectacular del monte Sinaí, no fue fácil aceptar la obligación. Apenas cuarenta días después de experimentar la más grandiosa revelación divina de todos los tiempos (en persona y en tecnicolor), algunos de los israelitas estaban listos para entregar sus riquezas para hacer el Becerro de Oro. Un objeto que pudieran adorar era más tangible que el Dios del Éxodo. Además, no les exigía nada aparte de su adoración. Más aun, les daba licencia para hacer lo que quisieran.

Nuestra naturaleza animal (que nos hace girar alrededor de nosotros mismos y de la gratificación inmediata), las tentaciones de la vida ("Quiero a mi esposa, pero, ay, tú, nena"), las distracciones permanentes de lo mundano (demasiadas cosas por hacer y demasiado poco tiempo), hacen que Dios sea una "molestia." La verdad de la existencia de Dios no depende de nuestra atención o creencia individual. No obstante, la existencia de Dios en nuestra vida sí requiere de la apertura de nuestro corazón, nuestra mente y nuestra alma. Parte de nuestra relación personal con las experiencias vividas en la antigüedad se encuentra en el texto del Primer Mandamiento cuando dice, **"Yo soy el Señor *tu* Dios..."** El hebreo, como el español, distingue entre las formas singulares y plurales. No se dirige a un colectivo "Oigan todos,"

sino a la tercera persona del singular. Aunque se le habla al pueblo que se encuentra en el Monte Sinaí, las palabras están dirigidas a cada individuo de todas las generaciones subsiguientes.
Estas palabras no fueron pronunciadas solamente para la generación de Moisés sino también para usted y para mí hoy en día,
porque Dios continúa ofreciendo su alianza para quienes escuchan Su llamado y están *dispuestos* a responder. En este contexto,
el monte Sinaí no es el primer y único llamado. El monte Sinaí es
la metáfora de la continua presencia de Dios en el mundo.

¿Ah, Sí, y Dónde Está Dios Ahora?

Cada uno de nosotros debe encontrar el papel de Dios en su vida.
Desde el milagro del nacimiento hasta los milagros que experimentamos cada día, una vez que podemos reconocer el papel de
Dios en nuestras vidas es más fácil sentir el consuelo de no estar
"en última instancia" solos. Desafortunadamente, muchas personas no son capaces de sentir a Dios en sus vidas. La presencia
intangible de Dios puede ser comparada con una señal de radio.
Estas señales de radio nos rodean; pero no podemos verlas.
¿Cómo sabemos que las señales de radio están ahí? Sencillamente
encendemos el radio. Se puede escuchar música hermosa. Somos
los radios y es necesario estar encendidos y bien sintonizados
para captar la frecuencia de Dios. Así como en ocasiones se requiere un esfuerzo adicional y una sintonización más delicada
para encontrar una determinada estación de radio, no siempre es
fácil percibir la presencia de Dios en el mundo.

No basta creer en el "Dios histórico;" debemos también creer
en un "Dios personal." Sentir la participación de Dios en nuestra
vida cotidiana le da significado a la vida y hace tolerables los
tiempos difíciles—y es en la gratitud y en el amor a Dios que encontramos nuestra motivación para cumplir Sus mandatos.

No es difícil imaginar que una persona que se siente satisfecha
o feliz pueda encontrar más fácil la motivación para cumplir los
mandatos de Dios que aquella que sufre, está frustrada o decep-

cionada. A la primera la motiva en parte una alegre gratitud. La motivación de la segunda es más difícil de comprender puesto que la depresión debida a los problemas que experimenta y a su enojo con Dios por la aparente ausencia de bendiciones o el castigo imaginado pueden ser los sentimientos predominantes. Si se está dispuesto a confiar en Dios, entonces no lo verá como un "amigo inconstante" (ni tampoco la persona será así) o como enemigo cuando la vida le presenta dificultades. Si está dispuesto a confiar en Dios, entonces ese optimismo procedente de creer en un significado y propósito, incluso en relación con el sufrimiento, hará que siempre busque la bendición y esté cerca de Dios.

Según el rabino Reuven Bulka *(El Judaísmo en Relación con la Enfermedad y el Sufrimiento,* Aronson Press, 1998, p. 171), "Uno de los mensajes principales del pensamiento judío acerca del sufrimiento es que puede ser una bendición oculta. Pero es una bendición solamente si traducimos adecuadamente su significado o su reto; de otro modo puede ser una maldición. El sufrimiento, entonces, con todas sus vicisitudes, es una oportunidad. Lo que hagamos con esa oportunidad será un componente definitivo de nuestra vida." Nuestro compromiso con la vida, con dotar de significado cada momento precioso, la vida en general y el compromiso con Dios de vivir la vida de una manera noble y santa a pesar de los retos, debe ser incondicional—pues sin esto incluso los momentos buenos de la vida pierden su significado.

Cómo y cuándo interviene realmente Dios en la vida son preguntas en última instancia imposibles de responder. No obstante, muchas personas se sienten seguras de que Dios específicamente bendice y castiga. A continuación algunas de las respuestas en el sitio de Internet (www.drlaura.com) a la pregunta de "¿Cuánto participa Dios en nuestras vidas?"

➤*Dios siempre está presente pero no se impone contra nuestro libre albedrío. Dios nos habla, pero en nuestro trajín, a veces no lo escuchamos—pues Él puede oírse solamente en el silencio del corazón. Mientras más tiempo uno pasa con Él...*

independientemente de cómo sea el día... más cercano se sentirá uno a Él. (Jayne M.)

➤ *Cuando comencé a ser una adulta pasé mucho tiempo en consejerías. Todos los consejeros estaban de acuerdo en que yo estaba "destrozada," pero ninguno sabía cómo ayudarme. Entonces inicié una relación con Jesucristo. De repente, los comportamientos que antes despreciaba pero que no podía cambiar, empezaron a cambiar poco a poco. Me di cuenta de que Él es el Gran Consejero. Me dio instrucciones que cambiaron mi vida para siempre, cosas que no habría elegido, pero que se han convertido en las cosas que más agradezco. (Beth K.)*

➤ *Dios lo es todo. La belleza de un niño, el sol que sale en el desierto. Ante todo, Dios está presente en las decisiones que tomamos en cada momento de la vida, para ayudarnos hacer lo correcto. Solamente entonces brilla Él a través de nosotros. (Kathy P.)*

➤ *...y yo creo que las personas enfermas se pueden sanar, y los cojos andar, si es la voluntad de Dios que asi ocurra. La mayor parte del tiempo el mundo simplemente ocurre y nosotros esperamos a ver qué hacemos. Quienes buscan al Padre Celestial en los tiempos malos y en los buenos son recompensados con paz interior y bendiciones. Ese es el milagro cotidiano. (Michele L.)*

El dolor de la infelicidad y el horror del mal son retos típicos a la fe en Dios. Según me escribió un oyente, *"¿... un Dios concreto y activo que nos pone a prueba con cosas como el cáncer de seno de mi esposa? Ah, ah. Eso no es algo en lo cual yo quiera creer."* (Jim S.) Ese es, desde luego, el meollo—querer que Dios sea una especie de guardaespaldas personal y hada madrina combinados en uno. Aunque Dios salvó a los israelitas de la esclavitud en Egipto, luego ellos tuvieron que soportar vivir cuarenta años en el desierto. ¿Era eso un castigo? ¿Era una prueba? Creemos que era una parte necesaria de su crecimiento y desarrollo espiritual.

En una reciente *A&C Biography*, Teddy Pendergrass, el "Elvis negro," hablaba de su vida después del accidente automovilístico que lo dejó cuadriplégico. Hablaba de su dolor, frustración, herida, temor y cólera con bastante emotividad y énfasis. Igualmente emotivo y enfático era cuando hablaba de haberse transformado en una "persona mejor" desde el accidente y seguramente por causa de él.

En última instancia, no podemos ni saber ni comprender el mundo como Dios. Eso nos convertiría en Dios.

Un Mundo Sin Ti

Me han preguntado si las personas que no creen en Dios pueden ser morales. Supongo que todos podemos crear una escala de valores que podamos llamar moral. Desafortunadamente, gran parte de esa escala debe estar relacionada con patrones culturalmente establecidos (programas de televisión que no toman una postura frente al sexo y la maternidad antes del matrimonio, o las drogas), o basada en deseos y caprichos personales ("No es asunto de nadie, es asunto mío"), racionalizaciones de escaso peso ("El sexo no tiene nada de malo siempre y cuando 1. Él me guste, 2. Su prueba de SIDA arroje un resultado negativo, y 3. Utilice un condón," fue lo que dijo recientemente una oyente de veinte años) o lo que la situación inmediata tenga para ofrecer ("Sí, ¿por qué no? ¿Quién es usted para juzgar?"), y por último, en virtud de sus sentimientos (la deidad moderna).

La moralidad de ese mundo es subjetiva y por lo tanto peligrosa. Si cada uno de nosotros diseña su propia moralidad, sería para complacernos a nosotros mismos (esa es nuestra parte animal). En realidad, el mundo más perfecto para cada uno de quienes queremos ser independientes de la autoridad de los mandamientos es un mundo en el cual *todos los demás* temen y obedecen a Dios, estamos a salvo del lado animal de las otras personas, y tenemos entonces la libertad para dejar ser el animal que hay en nosotros.

En última instancia, la decisión de qué está bien y qué no, tiene que proceder de algún lugar, porque ni la lógica humana y el pensamiento racional ni las leyes de la naturaleza proveen una escala de valores para la justicia universal. La naturaleza, por ejemplo, permitiría que se murieran el vulnerable, el débil, el lesionado o el enfermo ("supervivencia de los más aptos"), mientras que los seres humanos, al valorar cada vida como algo sagrado, hospitalizarían, protegerían y cuidarían. La lógica humana, por ejemplo, sería capaz de racionalizar el interés propio y la supervivencia por encima de la de un extraño, mientras que la ley de Dios nos recuerda que a nadie debemos valorar menos que a nosotros mismos "...amarás a tu prójimo como a ti mismo: Yo, el Señor" (Levítico 19:18).

En la "ley civil" las cosas están bien porque han sido ordenadas—por una legislatura y un sistema judicial. En las "leyes de Dios" las cosas han sido ordenadas; por lo tanto están bien. El hombre no define la virtud y el vicio; Dios es el árbitro de la moralidad. Se "es" a la imagen y semejanza de Dios según la definición de Dios.

En respuesta a nuestro "inventario" de clérigos cristianos en asuntos relacionados con los Diez Mandamientos, recibimos este aporte por parte del ministro Ray McClendon de la Iglesia de Cristo de Hesperia, California, que se refiere al asunto de la autoridad de Dios: *"Lo que está mal concebido en un comentario (específico) en su sitio de Internet (LS) que decía, 'Da miedo pensar que necesitamos más religión... necesitamos menos, no más... si las personas son demasiado pusilánimes para tomar sus propias decisiones.' Continúa describiendo su 'virtud' al respetar a los animales y no comer carne como algo que no (necesita) tiene nada que ver con la religión... El problema con eso es que siempre que ella sea su propia deidad, nunca será capaz de elevarse por encima de sí misma. Esto indica que cuando se trata de una Deidad, hay realmente sólo dos posibilidades. O bien reconocemos nuestra creación según la imagen de un Dios objetivo revelado en la Escritura, o inevitablemente HACEMOS A DIOS a NUESTRA imagen."*

¿Y Cómo me Pueden Beneficiar?

Los Diez Mandamientos son una fórmula excelente para hacer de uno una "mejor persona"—y si todo el mundo los cumpliera, cuánto mejor no sería el mundo. Parece lógico, con Dios o sin él, ¿no es verdad? Excepto que las personas no siempre le dan prioridad a los intereses más importantes, propios o de los demás, ni son lo suficientemente altruistas para sacrificarse por el beneficio de la humanidad. Al aceptar la idea de que Dios exige cosas de nosotros, encontramos la fuerza para aceptar el reto—por doloroso o confuso que sea. La verdad es que muchas veces somos incapaces o no queremos cambiar algo por nosotros mismos, pero ante los ruegos del cónyuge o los hijos, las personas muchas veces encuentran la voluntad o la motivación para cambiar.

Existe un beneficio en aceptar una voz más allá de la nuestra que nos recuerda que no puede haber concesiones sobre los más importantes valores de la vida. La voz externa de la autoridad divina nos puede ayudar a hacer lo correcto para nosotros mismos. Por ejemplo: El pollo a la parmesana no es *saludable* por su contenido de colesterol y grasa. "¡Y qué, hago una trampita y también haré ejercicio (ah, sí, cómo no) mañana para quemar la grasa!" Ahora bien, para un judío cumplidor el pollo a la parmesana no es kosher—no es santo. "Ah, bien, de eso se trata." Siempre hay racionalizaciones acerca de lo profano—no hay ninguna para darle rodeos a lo divino.

Existe una conexión entre respetar lo que es santo y en última instancia hacer lo que es moralmente correcto. La disciplina de cumplir con leyes espirituales proporciona la fortaleza y la convicción que muchas veces se requieren para hacer lo que es moralmente correcto—especialmente bajo presión de un grupo, la tentación, las emociones en conflicto y las grandes pasiones.

Dios nos dice, "Me importa lo que haces." A veces Su voz es muy clara y en otras ocasiones Su voz es suave, como la que escuchó Elías (1 Reyes 19:2) en la montaña. Bien sea que esa voz salga del monte Sinaí o de la Cruz, es una señal que nos llama a una relación que puede proporcionar fortaleza y consuelo para nuestra propia vida.

Al Principio...

¿Le importa a Dios cómo actuamos? Si este es el caso, ¿qué significa para Dios nuestro pecado? Si no, ¿por qué importa mi comportamiento si puedo salirme con la mía?

Cuando violamos uno de los mandamientos, decepcionamos a Dios. Debemos ver todos los actos, tanto buenos como malos, como *esa acción* que agregará el peso decisivo a la hora del juicio. Dios nos evalúa a través de cada acción e igualmente nosotros mismos nos evaluamos a través de cada acción. Una tradición judía afirma que la recompensa de un mandamiento es cumplir con otro mandamiento y la consecuencia de un pecado es cometer otro pecado. En nuestra relación con Dios, el cumplimiento de un mandamiento nos acerca a Dios, y cada vez que violamos un mandamiento nos alejamos más de Dios.

Si creemos que Dios se ocupa de nosotros, debemos también creer que Dios se ocupa de lo que hacemos. El Primer Mandamiento es una forma de recordarnos esta importante correlación. Nuestra forma de ser recíprocos con el amor de Dios es reconocer Su soberanía y, al hacerlo, no solamente enriquecemos nuestra vida, sino que aportamos al mundo el espíritu de Dios.

2

El Segundo Mandamiento

No tengas otros dioses aparte de mí. No te hagas ningún ídolo ni figura de lo que hay arriba en el cielo, ni de lo que hay abajo en la tierra, ni de lo que hay en el mar debajo de la tierra. No te inclines delante de ellos ni les rindas culto, porque yo soy el Señor tu Dios.

"Mamá, Papá, ¿cómo *es* Dios?" Esa es seguramente una pregunta que usted recuerda haberles hecho a sus padres o que algún niño le ha formulado a usted. Aun si siempre a creído profundamente en Dios, aun si siente que tiene una estrecha relación personal con Dios, aun si bendice y ora a diario, seguramente no ha podido obtener una respuesta que satisfaga el pensamiento concreto que es característico de los niños.

Puede hablarles a los niños acerca del *espíritu,* la *gracia* y la *bondad* (acciones y virtudes)—pero cuando usted señala hacia arriba indicando el cielo, un niño estará buscando entre las nubes las suelas de los zapatos. Y de esta forma la imaginación de los niños llena los vacíos que dejan nuestros esfuerzos, en última instancia deficientes, para explicar lo divino. Lo que utilizan para imaginar a Dios resulta ser el modelo de autoridad con el cual estamos más familiarizados—los padres.

En un estudio de 1997 publicado en el *Journal for the Scientific Study of Religion*, varios investigadores en psicología descubrieron que la imagen que tienen los niños de Dios tiende a ser un reflejo de sus experiencias familiares. Por ejemplo, si durante sus primeros años la vida de hogar fue difícil, tendían a generar la imagen de un Dios fuerte, poderoso y protector—una imagen a la cual asirse en busca de consuelo. Además, cuando a los niños se les pidió que calificaran a sus padres y a Dios en cuanto a las cualidades del cariño (calidez, paciencia, amor y cuidado dispensado—generalmente estas se parecían a las de una mamá) y el poder (protección, justicia y fortaleza—generalmente estas se parecían a las de un padre), la conexión era fuerte.

Los Diez Mandamientos están inscritos en dos tablas, cinco en cada una. La primera tabla contiene leyes pertinentes a la relación del hombre con Dios, mientras que la segunda se refíere a las relaciones entre las personas. Es significativo que el Quinto Mandamiento, que honra a los padres, es un mandamiento transitivo. Lo que Dios y los padres comparten es la creación y el cuidado de la vida. Según la tradición judía, cuando las personas honran a sus padres, Dios lo ve como una forma de honrarlo a Él. Los padres son la introducción que tienen los niños al amor de Dios y a Su autoridad.

Cuando esa autoridad de los padres es mal utilizada, como lo fue en la vida de Pam, una de mis oyentes, Dios es a menudo el blanco más seguro por las heridas y la rabia: *"Desafortunadamente, mi padre utilizaba la iglesia para justificar su comportamiento abusivo, lo cual realmente me confundió durante un tiempo. Papá utilizaba las palabras de Dios para hacer cumplir su dominio y control sexual. Cuando tuve edad suficiente para comprender que una hija no debía tener relaciones sexuales con su padre, me sentí malvada y llena de pecado. Esto dio pie a una niña muy confundida y tímida. Con el tiempo, la confusión me llevó a odiar a Dios. Me creía malvada. Me alejé de la iglesia y casi del todo de mi Dios. Como Caín, estaba furiosa con Dios... Ahora que tengo treinta años, me siento feliz de poder decir que camino de la mano de mi (nuestro) Dios, a sabiendas de que las acciones de mi padre no fueron causadas por Él—(mi padre tomó sus decisiones en base a su propio libre albedrío)".*

Nuestra *imagen* de Dios está íntimamente relacionada con lo que aprendimos a nivel personal y familiar sobre la autoridad y su equilibrio benevolente entre el poder (o con la ausencia de este) y el amor; esa es la imagen que adoramos a partir del amor, u odiamos, a partir del miedo. No obstante, todo esto tiene que ver con los *aspectos espirituales* de Dios. ¿Y los atributos físicos? ¿Cómo es Dios, al fin de cuentas? *¿Y qué importa?*

¿Por Qué No te Puedo Ver?

A lo largo de las Sagradas Escrituras leemos acerca del "rostro de Dios," "la mano de Dios," o "los pies de Señor." Y sin embargo, nadie en las Sagradas Escrituras en realidad "ve" a Dios, aunque está escrito, **"No ha vuelto a aparecer en Israel un profeta como Moisés, con el cual el Señor trataba cara a cara..."** (Deuteronomio 34:10). "Cara a cara" claramente no es literal, puesto que las experiencias que tiene Moisés con Dios son poco convencionales: **"Allí se le apareció el ángel del Señor en una llama de fuego, en medio de una zarza. Miró y vio que la zarza ardía sin consumirse. Moisés se dijo: 'Voy a acercarme a ver esta gran visión; por qué la zarza no se consume'. El Señor vio que se acercaba para mirar y lo llamó desde la zarza: '¡Moisés!, ¡Moisés!' Y él respondió: 'Aquí estoy.' "** (Éxodo 3:2–4) y, **"Y el Señor dijo a Moisés: 'Yo llegaré hasta ti en una nube espesa, para que el pueblo oiga cuando Yo hable contigo y tenga siempre fe en ti.' "** (Éxodo 19:9).

Moisés, que persistía en convencer a Dios de que enviara a otro al Faraón, le dice, **"'No me creerán ni escucharán mi voz, sino que dirán: No se te ha aparecido el Señor.' "** (Éxodo 4:1)

Puesto que "ver es creer," ¿qué tenía Moisés para presentarle al Faraón, o para el caso a los sufridos israelitas, aparte de una amenaza aparentemente inofensiva de "Para que sepa, mi Dios es más grande y más malo que su dios. Así pues que ¡deje salir a mi gente!." En realidad, después de la Décima Plaga y la muerte de los primogénitos, la lucha de poder llega a su fin. Estaba claro que el poder era el elemento que obraba a favor de los israelitas.

Así que, aparte de "Él ganó esta partida" ¿cuál era la gran diferencia entre este "Dios" y todos los otros dioses paganos? La diferencia es sobrecogedora. Este Dios no se parecía en nada a un dios *contenido* en una forma y con un nombre. Este Dios era un Dios Universal. Este Dios decía que cumplía una promesa surgida de una alianza con su pueblo. Este Dios dijo que tenía expectativas en cuanto a un comportamiento moral, justo y compasivo de parte nuestra. Este Dios no estaba manipulado por nuestros deseos o encantamientos mágicos sino que tenía una intención eterna y divina que dependía de nuestra participación. Este Dios no era una herramienta para cumplir deseos terrenales; este Dios exigía **"Sigue estrictamente la justicia..."** (Deuteronomio 16:20).

De cierta forma la lucha de poder inicial de Dios con el Faraón fue algo así como lo que esperamos de la naturaleza: la supervivencia de los más aptos, fuertes y astutos. Fue tan solo el preludio a la santidad por venir, la santidad que, por sus cualidades de sacrificio, humildad, disciplina personal, compromiso y rectitud, va en contra de esas leyes brutales de la naturaleza. El poderío de Dios también es un ejemplo de que la bondad debe estar lista para luchar contra el mal en lugar de entregarse pasivamente.

En la tradición y la práctica pagana, los "dioses" representaban fuerzas naturales como la lluvia, el viento, el sol, la fertilidad y los comportamientos de los animales. Con el fin de contentar y manipular a estos dioses para el provecho personal y la supervivencia ¡se permitían incluso los sacrificios humanos!

Este Dios era único. Puesto que "...hizo los cielos" (Salmos

96:5), Dios no era un aspecto de la naturaleza sino una realidad superior al universo, que nos instaba a no bajar la mirada hacia la naturaleza en busca de "arreglos rápidos": "**...no vayáis a prevaricar haciéndoos imágenes talladas de cualquier forma que sean: de hombre o de mujer, de animales o de aves, de reptiles o peces. Cuando mires al cielo y veas el sol, la luna, las estrellas y todos los astros del firmamento, no te dejes seducir hasta postrarte ante ellos para rendirles adoración. El Señor tu Dios, los ha dado en suerte a todos los pueblos que hay bajo los cielos...**" (Deuteronomio 4:16–19).

Nuestros oídos solamente captan ciertas frecuencias sonoras. Nuestros ojos solamente disciernen objetos de determinados tamaños y ciertas longitudes de onda de luz. Somos criaturas mortales y limitadas. Creer que solamente aquello que podemos ver, escuchar, o tocar define la extensión de lo posible es producto de nuestra arrogancia y de nuestra tendencia a adorar los egos propios. Dios es más grande que las formas y está más allá de nuestras capacidades sensoriales. Que nosotros, seres finitos, no podamos desentrañar ni lo divino ni la infinidad no es una evidencia en contra de la existencia de Dios, solamente evidencia de que hay más cosas que están por encima de nosotros.

> "**¿Con quién se puede comparar a Dios,
> dónde encontraréis su semejante?**"
>
> (Isaías 40:18)

Finalmente, para ver el rostro de Dios basta con mirar en el espejo, pues hemos sido *hechos a su imagen* "**...cuando Dios creó al hombre, lo hizo a imagen de Dios. Los creó macho y hembra...**" (Génesis 5:1–2). Es nuestra responsabilidad *vivir según la intención de Dios* ("**Sed santos, porque Yo, el Señor vuestro Dios, soy santo**" (Levítico 19:2)). ¿Qué es exactamente lo que se requiere en este caso? "**Se te ha dado a conocer, oh hombre, lo que** es bueno, lo que el Señor exige de ti. Es esto: practicar la justicia, amar la misericordia y caminar humildemente con tu Dios." (Miqueas 6:8–9).

La Hoja de Vida de Dios

Puesto que generalmente argumentamos con la frase "Ver para creer," creer en un Único Dios era un reto supremo para aquellas personas inclinadas hacia lo simple, visible, táctil, descifrable, científico y controlable. Dios no se revela; revela Su camino. Seguir Su camino es nuestra forma de santificar la vida. En Éxodo 34:6–7 (llamado los Trece Atributos) los atributos de Dios están resumidos así: "El Señor pasó delante de Él (Moisés) y proclamó: 'El Señor, El Señor, Dios, clemente y misericordioso, tardo para la ira y lleno de lealtad y fidelidad; que conserva Su fidelidad a mil generaciones y perdona la iniquidad, la infidelidad y el pecado, pero que nada deja impune, castigando la maldad de los padres en los hijos y en los nietos, hasta la tercera y cuarta generación." El Dios Único es un Dios Universal, cuya soberanía está por encima de todas las cosas y todas las gentes; un Dios moral que exige de toda la humanidad vivir de manera moralmente correcta, ética y justa.

Dar "Testimonio" de Dios

No es difícil imaginar que los seres humanos, quienes se han vuelto tecnológica y científicamente sofisticados, soltarían la idolatría como una papa caliente. ¿Quién necesita hacerle sacrificios al dios sol cuando la luz eléctrica se enciende con solo mover un interruptor (¡siempre y cuando esté al día con la compañía de electricidad!)? Cuando las personas no se dan cuenta de que nuestros logros tecnológicos y nuestra creciente capacidad de controlar el mundo físico son bendiciones de Dios, el hombre mismo se vuelve su propio dios:

"El hombre que mira a Dios con incredulidad tiene la tentación de establecer al 'Hombre' como el objeto de su creencia, de ver al 'Hombre' como la criatura que todo lo sabe y que no está sujeta a ninguna ley o regla aparte de aquellas que él mismo considera apropiado promulgar. Adorar al hombre en general, o adorar a algún hombre en particular, es el colmo de la idolatría. Si el hombre, con la inteligencia y las capacidades espirituales con las que ha sido dotado, es la más sofisticada de las criaturas de Dios, también es el objeto de la más sofisticada forma de idolatría.

Aceptar el yugo del Reino de los Cielos es soltar el yugo de la dominación y la dictadura humana. " 'Seréis Mis servidores,' dijo el Señor, 'y no los servidores de Mis servidores.' " *(To Be a Jew,* Hayim Halevy Donin, HarperCollins, 1972).

La adoración a Dios entraña unas creencias internas y unos actos externos que, francamente, la mayoría de las veces van en sentido contrario a nuestros estados de ánimo, deseos, planes personales, metas y circunstancias inmediatas. Cuando hacemos lo que es "santo" y no lo que es "conveniente," somos testigos vivientes—pruebas de Dios. Es mucho más fácil ser concretos y estar enfocados en el yo que concentrarnos en el carácter, la integridad, y la manera de obrar. Por naturaleza, las personas prefieren el entendimiento total y el control del mundo externo, con la intención de servirse a sí mismos. Cuando vivimos según esa noción, dejamos de ser símbolos de lo que es potencialmente muy especial en cuanto a los seres humanos. Nos convertimos en nuestros propios ídolos con un sentido equivocado de la soberanía, llenando el mundo de egoísmo, hipocresía, dureza, terror e incluso de muerte. Donde no se acepta la autoridad, la ley y la bondad de Dios, cualquier mal es permisible: "Yo creo que si el demonio no existe sino que el hombre lo ha creado, lo ha creado a su propia imagen y semejanza" (Fyodor M. Dostoievsky).

¿Qué Hace que Este Dios sea Diferente
de Todos los Demás "Dioses"?

¿Fue el Dios de los israelitas apenas otro "dios nacional principal" al estilo de Zeus, quien encabezaba el panteón griego? Estos
dioses nacionales combatían contra los dioses enemigos para
proteger a su gente mientras que al mismo tiempo la dirigían
hacia la guerra. Cuando las naciones eran conquistadas, también
lo eran sus dioses. En manos enemigas, los ídolos no tenían poder.
Los reyes derrotados imploraban su regreso.

Parte de la importancia de la experiencia del Éxodo era la derrota de los dioses egipcios por parte del Dios de los israelitas. En
palabras del Éxodo (12:12), **"Esa noche pasaré Yo por el territorio de Egipto y mataré a todos los primogénitos de Egipto, tanto
de los hombres como de los animales. Haré justicia de todos los
dioses de Egipto. ¡Yo, El Señor!"** Incluyendo al adorado río Nilo,
a Re, el dios Sol, y finalmente al estatus especial de los primogénitos hombres, los egipcios vivieron la experiencia del triunfo del
Dios de los israelitas sobre aquellas *cosas* que adoraban. ¿Era el
nuevo Dios que Moisés les había traído del desierto de Madián a
los israelitas sencillamente otro "dios principal" al igual que
todos los demás del mundo antiguo?

El Dios de los israelitas era diferente de muchas formas. Por
ejemplo, no les daba importancia a las cosas sino que se comuni-
caba a través de estas. Dios no vivía en la zarza ardiente ni en la
cima del monte Sinaí. Inmediatamente después de la comunicación de los Diez Mandamientos, Dios le dice a Moisés, **"Me
harán un Santuario y habitaré en medio de ellos..."** (Éxodo
25:8), Dios no dice que Él habitará *en el santuario, sino entre
ellos*. Si los israelitas construyen un tabernáculo, la *presencia* de
Dios *se sentirá a través de la adoración*. En esencia, la experiencia sagrada del monte Sinaí es transferida al tabernáculo y más
adelante al Templo de Jerusalén. Dios hace sagrados todos los
lugares a través de su presencia. Tal vez en la designación de los
lugares que se volverían más tarde especiales y se conservarían

como algo especial, Dios estaba respondiendo a nuestra habilidad humana y por lo tanto limitada de percibir lo divino sin resaltarlo con amarillo fluorescente.

No es Posible Enviar a Dios por Correo Rápido

Otra indicación de que este "dios principal" de los israelitas era único en comparación con la experiencia pagana de otros dioses es expresada en I Samuel 4:11. Después de que los filisteos vencieron a los israelitas, tomaron el Arca de la Alianza (el objeto más sagrado de los israelitas, una caja dorada adornada con figuras de querubines en la parte superior y que contenía dos tablas en las cuales estaba inscrita la voluntad de Dios en la forma de los Diez Mandamientos). Según la óptica del mundo antiguo, la derrota militar era también una derrota teológica: el Dios de los israelitas era conquistado y capturado, como si el Arca se equiparara a Dios. Incluso si esta Arca estaba en manos de los filisteos, el Dios de los israelitas aún era poderoso. Hizo morir y enfermar a los filisteos hasta que les devolvieron el Arca a los israelitas. Este Dios no iba ser contenido ni por las cosas ni por las acciones de las personas.

En última instancia, el Dios de los israelitas no era un "dios principal." Era el Único Dios.

¿Qué Hay en un Nombre?

Ya es lo suficientemente difícil adorar a una deidad sin imagen. Para las personas de la antigüedad, la idea de un dios que no podía ser representado y adorado en forma física era inimaginable. Dios hace aun más difícil el trabajo de Moisés y de todos nosotros con su respuesta a Moisés, **"Bien, yo me presentaré a los israelitas y les diré: El Dios de nuestros padres me ha enviado a vosotros. Pero si ellos me preguntan: ¿Cuál es su nombre?, ¿Qué les responderé?"** (Éxodo 3:13). Dios responde con **"Dirás así a los israelitas: YHWH (Yo Seré), el Dios de vuestros padres,**

**el Dios de Abraham, el Dios de Isaac, el Dios de Jacob, me ha
enviado a vosotros.**" (Éxodo 3:15).

Las letras *YHWH* representan las cuatro letras del hebreo utilizadas en la Biblia para deletrear el nombre de Dios. Si bien en la
Biblia Dios tiene muchos nombres, que representan Sus múltiples
atributos, *YHWH* es el nombre más sagrado. Los intentos por
descubrir la pronunciación de este nombre, como *Jehová* o
Yahvé, son probablemente incorrectos. Dada nuestra actual información histórica, quizás nunca sepamos cuál es la pronunciación del nombre. Es como si se dijera que la verdadera esencia de
Dios es imposible de conocer, incluso. Su nombre.

La naturaleza de YHWH era un concepto tan revolucionario
para el pensamiento antiguo que los israelitas tardaron cuarenta
años de andar por el desierto en empezar a comprender. La mejor
representación de la idolatría es el desastre del Becerro de Oro.
Los israelitas, después de esperar cuarenta días a que Moisés re-
gresara del Sinaí, pensaron que se había muerto o que los había
abandonado. Recayeron en el antiguo sistema de hacer una representación de un dios—un becerro de oro. La idolatría, con su
representación física de los dioses, era tan atractiva para los israelitas que los profetas tuvieron que castigar repetidamente a las
personas por causa de esto. De hecho, igual hace Dios; más de 50
de las 613 leyes en los Cinco Libros de Moisés (la Torá) están dirigidas contra la idolatría.

¿Y Por Qué es Tan Mala la Idolatría?

La idolatría es peligrosa en un nivel personal porque los "dioses," al ser creados por el hombre, están dotados de características humanas. Los deseos humanos más bajos, como el sexo *sin
restricción*, la violencia y el egoísmo cobran validez, al estar asociados a un dios particular: Baco y la glotonería, Zeus y el poder,
Afrodita y el amor, por ejemplo. La bondad era una función únicamente del deseo y la disponibilidad. Los seres humanos nunca
tenían que elevarse por encima de sí mismos porque estas deida-

des eran apenas extensiones de características humanas. Sencillamente tenemos que crear dioses para que estos sirvan y justifiquen nuestros deseos y debilidades.

El Dios de los israelitas, si bien no condenaba los deseos humanos, santificaba su expresión mediante leyes relacionadas con "quién, dónde, cuándo, por qué y cómo," y así elevaba lo mundano al plano de lo santo. En el mundo pagano, "Los dioses me hicieron hacerlo," una variación de la clásica frase de Flip Wilson, "El Diablo me hizo hacerlo," tomó precedencia. En cinco palabras, la responsabilidad humana es reducida a una fuerza externa, y así se elimina la esencia de la humanidad, el libre albedrío, y la responsabilidad. El Dios de los israelitas exigía responsabilidad personal y prometía culpables.

La idolatría era peligrosa a un nivel comunal. Si los dioses del mundo estaban en conflicto, entonces el orden natural era que los seguidores estuvieran en conflicto. Las guerras no eran algo que debía ser evitado, sino la forma del ser del mundo. Las historias antiguas sobre la creación estaban llenas de violencia y matanzas por parte de los dioses que supuestamente habían creado al mundo y a los humanos. El *Imateteo Dei*—imitar los comportamientos de Dios—se lograba imitando los comportamientos sin que esto creara un conflicto con Dios: un Dios que es exigente, pero amoroso; un Dios que juzga pero perdona; un Dios cuya máxima aspiración es un mundo de paz en el cual **"El lobo habitará con el cordero, el leopardo se acostará junto al cabrito; el ternero y el leoncillo pacerán juntos, un chiquillo los podrá cuidar."** (Isaías 11:6). Imitar a Dios es ayudar a crear ese mundo.

La Torá reconoce que las sociedades paganas representan las peores posibilidades de cómo puede estar organizada una sociedad. No tiene uno más que mirar la violencia de Sodoma, la crueldad de Egipto, y cuán implacable fue Amalec (Deuteronomio 25:17–19), atacando a los israelitas por la espalda y presumiblemente matando en el proceso a las mujeres y a los niños en lugar de a los hombres que estaban marchando al frente para proteger a sus familias, para comprender los peligros del paganismo. La Torá habla del horror de quienes ofrecen sus hijos como sacrificio a Moloc (Levitico 20:4), y Dios les dice concretamente a los israelitas, **"No haréis lo que se hace en Egipto, donde habéis vivido, ni haréis lo que se hace en Canaán, adonde os llevo; no seguiréis sus costumbres."** (Levítico 18:3). Es decir, haz lo correcto a pesar de la injusticia circundante.

Una sociedad sin Dios, o más bien una en la que reinan otros dioses, es un lugar en el cual habitan en última instancia la inmoralidad y la inestabilidad social. Las decenas de millones de asesinatos en la era de Stalin, el Tercer Reich, la China comunista, y los campos de la muerte de Cambodia, para mencionar apenas algunos, son testimonios evidentes del caos y la crueldad ante la ausencia de Dios.

Es tan serio el Segundo Mandamiento que en el judaísmo es uno de los tres pecados que debemos estar preparados para rechazar incluso a costa de la vida. Los otros dos son el asesinato y las prohibiciones sexuales relacionadas con el incesto y el adulterio.

La idolatría, en el sentido bíblico clásico de adorar a dioses foráneos, no es un asunto importante hoy en día para la mayoría de la gente. Así que, ¿de qué forma es relevante en nuestras vidas la idolatría? ¡Contemos de cuántas formas!

Dios, Condensado por *Selecciones del Reader's Digest*

Incluso concebir a Dios como un anciano que se sienta en un trono celestial es una forma de idolatría. Si bien la Biblia debe utilizar un lenguaje antropomórfico para hablar de Dios **"...os rescataré con la mano tendida y haciendo justicia"** (Éxodo 6:6), en ningún lugar se describe la apariencia de Dios. La Torá está escrita en el lenguaje de los hombres para describir lo insondable. En cambio, Dios es descrito por lo que "hace" y "dice" según se percibe a través de Sus interacciones con los humanos. Dios no es descrito como bien parecido pero justo. Dios no es descrito como alto pero amoroso. Definitivamente describir a Dios como si Dios fuera "hecho a imagen y semejanza del hombre" es una idolatría—Dios está más allá de los límites del ser físico. En el mundo post *Guerra de las Galaxias,* Dios puede ser llamado "La Fuerza," algo que es real y tangible, pero que no puede ser visto.

Un rabino hasídico (el hasidismo es una forma mística del judaísmo que se originó en la Europa Oriental del siglo XVIII) una vez les preguntó a un grupo de estudiantes. "¿Dónde habita Dios?" Pensando que la respuesta era bastante obvia, uno de ellos respondió, "¡Dios está en todas partes, desde luego!" Estando en desacuerdo con la respuesta, el rabino dijo, "Dios habita dondequiera que las personas se lo permitan."

¿Y por qué es tan malo visualizar a Dios como una especie de abuelo celestial? ¿Por qué es que cuando nos concentramos en la naturaleza física de Dios caemos en la idolatría? Reducido a la descripción humana, el verdadero y máximo poder de Dios se presenta como algo limitado, y sus motivos como algo frívolo y cambiante.

Los niños muchas veces formulan las mejores preguntas acerca de Dios. Una de las preguntas más comunes que le hacen al rabino Vogel los asistentes a la escuela para niños de la Sinagoga es, "¿Si Dios hizo el mundo, quién hizo a Dios?" Él explica, "Dios es diferente de cualquier otra cosa que conocemos. Dios no es como un animal que nace o que da a luz. Dios no es como un ser humano que hace cosas con las manos. Dios es asombroso porque Él es lo único que ha existido por siempre." Cuando se trata de niños mayores, concluye diciéndoles, "El nombre hebreo para Dios es YHWH, que es una forma condensada de las palabras Hebreas para 'era', 'es' y 'será', y el mismo nombre de Dios describe la eternidad." En realidad, estas respuestas no resuelven los misterios de Dios. En realidad, no existen palabras para hacerlo. Solamente podemos entenderlo compartiendo con Dios.

Incluso reconocemos la deficiencia del idioma para describir a Dios cada vez que utilizamos el pronombre Él para describir a

Dios. Ningún pronombre es suficiente, y sin embargo, describir a Dios como "Ello" es demasiado impersonal.

Si bien el lenguaje humano es insuficiente para describir la verdadera imagen de Dios, las palabras de Dios sí tienen poder: **"Dios dijo: 'Haya luz,' y hubo luz."** (Génesis 1:3).

La Superstición

Lo crea o no, las supersticiones pueden ser una forma de idolatría. Algunas personas les hacen caso por tratarse de un hábito inconsciente, y otras porque realmente creen que las supersticiones las pueden proteger. Estas supersticiones hacen que evitemos pasar por debajo de una escalera o que lancemos un poco de sal derramada por encima del hombro, y representan rituales divertidos que reflejan nuestro temor a lo desconocido. Este tipo de supersticiones son un reconocimiento de "otros dioses" o espíritus que tienen poderes sobre nuestra vida. Cuando las supersticiones mandan en la vida de las personas hasta el punto que temen salir un viernes trece o se obsesionan con un espejo roto, estas creencias pueden tornarse peligrosas. ¿Qué tan generalizadas son estas supersticiones? ¡Imaginen que algunos hoteles no tienen un piso trece porque mucha gente rehusaría dormir en él!

Es un hecho triste que muchas personas demuestran mayor interés y hacen más preguntas acerca de las supersticiones que acerca de la ley y las costumbres religiosas. El rabino Vogel ha tenido que responder a muchas de estas preguntas, "¿Debo amarrar una cinta roja en la cuna del bebé recién nacido?" Se suponía que los recién nacidos estaban a merced de los malos espíritus.

Recibí una llamada de Debbie, de veintiocho años, quien estaba indecisa acerca de si hacer una fiesta de regalos para su cuñada embarazada. Debbie, sus padres, y su hermano, eran judíos, pero su hermano se había casado con una mujer metodista. No obstante, su familia creía en una antigua superstición judía de que era mejor no hacer fiestas de regalos para el bebé sino después de que este naciera. Si bien podría decirse que hay que ser sensibles ante la posibilidad de tragedias como que el bebé nazca muerto, y no querer agobiar a la madre con la labor de devolver regalos, se trata tan solo de una superstición. Le respondí que no existía nada en la ley judía que prohibiera hacer una fiesta de regalos para un bebé antes de su nacimiento y le recordé que de todos modos su cuñada no compartía esa superstición. El verdadero meollo de esta historia no es el argumento acerca de cuándo hacer la fiesta. Le pregunté a Debbie si sus padres y su familia complían con sus obligaciones religiosas. Me respondió que no. Le dije que le preguntara a su familia, utilizando mi nombre, por qué estaban fascinados con la superstición e interesados en esta y no en el cumplimiento religioso.

Este es un asunto importante. Algunas personas hacen demasiado énfasis en tratar de llevar una vida mediante "viejas creencias," pero no hacen el suficiente esfuerzo por complir con aspectos de la religión que en realidad sí requieren algo de ellos.

Además de reflejar nuestro miedo a lo desconocido, las supersticiones son un intento por encontrar la relación de causalidad en sucesos de modo que podamos controlarlos. Los cánticos y rituales supersticiosos son un intento de hacer que Dios/los espíritus hagan nuestra voluntad y esto es contrario a los valores judíos y cristianos. La Biblia es clara: **"No recurran a espíritus y adivinos. No se hagan impuros por consultar los yo soy el Señor su Dios."** (Levítico 19:31).

¿Y por qué son tan malas las supersticiones para las innumerables personas que las siguen como rituales o hábitos sin trascendencia? Francamente, eso se parece a decirle a su esposa que la aventura amorosa que tuvo fue algo intrascendente...ejem. Las supersticiones también trivializan la verdadera religión cuando se convierten en una religión en sí mismas. Todos los rituales y costumbres serios que aportan una verdadera comprensión de Dios y nos llevan a vivir vidas sagradas son rebajados al poner las supersticiones en su mismo nivel.

"...no permitas que estas u otras fantasías semejantes te llenen o bien de temor o de alegría por el futuro. Ten el corazón completo en el Señor tu Dios. No consultes la vara, ni los dados, día y hora, bestia y ave, la tumba y el muerto, el cielo y la tierra acerca de tus acciones y tu futuro..." *(Horeb,* Samson Raphael Hirsch, Soncino Press, 1994) es la forma como los sabios judíos recuerdan que la causa y el efecto que son dictados por cualquier otro dios son una mentira, un engaño y representan un alejamiento del hombre de Dios. En última instancia, lo que debemos hacer se puede inferir de la Biblia, y no de los astros.

"Hola, Qué Tal, ¿Qué Signo Eres?"

Muchas personas empiezan el día mirando el horóscopo que trae el periódico. ¿Será un buen día para el amor o un día en que no se deben tomar decisiones difíciles? Y claro, durante ese día algo ocurrirá que les hace decir, "A eso se refería el horóscopo." Aunque muchas personas se sienten cómodas utilizando el horóscopo para asuntos personales relativamente triviales, exhiben una respuesta totalmente diferente cuando la esposa del presidente de los Estados Unidos (Nancy Reagan) se vale de un astrólogo para que la oriente en asuntos personales o nacionales.

La astrología es apenas otra de las formas en que algunas personas evitan asumir la responsabilidad por su vida. Al consultar el periódico o al astrólogo, las personas pueden descargar el grave peso de tomar decisiones difíciles en las respuestas que les proporcionan las estrellas.

Uno de mis oyentes reaccionó a las siempre presentes "líneas psíquicas" de la siguiente manera: *"Vi un anuncio hoy en la televisión que me hizo abrir la boca. En primer lugar, anunciaba uno de esos números telefónicos 900 para líneas psíquicas, lo cual debería haberme preparado para la clase de basura que seguía, pero no me di cuenta. El aviso dice que estos psíquicos pueden percibir cosas que en la mente de los seres queridos. Una de las personas que había llamado decía no estar segura de si su relación con su novio era 'correcta.' Llamó a uno de estos números 900, y un completo extraño, que le respondió desde el otro lado*

del país, le dijo que definitivamente esa persona era su alma ge-
mela y que debía retenerlo. Ella colgó y sonrió y dijo cuánto se
alegraba de haber llamado y que el psíquico era verdaderamente
'hábi.' Luego cortan y cuando regresan, la muchacha dice (PRE-
PÁRENSE PARA LA NOTICIA), 'Mi novio viene a vivir con-
migo la semana que viene, gracias a mi llamada a la línea
psíquica.' ¿Pueden creerlo? ¿Qué clase de persona haría algo así
de estúpido, siguiendo el consejo de un extraño que interpreta los
astros?"

¿La astrología es kosher? Hay numerosas referencias bíblicas a
cualquier clase de "magia" que intente predecir sucesos futuros o
aconsejar sobre decisiones:

➤ **Que nadie de ustedes ofrezca en sacrificio a su hijo haciéndolo**
pasar el fuego, ni practique la adivinación, ni pretenda
predecir el futuro, ni se dedique a la hechicería ni a los
encantamientos, ni consulte a los adivinos y a los que invocan
a los espíritus. Porque al Señor le repugnan los que hacen
estas cosas. (Deuteronomio 18: 10–12) Ni qué decir de las
tablas Ouija.

➤ **"…los que miden el cielo, los que observan las estrellas…**
¿Serán todos como paja que devorará el fuego! No podrán
salvar su vida del asalto de las llamas…" (Isaías 47: 13–14).
Ni qué decir de los planes de jubilación de los astrólogos.

➤ Cuando el Señor le respondió a un asolado Job, le dijo,
"¿Conoces tú las leyes que gobiernan el cielo? ¿Eres tú quien
aplica esas leyes en la tierra?" (Job 38:33), dando a entender,
desde luego, que no es así.

➤ Y finalmente, Job acertó cuando reconoció que **"Él solo**
extiende los cielos y camina sobre la superficie del mar. Él ha
creado la Osa y Orión, las Pléyades y la constelación del Sur.
Hace cosas grandes e insondables maravillas que contarse no
pueden." (Job 9:8–10).

Negar que cualquier cosa está más allá de Dios o imaginar que podemos saltarnos a Dios constituye una blasfemia. Permitir que las fuerzas de la naturaleza determinen nuestro comportamiento es acercarse al máximo a la idolatraría antigua. No permitirle a Dios que sea el motivador primordial de nuestro comportamiento es no estar abierto de todo corazón a Dios.

Algunos científicos sostienen que el influjo gravitacional de la luna afecta no solamente las mareas de los océanos sino también nuestros estados de ánimo. Predecir el futuro según esto sería contrario a los valores judíos y cristianos y seria en última instancia renegar de nuestro poder para crear nuestro destino a partir de nuestras decisiones personales.

La *Enciclopedia Católica* afirma, "La astrología fue condenada en 1586 por el papa Sixto V...Las predicciones que se basan en interpretaciones del zodíaco y la confluencia de lunas, estrellas y planetas constituye una forma de adivinación que niega el libre albedrío de los humanos y deja fuera la providencia de Dios, único conocedor del futuro." No podríamos estar más de acuerdo con esto.

Adorar Otro Tipo de Estrella

Vivimos en una sociedad que se afana por crear ídolos falsos a partir de figuras deportivas, estrellas de cine y televisión, estrellas del rock y demás. Estas figuras famosas, al igual que los números 900 de líneas psíquicas o los horóscopos de los periódicos, que debieran aclarar por escrito "sólo para entretenimiento," son sólo eso, un entretenimiento. En cambio, nos vestimos como ellos, hablamos como ellos, y nos concentramos en sus vidas y en sus actuaciones como si tuvieramos con ellos una relación personal (¿en lugar de arriesgarnos a tener relaciones sanas?); como si asociarnos con ellos nos volviera especiales (¿"identidad" por asociación?).

Claro que como no tenemos una verdadera relación con ellos, debemos contentarnos con "ver todo lo que hacen," comprar

todo lo que promueven, y consecuentemente, con leer cada uno
de los chismes que podamos encontrar, alimentando de esa manera la prensa sensacionalista. Lo que realmente buscamos es
nuestra propia gratificación, no, por lo general, el verdadero respeto, la admiración o el afecto. Al comienzo los percibimos como
seres superiores, tienen la imagen que desearíamos algún día
tener en cuanto a apariencia, pertenencias, relaciones y personalidad. En algún punto, cuando esa "perfección" se vuelve más
realista, generalmente reaccionamos de dos formas: nos defendemos ciegamente o culpamos a alguien o a algo aparte de nuestros
ídolos por su comportamiento decepcionante, o nos sentimos
ofendidos ante la humillación y el destierro de la vida pública. De
cualquier forma, no aceptamos la pérdida de nuestras fantasías
sin antes dar la pelea.

La caricatura de Darrin Bell, aparecida en la página editorial
del 27 de diciembre de 1997 en el periódico *Los Angeles Times,*
ponía de relieve la reacción típica cuando se destruye un ícono:
un atleta profesional aparece haciendo equilibrio sobre una do-
cena de columnas de piedra que representan la esperanza, la búsqueda de un significado, la necesidad de un héroe, los sueños
perdidos, y el miedo, mientras que un público en estado de adoración le grita, "Si los dejas caer, te matamos."

El problema es que, quieran o no, los deportistas y otros famosos se convierten en modelos de comportamiento. Si bien cose-
chan los increíbles beneficios financieros de ser famosos, los que
son inmaduros y/o insensibles a esa realidad pueden adoptar una
arrogancia que los catapulta por su comportamiento y corren
riesgos que socavan sus propias vidas y lo que podrían haber
contribuido a la sociedad. Según la revista *Newsweek* (diciembre
12, 1997), "La brecha generacional de la NBA quedó en plena
evidencia en la última temporada cuando Michael Jordan, Magic
Jordan y Charles Barkley, del *Dream Team,* criticaron la falta de
respeto de los jugadores más jóvenes hacia el juego—y básicamente hacia todo el mundo y hacia todo. Esta falta de respeto
por la autoridad al parecer es endémica a todos los deportes

millonarios de hoy en día." Como si se propusiera apoyar esta reacción, Joshua Powell, de catorce años, escribió en *Los Angeles Times* (diciembre 27, 1997), "Sé que no es culpa de los atletas que los niños los admiremos. Pero los niños los admiramos. Cuando Tyson le mordió la oreja a Holyfield, algunos de mis amigos fingían morder la oreja del otro y se apodaban el uno al otro Mordisco Tyson."

Lo que resulta irónico es que los elevamos y luego disfrutamos de su caída. Saboreamos su colapso y humillación, porque restaura en nosotros la sensación de que ellos al fin de cuentas no son mejores que nosotros. Por ende, no hay necesidad de sentirnos mal con nosotros mismos, y nos sentimos aliviados al saber que no tenemos que hacer nada para crecer.

En última instancia, la Biblia nos recuerda que no debemos buscarnos en las cosas, ni en las acciones ni en la personalidad pública de otros cuando nos dice **"Pero Yo pondré al descubierto tu justicia y tus obras inútiles. Aunque grites, ¿te podrán salvar tus ídolos? A todos ellos se los llevará el viento, un soplo los arrebatará. Mas quien confía en Mí heredará la tierra y poseerá Mi santo monte."** (Isaías 57:12–13) Al final, el ideal es parecerse a Dios.

A todos nos encantaría vivir en un mundo en el cual se intercambian tarjetas y calcomanías de personas que hacen el bien, en lugar de tarjetas y calcomanías de deportistas profesionales y de asesinos en serie. Imaginen tarjetas y calcomanías de todas las personas que han recibido el Premio Nobel, y otras que han hecho contribuciones a la humanidad, con una lista de sus logros impresa en el dorso. Las tarjetas estarían limitadas a aquellas personas que han hecho una contribución al mundo. Lo crea o no, hay muchas comunidades judías en las cuales los niños coleccionan e intercambian tarjetas de grandes rabinos de la historia, lo cual les enseña que la educación y la virtud deben valorarse por encima del deporte.

Desafortunadamente, nos atrae más la adoración a través de las emociones que las derivadas por respeto. Por ejemplo, durante muchas semanas en diciembre de 1997 la sección de biografías de *A&E* prometió para fin de año transmitir la historia de una persona importante y valerosa, alguien que hubiera cambiado el mundo. Teniendo en cuenta la cantidad de personas significativas que fallecieron en 1997, uno pensaba que la anunciada biografía podría ser la de James Michener, Jacques Cousteau, Charles Kuralt, la Madre Teresa, o algún otro individuo que conmovió la vida de muchas personas. Con todo el respeto que ella merece y se merece su familia, me sorprendió enterarme de que el programa especial sería sobre la Princesa Diana—cuya justificación para la fama fue básicamente ser una mujer joven y bonita que se casó enamorada de un príncipe que amaba a otra y que respondió a este insulto con trastornos alimenticios, intentos de suicidio, amoríos, un divorcio y amantes diversos—más bien material de telenovelas. Su trabajo caritativo basado en la posición que ocupó (el SIDA y las minas) fue admirable, pero son decepcionantes los resultados de una encuesta de abril de 1998 que reportó que en diez años ella sería más famosa que Albert Einstein.

Usando las palabras de uno de mis múltiples oyentes sobre la histeria casi universal sobre la vida y muerte de Diana, *"La efusión de sentimientos por los famosos que padecen sucesos trágicos puede llegar al punto de la idolatría; especialmente cuando este sentimiento es rara vez dirigido hacia la familia, el sufrimiento de los inocentes o la adoración a Dios."*

La Trinidad Profana: "Yo, Yo y Yo"

Tomándose apenas una leve licencia literaria uno podría leer el Segundo Mandamiento como: "No harás de *ti mismo* un ídolo." Cuando pensamos demasiado en nosotros mismos, como los niños pequeños que piensan que el mundo gira alrededor suyo, nos convertimos en ídolos. Todos conocemos de alguna persona que se acredita logros para las cuales contaron con la ayuda de un colega o de su cónyuge. Su atiborrado sentido de importancia personal los lleva a creer que lo han logrado todo y que no les deben gratitud a las personas a su alrededor. Muchas veces carecen de respeto por sus "compañeros" en la vida, porque ni ven ni reconocen la forma en que estas personas los han ayudado. Los gerentes más importantes se dan cuenta de la importancia de sus colegas. Cualquier persona respetable debería reconocer la importancia de su familia al evaluar su propio exito en la vida. Aunque uno debe disfrutar con orgullo de sus éxitos, debemos reconocer que estamos en deuda con nuestros cónyuges y nuestros hijos por todo lo que hemos logrado. Su amor, su apoyo, consejo, paciencia, aportes, contribuciones, sugerencias, compasión, asistencia y consuelo seguramente contribuyeron tanto a nuestros logros como nuestros esfuerzos particulares.

La idolatría del egocentrismo también nos niega la habilidad de ver el papel que desempeña Dios en nuestra vida, y que a veces logramos reconocer solamente cuando milagrosamente nos salvamos "por un pelo," o la "suerte" parece estar de nuestro lado. Este tipo de enfoque convierte a Dios en una pata de conejo. Muchas personas no entienden la causalidad de la vida y cómo los sucesos y las oportunidades cotidianas afectan la vida.

Uno de mis oyentes describía así la presencia de Dios en nuestra vida: *"Definitivamente Dios interviene en la vida diaria de las personas. Está disponible para quienes buscan Su sabiduría y fortaleza. Tenemos opciones. Con fe, Dios nos ayudará a tomar las decisiones en asuntos que afectan a quienes nos rodean. Esto promueve una reacción en cadena por todo el mundo."*

Y usando las palabras de otro: *"Dios participa momento a momento en cada faceta de Su universo, desde la parte más pequeña del átomo más pequeño hasta de los procesos mentales y más complejos de su más compleja creación: el hombre. El plan de Dios para mí no es la predestinación de mi vida, sino una serie de incidentes y estimulos a los cuales yo debo responder y a partir de los cuales debo crecer."*

La humildad no consiste en un sentido de subordinación, sino en una magnífica realización de que uno importa más aún, si bien de otro modo, de lo que la propia egolatría lo llevaría a uno a creer. Uno es importante para Dios, como lo es cada persona que ahora pisa la tierra o la pisará. Uno importa porque las acciones y actitudes propias son el inicio de una cascada de sucesos que reverberan en la eternidad. No, uno no es el centro del universo. Uno es el mecanismo mediante el cual los planes de Dios se desarrollan.

Algún maestro de la filosofía popular aportó esta máxima: "Usted es el arquitecto de su propia vida." Tal vez la máxima debería decir: "Dios es el arquitecto en jefe y usted es el contratista general de su propia vida." Sí, uno toma sus propias decisiones, y sí, uno emprende las acciones. Sin embargo, existen esas experiencias y momentos misteriosos cuando uno se pregunta acerca de la intervención divina—parece una coincidencia tan grande que uno hubiera hecho un cambio inusual de planes y se hubiera salvado de una tragedia, o se hubiera encontrado inesperadamente con alguien lo cual representó una gran alegría. ¿Meras coincidencias? Aceptamos las palabras de la escritora Doris Lessing, que una vez escribió, "Las coincidencias son la forma como Dios se mantiene en el anonimato."

Sentimientos, Solo Sentimientos

"Nuestros sentimientos nos fueron dados para emprender la acción, y cuando se terminan sin ponerlos en práctica nos damos cuenta de que no sirvieron para nada," afirmó sabiamente Daniel Keyte Sandford. El culto casi idolátrico por los sentimientos ha sido una de las peores consecuencias de la popularización de la psicología. Aunque puede servir de terapia el explorar las profundidades de los sentimientos de un individuo durante "una sesión," convertir los sentimientos en verdaderos templos de adoración ha sido desastroso para la civilización.

A la mera experiencia del sentimiento se le otorga una respetabilidad y trascendencia superior a lo que lógicamente le corresponde—los sentimientos son irracionales, variables, impredecibles y muchas veces incomprensibles. Los sentimientos también se confunden con los estados de ánimo, que muchas veces son tan sólo el producto de la indigestión, falta de sueño, o un mal día. Cuando las decisiones principales se toman y las acciones se emprenden predominantemente en base a los sentimientos, en general se producen grandes daños y heridas.

Este problema es tan generalizado con quienes llaman a mi programa radial, que me descubro corrigiendo a las personas que utilizan la palabra *siento* (como en yo *siento* que él/ella...) de modo intercambiable con *pienso* o *creo* o *me preocupa* o *supongo,* y como si algo, *por sentirlo, se convirtiera en una realidad.* Los sentimientos han sido tan glorificados que los hechos, o las pruebas en un sentido o en otro, ya no se requieren porque los "sentimientos" son hechos en sí mismos.

La idolatría de los "sentimientos" se hace evidente cuando reverenciamos y nos inclinamos ante el estado de los sentimientos como si estos fueran la máxima autoridad de nuestra identidad definitiva. La psicología popular ha proporcionado un callejón sin salida a demasiadas personas que perciben su "dolor de víctimas" como el trono sobre el cual reinan impotentes, a veces durante toda su triste vida.

Lorna, una de mis oyentes, me escribió, *"Fui muy egoísta en el pasado y solamente consideraba mis 'sentimientos.' Les quité el padre a mis hijos... Es que 'ya no lo quería' así que me marché. Pero ahora veo que mis hijos perdieron mucho más de lo que yo gané. Aunque no puedo volver atrás, puedo ahora actuar con mucha más conciencia."*

Arthur, otro de mis oyentes, ministro jubilado, reflexionaba sobre hasta qué punto se había acostumbrado a que la gente constantemente *"celebrara con llantos lastimeros algo malo que les habían hecho años atrás. Recordé que años antes cuando era más travieso, les ayudaba a celebrar dándoles la metáfora de que habían construido un monumento en memoria del suceso y lo habían ubicado en el centro de la sala de su vida, ¡y allí le rendían culto todos los días!"*

Y, como para hacer eco a las palabras del ministro, esta carta escrita por otra oyente, Helene: *"Cuando usted empezó a hablar de que las personas que habían sufrido de abuso sexual se escudaban tras ese rótulo, me puse furiosa. Verá, fui abusada sexualmente durante mi infancia. Pero siento que he sobrevivido el abuso porque he dejado de estar bajo su control. Me hizo pensar que las personas que todavía dejan que el episodio de abuso las controle, realmente no son sobrevivientes sino víctimas perpetuas... Lo que quiero decirle es que usted tiene razón. Muchas personas en efecto se ocultan detrás de ese rótulo y lo utilizan como excusa para todo lo que les ocurre o deja de ocurrirles. Tomamos las decisiones sobre cómo queremos que sea nuestra vida. Podemos elegir vivir con el dolor de las experiencias pasadas, marinarnos en ellas, como dice usted, o podemos elegir no hacerlo. Entregué a esto cuarenta años de mi vida, y no tengo intenciones de darle ni un día más."*

¿Qué hace que este síndrome de marinarse en los propios sentimientos constituya una idolatría? Sencillamente, cuando cualquier cosa aparte de Dios y de actuar con bondad (la amabilidad, la caridad, la compasión y demás) se convierte en el punto principal de la vida, eso es idolatría. Los sentimientos son un lenguaje fascinante, que expresan reacciones internas curiosas que dan pie a la alarma, la dicha, el dolor, el miedo, la lástima y demás. Son los medios para comprender lo que sucede dentro de nosotros y entre las personas.

Muchas personas que llaman a mi programa viven su vida al parecer estimulados por situaciones melodramáticas, lo cual inevitablemente produce inestabilidad emocional. Es como si fueran adictos a las pasiones intensas. Creo que en la mayoría de los casos, la emoción es lo que llena su vida. Tristemente, la agitación produce angustia, no un sentido de propósito. Maureen, una de mis oyentes, finalmente se dio cuenta de qué era lo que realmente debía hacer con su vida: *"El punto principal de mi vida ahora es mi religión. Mi punto principal solían ser mis problemas. Desde que volví a la iglesia, he aprendido a vivir mi vida, no a concentrarme en mí misma. Disfruto mi vida mucho más y disfruto más a las personas que me rodean."*

Nuestra vida adquiere un significado y se vuelve más satisfactoria cuando nos convertirnos en los medios hacia un fin mucho más noble (una vida santa), y no un fin limitado a nosotros mismos.

Si Tan Sólo Tuviera Mejor Autoestima... Sólo Entonces Podría ser Bueno

Siempre que alguien llama a mi programa y expresa que la falta de autoestima es la razón por la cual tomaron decisiones equivocadas o actuaron erróneamente, generalmente saco a relucir las palabras de Dios en los Diez Mandamientos y pregunto en dónde dice Dios que estaba bien dejar de hacer lo correcto si *"usted* no se siente capaz" o "nadie ha sido amable con *usted* últimamente," o *"usted* no se está sintiendo bien con las cosas en general" o *"usted* tiene baja autoestima," o cualquier otra cosa que le pase a *usted* personalmente. Para ser más clara: Dios no dispuso que el hecho de obrar bien o mal dependiera de *sus* sentimientos o de su mente. Se supone que *usted* se crezca ante los problemas y haga lo correcto sencillamente porque Dios dijo que eso era lo correcto. No tenemos que crecer ante nosotros mismos para volvernos ricos o poderosos; para eso en esencia no, tenemos que crecer ante otros. Debemos estar profundamente motivados para considerar lo que debemos hacer por nosotros y por los demás, aun más allá de nuestro ego, nuestras necesidades o nuestros estados de ánimo. De esta forma, *nuestras necesidades* no se convierten en fines en sí mismas. Con ese fin debemos elevarnos por encima de nosotros mismos.

"...aunque alejándonos de la idea de que Dios es un medio para lograr fines personales...existe una asociación entre Dios y el hombre, que las necesidades humanas le interesan a Dios y que los fines divinos deberían convertirse en necesidades humanas"

(Abraham Joshua Heschel, *Man Is Not Alone* (El hombre no está solo) Noonday Press, 1951).

La felicidad y el placer fluyen a partir del amor por hacer lo que está bien según es definido por Dios. ¿Convierte esto acaso a la religión simplemente en una mejor forma de buscar sensaciones agradable? ¿Se trata de un hedonismo teológico? No, desde luego que no. Hay una clase especial de alegría y placer provenientes de la decencia. En general, se trata de una sensación diferente a la que sentirías si ganaras la lotería. Sacrificarse o defender a los demás, implica pérdida o riesgo—no deleite—pero hay una satisfacción interior más profunda al saber que a través de nuestras acciones nos aliamos con lo divino.

El credo de los movimientos que existen en torno a la autoestima ha sido que si "pudiéramos *hacer* que los niños se sintieran mejor consigo mismos, la epidemia de depresión, suicidio, violencia, abuso del alcohol o las drogas, y los embarazos podría ser mitigada." Los promotores de estos movimientos sostienen que culpar, adjudicar a la persona responsabilidad por sus actos, es un asalto psicológico a la autoestima, que no conduce sino a comportamientos destructivos. El profesor Roy F. Baumeister, de la Universidad Case Western Reserve *(Religion News Service,* 1996), hizo un valioso comentario al respecto: "Si pudiéramos tachar 'autoestima' y cambiarla por 'autocontrol,' los niños estarían en mejores condiciones y la sociedad en general estaría en mejores condiciones."

No es amor a sí mismo lo que permite, estimula e inspira la decencia y la virtuosidad, es el amor a Dios. Escuche a Sharon: *"Me encantó su conferencia radial sobre la diferenciación entre la autoestima y el respeto propio (aporte externo versus el producto de nuestras propias acciones). Muchos conceptos a los que usted alude resuenan en mi alma. El concepto del respeto propio es uno de ellos. Siempre había dicho que, por causa de mi pasado, yo era víctima de la falta de autoestima. En mi búsqueda por mejorar mi salud mental, el proceso natural de la terapia, los*

libros y la espiritualidad me llevó al descubrimiento de que asu-
mir la responsabilidad por mi vida, es decir, mis decisiones pasa-
das y presentes, me hacía tener una mejor 'autoimagen' (o respeto
propio, como dice usted). Ocurrió entonces una reacción en ca-
dena. Mientras más yo hacía lo que era bueno y correcto, mejor
me sentía conmigo misma y más fuerte y más en control me sen-
tía, así que más quería hacer lo correcto en toda clase de situacio-
nes. Este peculiar fenómeno fue el punto que determinó mi vida
y mi crecimiento. Escribo para decirle que el respeto propio
cuando uno se lo gana es el camino para salir de la oscuridad. Es
la verdad de Dios."

Si no nos concentramos en el plan de Dios y cómo nuestra vida
es un medio para llevar a cabo ese plan entonces caemos en la
idolatría.

"Siempre y Cuando Estés Feliz..."

El público estadounidense ha convertido la búsqueda de la felicidad en una forma de idolatría. Es una tendencia peligrosa y triste
que dice que "Sentirse bien es mejor que sentirse bien a causa de
lo que uno hace." Les decimos a los niños, "Lo que quiero es que
seas feliz." Una reciente canción popular reflejaba esta preocupación cuando exhortaba, "...no te preocupes, sé feliz." Esta clase
de felicidad vertiginosa basada en el bienestar no debería ser elevada al nivel de virtud porque es fugaz e irrelevante en cuanto a
cómo nos sentiremos al final de la vida.

Vemos a otras personas que parecen ser felices, y queremos lo
que ellas tienen. Las miramos, desde luego, solamente desde
fuera: linda familia, oficio exitoso, dinero, popularidad y asumimos que estos son los únicos componentes de la felicidad. Muchas veces estas personas que vemos en el ámbito profesional
admiten privadamente que no son felices. Ni las pertenencias y
los privilegios, ni la ausencia de estos, tienen el poder inherente
de crear felicidad o tristeza. El asunto fundamental en este caso
es la presencia o ausencia de *significado*. En las sabias palabras

del Dr. Viktor Frankl *(Man's Search for Meaning,* (El hombre en busca de significado) Washington Square Press, 1959): "Pero la felicidad no se puede buscar; es una consecuencia. Uno debe tener una razón para 'ser feliz.' Una vez que se encuentra esa razón, no obstante, uno se vuelve automáticamente feliz. Como vemos, el ser humano no va en pos de la felicidad sino en pos de una razón que lo hará sentir feliz…"

¿Y cuál será la razón para sentírse feliz? **"Dichosos los que temen al Señor y siguen sus caminos. Comerás del trabajo de tus manos y serás feliz y todo te irá bien"** (Salmos 128:1–2). La máxima felicidad humana se relaciona con Dios. Cuando invertimos tiempo en crear una familia sana, cuando actuamos de forma justa y virtuosa, cuando actuamos con compasión, cuando lo hacemos de manera piadosa, sentimos la felicidad que se encuentra en darle un significado a nuestra existencia y a la vida en general. A esto se refiere la Biblia cuando dice, **"La luz sale para los que practican la justicia y la alegría para los corazones rectos"** (Salmos 97:11).

La persona moral es aquella que ha llegado a disfrutar el amor por ser buena y por hacer el bien. Cualquier sentido de *obligación* moral, como una necesidad interna de hacer el bien independientemente de si producirá una compensación o felicidad inmediata, debe encontrar el poder de trascender intereses egocéntricos. Ese poder de trascendencia es la aceptación de la convicción de que los fines divinos deben convertirse en nuestra forma de vida y que es ahí donde radica la fuente máxima de significado, y por ende la felicidad.

¡Pero lo Quieeeeeeroooooo!

Después de los milagros del Éxodo de Egipto, la "presencia" de Dios en el Sinaí, y el maná de los cielos, **"La gente que se les había unido tenía tanta hambre que los mismos israelitas, contagiados, se pusieron a llorar, gritando: ¡Quién nos diera carne que comer! Nos acordamos del pescado que comíamos en Egipto de balde,** de los pepinos, de los melones, de los puerros, de las cebollas, de los ajos. Ahora nos morimos de hambre y no vemos más que maná." (Números 11:4–6) A lo cual el Señor le dice a Moisés, "Dirás al pueblo: Santificaos para mañana y comeréis carne, ya que os habéis quejado a los oídos del Señor diciendo: ¡Quién nos diera carne para comer! ¡Estábamos mejor en Egipto! Pues bien, el Señor os dará carne para comer. Más aún, no la comeréis un día, ni dos, ni cinco, ni diez, ni veinte, sino un mes entero, hasta que se os salga por las narices y os produzca asco pues habéis despreciado al Señor que está en medio de vosotros y habéis llorado en Su presencia diciendo: ¿Por qué hemos salido de Egipto?" (Números 11:18–20)

Los deseos de las personas son a menudo antepuestos a su gratitud, su moralidad, sus valores y su sentido de responsabilidad personal y obligaciones para con otros. Cuando el deseo se convierte en el "fin," la búsqueda de satisfacer los deseos se vuelve el punto principal de decisiones vitales importantes. La vida se vuelve entonces egocéntrica. Pues tan pronto la auto gratificación se convierte en el objeto de la vida, ya la persona no se percibe como perteneciente al mundo sino que concibe el mundo como algo que le pertenece. Entonces la persona no conoce ninguna otra ley aparte de los deseos e impulsos personales; cualquier sentido de un destino más profundo se hace a un lado a la par que las leyes de comportamiento son regidas única y exclusivamente por el deseo personal.

Aun "hacer el bien" puede ser una extensión de un deseo egocéntrico de sacarle el jugo a la vida sin dar de verdad por amor y bondad. Como me escribió un "fiel oyente": *"Había estado buscando una razón para enviarle un fax y cuando oí sus comentarios hoy acerca de algunas personas 'buena gente,' me di cuenta de que había encontrado mi tema. Soy exactamente lo que usted describe como un 'tipo buena gente': constantemente hago cosas por los demás, yendo a los extremos, esmerándome, etcétera. La mayoría de quienes me conocen pondría su mano sobre la Biblia para jurar que bien puedo ser el tipo más 'buena persona' que*

camina sobre la tierra. Pero poco se dan cuenta de que todo es un
fraude. Sí, hago grandes esfuerzos por casi todo el mundo, pero
lo hago porque me complace. Cuando estoy en mi mejor desem-
peño, haciendo todo por alguien y siendo todo para alguien, es-
pero algo a cambio. Nunca lo digo directamente, pero cuando no
recibo lo que espero (lo que ocurre generalmente), me da una
pataleta y me siento extremadamente rechazado y herido.
Cuando esto ocurre, generalmente ese amigo en particular per-
cibe cómo es que realmente soy y se torna rápidamente menos
amistoso. Los motivos para ser bondadoso no siempre son hono-
rables."

He empezado a oír más frecuentemente en mi programa como
justificación para desbaratar el hogar de un niño, que uno de los
padres, generalmente la madre, ha decidido que "no es feliz,"
que no está "satisfecha." ¿Se trata de una búsqueda espiritual?
No, generalmente se trata de un nuevo compañero sexual. Los
pasos que siguen incluyen que el padre y los hijos pierden contacto entre sí, y los niños se ven expuestos a una sexualización de
su vida debido al comportamiento hipererótico de sus padres o la
decisión de estos de buscar otra pareja. En la tradición de "sus
iniquidades sufridas por las generaciones venideras," las investigaciones demuestran que los niños que han sido expuestos a los
problemas de la vida sexual de sus padres son más propensos a
iniciar precozmente la actividad sexual. "Las niñas que crecen
solamente con la madre inician su actividad sexual antes que las
que viven con ambos padres. Más alarmante, las niñas que crecen solamente con la madre y los novios de esta se trasladan a
vivir bajo el mismo techo corren un mayor riesgo de ser abusadas
sexualmente y de sufrir una iniciación sexual coercitiva que las
niñas que crecen en familias intactas" (Barbara Dafoe White-
head, *Los Angeles Times*, agosto 25, 1994). Y si no fuera así, de
todos modos sería una equivocación.

El deseo de tener nuevos compañeros sexuales y nuevas aventuras y experiencias, combinado con la filosofía social de los últimos veinte años más o menos, que sostiene que los deseos

personales son más importantes que las obligaciones (impulsados por la teoría psicológica de la "felicidad de a poco") ha sido
escandalosamente destructiva para los individuos, los niños, las
familias y la sociedad en general. El *hecho* es que al menos dos
tercios de los divorcios no son necesarios; es decir no se basan en
situaciones violentas, adicciones o infidelidades. Estos divorcios
son más destructivos para los niños que el hecho de que dos personas permanezcan unidas "por los hijos" a pesar de la falta de
deseo, de satisfacción o de felicidad. *(Wall Street Journal,* enero
5, 1998).

Creo que otro suceso reciente que demuestra un increíble
egoísmo parte del deseo esencialmente sano de tener un hijo. La
tendencia de "utilizar a los hombres" o un banco de esperma
para poder tener hijos por fuera del matrimonio se asume como
un derecho fundamental. Tristemente, vivimos en una era en la
que los derechos no son ni equilibrados ni se reconocen sus responsabilidades. Es fácil darse cuenta por qué. Los derechos me
atañen a "mí" mientras que las responsabilidades se centran en
"otro." Quizás no queramos controlar nuestras necesidades y
deseos, pero racionalizamos socavando así las necesidades y deseos de otros. Por ejemplo, "Quiero tener un hijo" por lo tanto
debo tener un hijo. "Un niño quiere tener papá" pero le tocará
no tenerlo debido a mi deseo, que debería bastarle al niño.

Marilyn, una de mis oyentes, dejó de estar de acuerdo con esta
actitud egocéntrica: *"Soy una madre soltera que usé una dona*
ción de semen sacada de un catálogo. Ahora que usted habla
sobre esto, quiero decirle que si yo la hubiera escuchado tres o
cuatro años atrás, no habría elegido tener un hijo mediante ese
método, sino que habría adoptado un niño un poco mayor, que
necesitara un hogar y que seguramente no habría sido adoptado
por nadie más. No me malentienda; me siento muy, muy feliz de
haber vivido la experiencia de un embarazo y de tener una hija.
No obstante, no estoy segura de que esta opción haya sido total
mente justa con ella. Ahora les digo a las mujeres que quieren
tener o adoptar hijos sin tener marido, que piensan que puedo

servirles de modelo, que aunque yo lo hice de esta forma, no fue
justo con la niña."

El estado de Nueva Jersey es el primero en permitir que las
parejas homosexuales adopten hijos en igualdad de condiciones
que las parejas heterosexuales (1997) como si el género fuera
irrelevante y como si no hubiera suficientes padres heterosexuales casados. Ambas afirmaciones son falsas. Se trata del deseo de
algunos homosexuales de convertirse en padres; seguramente
que los homosexuales son muy capaces de cuidar y amar a un
hijo. Pero, ¿debemos permitir que los deseos personales de cualquier grupo de activistas niegue la importancia y trascendencia
inherente de la reproductividad y la crianza impartida por padres
heterosexuales? Es otro caso de cómo la incidencia de los deseos
personales predomina sobre el bienestar ulterior de los niños. He
recibido en mi programa radial muchas llamadas de parte de homosexuales, hombres y mujeres, sobre este tema. Les pido que no
tengan un bebé ni adopten un recién nacido, sino que, al igual
que las personas heterosexuales solteras, estén disponibles para
adoptar niños mayores que son más difíciles para encontrarles
un hogar y cuyo bienestar crecería a partir de ser acogidos en
uno.

Que nos estamos convirtiendo en una sociedad que subvalora
a los niños y a la familia se ve claramente en nuestra determinación de institucionalizar a nuestros hijos desde que nacen por
medio de niñeras, guarderías y asistentes en lugar de hacer los
preparativos y los sacrificios necesarios para criar, orientar y
amar a los hijos y pasar tiempo con ellos. Esto se justifica de innumerables maneras, incluyendo aquella de que los niños necesitan socializar (¿la familia y los amigos no cuentan?) y aprender a
ser independientes (¿¡Como bebés!?). El *U.S. News and World
Report* dedicó un número completo en 1997 a derrumbar los
mitos que rodean el sistema de niñeras y guarderías, incluyendo
el de que la familia necesita el dinero para sobrevivir. Meollo del
asunto: la satisfacción personal ya no se encuentra en casa, con
los niños y la familia—solamente se logra acumulando dinero,

posición, poder e independencia del compromiso, que en este caso es la obligación con la familia. Ciertamente, donde existe la tragedia del divorcio, la muerte del cónyuge, o la catástrofe económica, las guarderías y las niñeras son muchas veces necesarias para que el padre que ha quedado a cargo pueda subsistir y proveer lo necesario. El problema es que ahora el cuidado de los niños por personas que no sean los padres no es visto tanto como una emergencia sino como una benevolente necesidad.

La expresión sexual como un deseo virtuoso (cortesía de la Revolución Sexual) ha dado como resultado la incrementación de actividades perversas: "El sadomasoquismo o los juegos de dominación han dejado de ser una perversión descarriada para convertirse en otro estilo de vida estrambótico... las personas no lo ven como algo perverso... ¿Así estamos de hastiados? ¿Se acabó la vergüenza?" *(Newsweek,* enero 5, 1998). El adulterio, la promiscuidad, los divorcios múltiples y rejuntarse ya no son motivos de juicio. Hemos adquirido el derecho de satisfacer nuestros deseos y de responder a todos y cada uno de los deseos que no hemos satisfecho con la justificación de que nos hemos perdido alguna experiencia importante. Lo que nos hemos perdido es la alegría del compromiso y la conexión, para las cuales la sexualidad presta un servicio pero no las crea.

No todos los deseos merecen ser satisfechos. Algunos deseos valiosos quizás no sean satisfechos por causa de otras obligaciones. Tenemos que aprender a alegrarnos con la oportunidad de satisfacer cualquier deseo meritorio. Como me escribiera Cindy, *"Cuando me enfrento a una situación difícil, una tentación o un problema imitando a Cristo, se produce un efecto profundo en mi esposo, mi hijo, mi amiga e incluso los extraños. Cuando tengo presente en mi mente la moralidad y la sabiduría que Dios ha establecido ante mí, se que tomaré las decisiones correctas en mi vida, en mi comportamiento, en la forma como trato a los demás, incluyendo aquellos que más amo. Cuando pierdo esto de vista, fácilmente caigo en la tentación de racionalizarlo todo con sabiduría mundana. Trato de pensar de que se trata de un tiro al blanco. Los anillos externos están construidos alrededor de ese círculo central. Sin éste, habría un centro vacío."*

El deseo es un regalo de Dios. El valor de su vida procede, no de satisfacer todos estos deseos sino de que estos deseos sean satisfechos mediante la compasión por los demás y la justicia hacia ellos como ideales divinos que conducen a una expresión santa y sana de esos deseos humanos. Una búsqueda de la satisfacción del deseo sin el contexto piadoso se parece a la idolatría.

No Estoy VIVO a Menos que de Verdad lo Sienta... o no Sienta Nada.

Cuando el rabino Vogel y yo éramos niños, encontrábamos formas de jugar con cosas y con otros niños. Ahora los padres dan la impresión de querer frenéticamente encontrar cada vez más formas de estimular a sus hijos y de mantenerlos ocupados: juguetes de alta tecnología, diversos deportes de equipo, videos, computadoras, películas, la televisión y demás. El significado de la vida para estos padres y estos niños gira en torno al estímulo. Según el psiquiatra Ronald Dahl, del Centro Médico de Pittsburg *(Newsweek,* diciembre 15, 1997), "Rodeados cada vez por más estímulos, sus jóvenes rostros lucían decepcionados y aburridos. Me preocupa el efecto acumulativo de haber vivido durante años en estos niveles afiebrados de actividad. Para mi no es un misterio por qué muchos adolescentes parecen apáticos y agotados, con un aire de indiferencia que demuestra 'ya estuve, ya hice' hacia gran parte de la vida."

Una vez que el estímulo se convierte en un forma de vida, cuando nos falla, podemos recurrir a medicamentos para lograr un mayor estímulo, o para sobrevivir a la decepción y al vacío, o creamos nuevos estímulos. En este punto entran a jugar su papel las adicciones. Las adicciones son respuestas a corto plazo a problemas universales e intemporales para comprender la vida y manejarla. Las adicciones también crean un estado de ánimo, un sentimiento, y un estado mental que se convierte en el único fin en la vida de esa persona. Las leyes, la moralidad, los compromisos, la obligaciones, los valores, las relaciones e incluso el amor son sacrificados para crear ese sentimiento. Y no olviden que la adicción es una condición voluntaria. El fenómeno fisiológico de la adicción, si bien es real, se puede combatir. No existe una sustancia que miles de personas no hayan sido capaces de dejar de consumir ni una determinada acción que no logre suspender— muchas veces con la ayuda de asistencia médica por parte de profesionales en el manejo de las adicciones, o de clérigos o grupos de apoyo. El espíritu tiene que estar dispuesto.

Kevin me escribió, *"Las razones principales de mi vida en ese tiempo eran más que nada las drogas y el alcohol. Andaba con un deseo que me quemabat por dentro. Un ansia que me consumía por experimentar una especie de arrobamiento totalmente inexplicable. Pensaba que las drogas podían darme esto, pero nunca lo hicieron. Cuando empecé a hacer ejercicio, esa 'tormenta' dentro de mí empezó a ceder y me di cuenta de que lo que estaba buscando todos esos años tenía tanto fundamento como un sueño amorfo."*

Darla me escribió acerca del siguiente "paso natural" después de la adicción: *"Me puse a comsumir, grandes cantidades de drogas y a hacer tonterías insensatas para llamar la atención y tratar de sentirme importante. Pero no lo sentí hasta que entregué a Dios mi voluntad y mi vida. Hoy siento que sí soy importante y que soy amada como hija de Dios."*

No hay duda de que para las personas que padecen de enfermedades mentales, ciertos medicamentos o suplementos pueden llegar a salvarles la vida. Para la gran mayoría de las personas que quisieran ser más delgadas, encantadoras, inteligentes, poderosas, felices, importantes y amadas, la rápida solución de los químicos y el estímulo no son la respuesta. Una vida buena requiere trabajo.

Además de las drogas, el alcohol o el cigarrillo, se dice que las adicciones toman la forma de los juegos de azar, el trabajo, la navegación por Internet, la búsqueda de emociones fuertes, las colecciones, las aficiones, el ejercicio—básicamente cualquier actividad llevada al extremo, a pesar de las obligaciones familiares y sociales representan un comportamiento que sirve al ego y es una forma de idolatría. He aquí el comentario de una oyente: *"Mi hija, que ya es adulta, es muy cristiana, supuestamente, pero sus hijos no logran su atención cuando ella está inmersa en su computadora. He conocido a otros que convierten el juego de cartas, el bingo u otras actividades que pudieran ser inofensivas si las hicieran en un nivel moderado, en una abominación ante Dios porque son demasiado importante para ellas y las alejan de hacer las cosas que Él claramente desea que hagamos. Yo les propondría a usted, Dra. Laura, y a su audiencia que se preguntaran, "¿Qué ídolo adoro?' ¿Ninguno? ¿Qué tal la televisión, el auto, la comida, la bebida, el sexo, los cigarrillos e incluso los enamoramientos? Disfruten la vida con moderación pero no permitan que ninguna otra cosa los aparte del Único, que nos ordena ponerlo a Él en el centro de la vida."*

Mi Vida es una Larga Pausa para los Anuncios

La forma de idolatría que se reconoce más fácilmente es el amor a "las cosas" y a "la moda." Si bien no hay ningún problema en trabajar duro para recibir beneficios materiales, tienen que tener cuidado de no permitir que la acumulación de cosas y los esquemas de mercadeo se vuelvan el centro de sus vidas. En ese aspecto, el enemigo es nuestra cultura llena de avisos comerciales y entretenimiento que, por medio de una glamorosa seducción, inhibe el desarrollo de la madurez, la fuerza psicológica, y la espiritualidad, a través de la acumulación de objetos, la moda y los comportamientos, é incluso de personas.

Esto es exactamente lo que Karen Kart descubrió en relación con la educación de sus hijos (*The Tribune,* agosto 12 de 1997): "A medida que crecían, las convertimos (se refiere a sus hijas) en carteles andantes que anunciaban todos los personajes de moda. Más adelante les comprábamos ropas de marcas costosas porque

esa era la moda... Los anunciantes y la industria del entretenimiento están vendiendo un producto que no es necesariamente el
sueño estadounidense. Permitámosles a nuestros hijos desarrollar la madurez y la fuerza psicológica que necesitarán para convertirse en el futuro de nuestra nación—no seres inmaduros que
anuncian la moda y trabajan al servicio de los gigantes de la publicidad."

Enfocarnos en cómo se supone que nos veamos y cómo se supone que nos comportemos para estar a la moda es degradante y
desmoralizante en relación con nuestras características origina-
les. Este tipo de comportamiento no engendra madurez, ni espiritualidad o responsabilidad, ni tampoco promueve el respeto por
el ser humano. Básicamente, este tipo de enfoque toma lo que es
sublime y lo reduce a lo ridículo.

Adorar la apariencia es una forma de idolatría. Bien sea que se
trate del físico del cuerpo o las características del rostro, muchas
personas están obsesionadas con su apariencia. Vivimos en una
sociedad, muy por el estilo de la antigua Grecia, en la cual se
adoraba el cuerpo. El cuerpo se consideraba un regalo de los dioses; por lo tanto, la meta era lograr la perfección de la forma humana. Hércules, Adonis, Venus y Afrodita eran el ideal divino.
Ken y Barbie son los modelos modernos en cuanto a apariencia.
Si bien sería posible para un hombre obtener el físico de Ken, las
medidas de Barbie son imposibles de lograr para una mujer, pro-
porcionalmente hablando.

Si bien es apropiado cuidar el cuerpo que Dios nos dio, mediante la higiene, la nutrición y el ejercicio, no debemos olvidar-
nos de como nos creó Dios idealizando una forma concreta, o
deseando la apariencia anoréxica de la mayor parte de las modelos o el de otras muchachas que han hecho cambios e sus cuerpos
a través de la cirugía. Existen quienes concentran su vida en torno
a alteraciones cosméticas—en un intento por convertirse en alta-
res para que les rindan culto.

Al otro extremo opuesto están las personas que abusan de su
cuerpo fumando, comiendo en exceso, omitiendo el ejercicio,

abusando de las drogas o del alcohol. Estos hábitos no solamente son destructivos para el cuerpo sino que niegan la idea de que nuestros cuerpos son un don de Dios, un regalo que nos fue confiado por Dios para tratarlo con reverencia y respeto. Ambos de estos extremos tienen el potencial de hacer caso omiso de algunos aspectos importantes de Dios, distrayéndonos de los valores superiores de la vida.

Esclavos Voluntarios

La presión del éxito, concretamente representado en dinero, estatus, reputación y poder, es muchas veces una tentación demasiado grande para algunos que, con el fin de "ganar," deciden hacerles unos cuantos esguinces a la legalidad, la ética, la moralidad y la decencia común.

El trabajo arduo que carece de ética es autodestructivo. Según Tom Morris, un consultor de negocios (*News-Sun,* 23 de octubre de 1997): "Hablamos acerca de lo que es cuantificable pero lo que ignoramos es la relación entre los valores más profundos de las personas y el trabajo que hacen a diario. Hay mucha presión en los trabajos debido a asuntos morales…"

Últimamente, la profesión legal ha sido criticada por dar a entender de que ganar es algo que está por encima de la justicia; los políticos son percibidos como "oportunistas" en sus promesas; los psicólogos hacen demasiadas concesiones siguiendo las tendencias, y así sucesivamente.

Cuando el trabajo en sí mismo se convierte en el punto principal de la vida, cuando la familia se sacrifica en el altar de la adicción al trabajo, estamos hablando de idolatría. Muchas veces se requiere un primer infarto para que un hombre reconozca que se trabaja para vivir, que no se vive para trabajar.

Siempre tenemos la capacidad de elegir, de modo que las disculpas que empiezan con "Mi amor, ahora no puedo hacer nada al respecto…" no son necesariamente auténticas. Recibo muchas llamadas en la emisora por parte de personas que están en el debate de si deben trasladar a su familia—una vez más—porque hay de por medio un ascenso, u hombres que se preguntan si deben alejarse de sus hijos para lograr un incremento salarial, o mujeres que consideran vivir en el otro extremo del país porque les han ofrecido el trabajo de sus sueños, o tanto de hombres como de mujeres casados y con hijos, que todavía no han descartado ese trabajo peligroso debido a la emoción que les producirá, o aquel que los tendrá siempre viajando y alejados de sus hijos cuando lo único que estos quieren es un hogar íntegro en el cual dos cónyuges y padres se sientan a la mesa a escuchar sus historias del día.

Todos tenemos dones creativos especiales. Cada uno de nosotros tiene algo especial que dar en virtud de lo que podemos hacer con nuestras manos, nuestros cuerpos o nuestras mentes, pero no debemos adorar las cosas que somos capaces de crear como fines en sí mismos. Cuando racionalizamos al debatir nuestras prioridades, debemos darnos cuenta de que estamos tan solo convirtiendo lo que sabemos que no debemos hacer en una razón para hacerlo. Ese comportamiento auto gratificante constituye idolatría.

Susan llegó a la misma conclusión: *"Cuando yo trabajaba, lo cual hacia más que todo por mi satisfacción porque el dinero no era un problema, nuestro hogar se sostenía con ganchitos y cinta engomada. La única ocasión en que podíamos prestarles atención a los asuntos importantes de nuestra vida era cuando se convertían en emergencias. Mí hijo tenía problemas en la escuela y yo no podía atender esos problemas. Debido a que gran parte del tiempo mi esposo viajaba, yo llevaba sobre mis hombros la mayor parte de la vida familiar. Estaba cansada y deprimida. Aunque era sumamente exitosa en un trabajo que me encantaba, sentía que en mi propio hogar era un fracaso. Pienso que el dinero y las cosas materiales eran lo principal—me conferían estatus y éxito, y en en el Sur de California, estas son cosas muy importantes. He aprendido que las cosas simples de la vida valen mucho más la pena: el amor, Dios, la familia y especialmente el respeto propio que me confiere hacer lo mejor que puedo por las personas que quiero."*

"Los ídolos de las gentes son plata y oro, hechura de las manos de los hombres; tienen boca y no hablan, tienen ojos y no ven, tienen oídos y no oyen; no hay aliento en su boca. Que sean como ellos los que los hicieron, los que confían en ellos." (Salmos, 135:15-18).

La humanidad no debe estar esclavizada al trabajo; el trabajo es un medio para un fin más espiritual.

Religiones Falsas

Cuando se piensa en idolatría, la mayoría de las personas se imaginan objetos históricos de adoración como formaciones rocosas o tótems que consideraron sagrados culturas que desaparecieron hace tiempo. Como hemos discutido en este capítulo, la idolatría es definitivamente un problema moderno. La idolatría ocurre cuando uno concibe cualquier valor, idea, o actividad por encima de Dios o de la moralidad. Incluso una determinada acción ordenada por Dios pero ejecutada de mala forma puede ser idolatría—porque se convierte en su propio fin a beneficio propio (el poder, la corrupción, la venganza, el control, el dominio).

Las ideas pueden convertirse en idolatría. Recientemente hubo una discusión sobre si a un acusado de poner bombas no debería aplicársele la pena de muerte por sus asesinatos premeditados porque heriría los sentimientos de su hermano, quien lo entregó al FBI. Lo que hizo el hermano fue decente y moralmente correcto. No puso el lazo de sangre por encima de la justicia, la decencia o la moralidad. Lo que quisieran hacer los que abogaban por una sanción menos severa era poner el sentimiento por encima de la justicia, la decencia y la moralidad.

El mismo concepto se aplica para la mentalidad de cualquier grupo que proclama "protegemos a los nuestros," como entre los médicos o la policía. La camaradería es una cualidad importante para la efectividad y cohesión de un grupo. La solidaridad constituye idolatría cuando es antepuesta a la justicia, la decencia, la ley, o la moralidad.

Cuando los dotamos de estatus, dinero, y poder para que hagan las reglas sobre la marcha, esto es idolatría.

Cuando los miembros de grupos religiosos deciden que su perspectiva está por encima de la de Dios, esto constituye idolatría: "Los grupos terroristas islámicos creen que, antes de Ramadán o durante Ramadán, se acercan más a Dios cuando llevan a cabo sus actos terroristas," afirmó Djamil Benrabah, un activista de los derechos humanos que trabaja con las familias de víctimas de las masacres en Argelia. "El único fin de estos Islamistas es tener un estado basado en la ley Islámica o Sharia," lijo. "Utilizarán cualquier medio." El estado por encima de la virtud es idolatría.

En su reciente libro sobre Gregorio Rasputin, el monje malévolo y promiscuamente activo en la corte de Nicolás II de Rusia, Brian Moynahanis describía, "Su propia actitud, en la cual el sexo y la religiosidad fácilmente compartían el lecho (por decirlo de alguna forma) se debía a que él estaba salvando almas. El camino hacia la salvación espiritual pasaba por el arrepentimiento: no podía haber arrepentimiento sin pecado que lo precediera, y simplemente les estaba proporcionando a las mujeres temerosas de Dios este prerrequisito esencial" (reseña de Kyril Fitzlyon en *Los Angeles Times,* enero 4, 1998).

El Apóstol, una película de Robert Duvall, representa a un predicador Pentecostal que se deja llevar por sí mismo hasta tal punto que "su convicción de que tiene línea directa con el Señor, le hace creer qué es la ley, una convicción que lo lleva a realizar una acción brutal" (*Los Angeles Times,* diciembre 17, 1997). Cuando un hombre de Dios se concibe como Dios—esto es idolatría.

Profesar una creencia de manera hipócrita, participar en rituales vacíos, llamarse miembro de una religión sin intentar seguir las directrices santas, participar en una iglesia o sinagoga que parece ser un "club campestre social"—todo esto puede ser una evasión del deber sagrado, otra forma más de idolatría, ya que practicar la religión se convierte en un fin en sí mismo.

Todas estas "falsas religiones y falsos religiosos" son falsos porque "utilizan" la religión para agrandar su persona o sus creencias personales. La religión como búsqueda del poder, la salvación, la inmortalidad, o el egocentrismo no es verdadera religión—representa un intento de reducir a Dios a un criado que vive pendiente de nuestros deseos, miedos y debilidades.

El Segundo Mandamiento, **"No te hagas ningún ídolo ni figura,"** representa una contrariedad para las personas que buscan la religión para satisfacer necesidades humanas básicas (adquisición, oportunidad, poder, inmortalidad, felicidad, y satisfacción personal) como el propósito de su vida y que buscan explotar las fuerzas de la naturaleza para su propio provecho y placer. Esto no es religión—es magia, la antítesis de la religión. La religión es el camino de Dios. Cuando nos interesamos en Dios, cuando Dios se convierte en nuestra necesidad y nuestro interés, cuando la intención de Dios se convierte en nuestro deseo, cuando el camino de Dios o los mandamientos se convierten en nuestro camino, nuestra vida se vuelve santa. La religión es para Dios, y es la bendición de Dios lo que da significado a nuestra vida.

La meta del Segundo Mandamiento es negar todos los vicios que demeritan nuestra piedad y nos alejan aun más del verdadero Dios.

3

El Tercer Mandamiento

"No tomarás el nombre del Señor tu Dios, en vano;
porque no dará por inocente el Señor al que tomare
Su Nombre en vano."

¿Qué Hay en un Nombre?

Nuestros padres nos enseñaron a defendernos de diversas formas de los nombres ofensivos con que otros pudieran llamarnos. ¿La verdad? Seguramente todos hubiéramos preferido partirnos un brazo, ya que así los otros niños serían los que se meterían en problemas por ser los causantes, y uno recibiría en cambio una cantidad de cuidados, comprensión y helado. Una fractura de brazo no nos hace sentir avergonzados, de la forma como sí lo logra que un grupo de niños cante en coro burlón nuestro apellido.

Dios se toma muy en serio este asunto de los nombres y los calificativos. Considere que éste, el Tercer Mandamiento, es el único que contiene una amenaza inmediata de castigo (**"Porque** no dará por inocente el Señor al que tomare Su Nombre en vano" Éxodo 20:7). Considere, también, que dos de los Diez Mandamientos tienen que ver con "el buen nombre" o "la reputación." El Tercer Mandamiento tiene que ver con el buen nombre y la reputación de Dios y el Noveno Mandamiento (**"No dirás falso testimonio contra tu prójimo"** Éxodo 20:13) tiene que ver con el buen nombre entre nosotros.

¿Por qué es el "buen nombre" tan importante para Dios que el 20 por ciento del mensaje del Sinaí se refiere al buen nombre de Dios y al nuestro? Este Dios, a diferencia de todos los dioses antiguos y paganos de aquellas cosas como el viento, la lluvia y la buena fortuna, es un Dios de "relaciones," la de Dios con nosotros, y las que se dan entre nosotros. A través de nuestra relación con Dios, definimos la santidad y la traemos a nuestra vida y en última instancia a todas nuestras otras relaciones. Aquello que impide, demerita o pervierte el proceso, frustra la intención de Dios de que vivamos en la tierra una vida santa. Darle a Dios un "mal nombre" demeritaría o daría al traste con la fe de las personas en Dios y el respeto y la reverencia hacia Él, una tragedia en un mundo que requiere santidad.

Los nombres se utilizan generalmente para definir las cosas. La diferencia entre un *microscopio* y un *telescopio* es la diferencia entre las dos polaridades de lo infinitamente pequeño y lo infinitamente enorme. Uno se puede dar cuenta de que todo lo que uno es no puede ser contenido en una descripción simple o en un determinado nombre. Cuando alguien lo confunde a uno con otra persona, hay una incómoda sensación de perder importancia, o de que todo lo que uno ha hecho y en lo que uno se ha convertido se puede descontar o se ha perdido. Más aún, cuando alguien se llama igual a uno o utiliza el mismo nombre, uno se siente amenazado o demeritado. Aun si el nombre que llevamos fue elegido por nuestros padres, de alguna forma se convierte en algo *muy personal*—como si fuera la abreviatura de uno mismo.

"Oye, Dios, ¿Cómo te Llamas?

Cuando Abraham tenía noventa y nueve años, el Señor se le apareció y le dijo, **"Yo soy El Shaddai. Procede según Mi voluntad y sé perfecto"** (Génesis 17:1). Generalmente la traducción de *El Shaddai* es "Dios Todopoderoso," pero eso no explica plenamente su significado. *Shaddai* se deriva de un idioma antiguo de la región norte de Mesopotamia y se refiere a las montañas o a la tierra baldía. Lo que se da a entender puede ser vastedad y grandeza combinadas con poder. El nombre Shaddai indica el poder de Dios para controlar; o sea, de limitar. *Él* significa "Dios," el término más ampliamente usado para designar la divinidad en el antiguo Cercano Oriente. Por lo tanto, no tenemos realmente un nombre en el sentido conocido—lo que tenemos es una descripción de grandiosidad, magnitud y poder.

Cuando Moisés cuidaba el rebaño de Jetró, su suegro, el sacerdote de Madián, encontró una zarza ardiente que no se consumía. Dios se presentó a Moisés como **"Yo soy el Dios de tu padre, el Dios de Abraham, el Dios de Isaac y el Dios de Jacob"** (Éxodo 3:6). Después de escuchar la detallada descripción que hace Dios de la "misión imposible" a Egipto para liberar a los israelitas, Moisés se pregunta qué se supone que él diga cuando los israelitas le pregunten, **"¿Cuál es Su nombre?" "Dios dijo a Moisés: '(Ehyeh-Asher-Ehyeh) Yo Soy el que Soy. Así responderás a los israelitas: Soy el que Soy me ha enviado a vosotros.' Y continuó: 'Dirás así a los israelitas: El Señor, Dios de vuestros padres, el Dios de Abraham, el Dios de Isaac, el Dios de Jacob, me ha enviado a vosotros: Éste será Mi nombre para siempre. Este será Mi recuerdo por todos los siglos.' "** (Éxodo 3:14–15).

Cuando Dios aclara su identidad ante Moisés, lo hace afirmado Su relación con los patriarcas. Dios también está haciendo énfasis en Su presencia, interés, promesa e interpretaciones continuas **"por todos los siglos."** Según la traducción y la interpretación, **Ehyeh-Asher-Ehyeh** podría significar "Soy el que Soy," "Soy lo que hago," "Causo el ser" o "Seré como seré."

La Biblia utiliza varios nombres para designar a Dios. Para los judíos, las letras hebreas del nombre más sagrado de Dios se traducen *YHWH* (es de notar la similitud con el nombre Yahweh, muchas veces utilizado como sinónimo de "Señor Dios"). Es posible que durante el temprano período bíblico el nombre sagrado *YHWH* fuera ya conocido por los israelitas. La tradición judía afirma que cuando el Templo estaba en pie, antes de 70 A.E.C, estaba prohibido pronunciar el sagrado nombre de Dios excepto en Yom Kippur, el día más santo del año, por el Alto Sacerdote, la persona más santa, en lo más Santo de lo más Santo Dentro del Templo en Jerusalén, el lugar más Santo. Escrito, el nombre real de Dios se conoce como *Shem Ha Meforash,* o "El Nombre Inefable." En respeto a su gran santidad, *Shem Ha Meforash* no se pronuncia como está escrito. Más bien se pronuncia "Adonai" durante la oración o cuando se lee de la Torá. Algunos judíos sustituyen en la palabra hablada corriente, la palabra *HaShem,* "el Nombre."

Este Dios es imposible de conocer y está más allá de nuestras percepciones finitas. Los dioses de la antigüedad tenían nombres concretos, que generalmente denotaban su limitada y específica esfera de influencia y poder. Al invocar sus nombres en ritos especiales, los pueblos de la antigüedad podían manipular a los reyes para satisfacer la voluntad del pueblo. Se pensaba que el poseer un determinado nombre implicaba control. Desde el tiempo en que Dios le dice a Adán que nombre a los animales como una forma de simbolizar su dominio sobre ellos (Génesis 2:19–20), las personas de la antigüedad percibian los nombres como herramientas poderosas que les permitían controlar los dioses y los espíritus del más allá. El Dios de los israelitas era diferente a todos los demás "dioses." Su nombre debía ser utilizado en bendiciones y no en encantamientos mágicos. Al invocar Su nombre, las personas no podían manipular a Dios para que hiciera su voluntad.

Esta idea posterior es subrayada por el relato bíblico de Balaán, el profeta pagano maldito a quien Balac, el rey de Moab,

llama para que maldiga a los israelitas (Números 22:24). Balaán
era aparentemente conocido en su tiempo por ser capaz de con-
vocar a los dioses para que bendijeran o maldijeran a las personas. Cuando se le llama para que maldiga a los israelitas, aun con
la promesa de una gran recompensa, apenas puede decir, **"No
podría ir en contra de una orden de YHWH mi Dios en ninguna
cosa, grande o pequeña."** Aun el gran Balaán sabe lo suficientemente bien cómo son las cosas como para tratar de poner esta
magia a funcionar en contra del Dios de los israelitas. Es interesante que Balaán dice **"mi Dios."** Desde el comienzo, YHWH es
el Dios de todas las naciones. Se interesa por todas las gentes.

A lo largo de la Biblia, Dios tiene muchos nombres, cada uno
de los cuales representa la forma en la cual Él se revela mediante
Su comportamiento hacia le mundo. A lo largo de las edades, los
sabios han utilizado diferentes nombres para describir Sus atributos de misericordia, compasión, juicio, dominio sobre la naturaleza, eternidad, amor, ejecución de "milagros" y demás. Dios
no tiene límites. Sus nombres son ilimitados.

¿Es "Dios" el Nombre de Dios?

En este libro, reconocerás cualquier mal uso del nombre de Dios
por la ausencia de algunas letras al escribirlo: D—s. Algunos judíos ortodoxos y algunos cristianos son muy sensibles al mal uso
del nombre de Dios, aun por escrito, y por lo tanto siempre lo
escriben como "D—s," aun en el contexto de una bendición o de
otro texto sagrado. Quienes escriben Dios con propósitos que no
son sagrados lo hacen porque no consideran que "Dios" sea uno
de los nombres sagrados de Dios. Es tan solo una referencia al
Ser Supremo. Como ya hemos explicado, también hay algunas
comunidades judías ortodoxas en las cuales el respeto hacia el
nombre de Dios se demuestra diciendo *HaShem* ("el Nombre")
en lugar de utilizar nombres en hebreo o en inglés para designar
a Dios. Referirse a Dios por *cualquier* nombre, sagrado o no,
exige respeto.

Un Nombre es un Destino

Durante las agitaciones sociales y políticas de los años sesenta, muchas personas se cambiaron de nombre como señal de rebeldía, de un nuevo comienzo, o de un nuevo sistema de valores. Muchos jóvenes asumieron nombres de planetas, plantas o animales. Algunos afroamericanos asumieron nombres musulmanes como una forma de conectarse con otra cultura y otros tiempos. Para las personas de la antigüedad, un cambio de nombre significaba no solamente un cambio de "lo que era" sino de "lo que sería." Un cambio de nombre podía denotar un cambio de destino.

En Génesis (17), Dios cambia el nombre de Abram en preparación al cumplimiento de su destino: **"No te llamarás Abram, sino Abraham, porque Yo te constituyo padre de una multitud de pueblos."** Más aun, Dios le aclara a Abrahám quién será ahora su esposa: **"Sarai, tu mujer, no se llamará más Sarai: Su nombre será Sara. Yo la bendeciré y te haré tener de ella un hijo; Yo la bendeciré y de ella nacerán pueblos y saldrán reyes."** (Génesis 17:15–16). Así como el nuevo papel de Abraham fue representado en el cambio de nombre, igual ocurrió en el caso de Sara. El nombre Sarai significa "mi princesa." Una interpretación sugiere que, al comienzo, ella debía su estatus a ser la esposa de Abraham. Más adelante, como Sara, ella representa realeza para generaciones de realeza, y a la edad de los noventa años se hace fértil para cumplir este destino divino. ¡Cuanto puede hacer un nombre!

El Uso Frívolo del Nombre de Dios

Uno de mis oyentes me envió esta carta: *"Empezaré por decirle que no me considero especialmente piadoso. Habiendo dicho esto, ¿ha visto el anuncio de televisión para XXXX Farmacia? Hay un hombre vestido con un traje blanco. Dice ser el 'fotógrafo celestial.' Su trabajo es documentar nuestra vida y repor-*

*tarle luego a 'Él.' La voz dice que el único laboratorio fotográfico
que revela fotos de 4x6 en el cual 'él' confía es XXXXX. Me parece de muy mal gusto el uso de esta referencia a Dios y al día del
juicio. Sé que hay ciertas verdades en las leyes para anunciantes.
Es decir, una compañía de juguetes no puede anunciar que 'Nuestros juguetes son moralmente superiores a los juguetes de otros
fabricantes.' ¿Entonces por qué XXXX puede beneficiarse de
algo de lo que que no tienen pruebas? Me parece mal utilizar el
nombre de Dios de una forma tan comercial."*

Claramente, no hay evidencia bíblica de que Dios utilice el
equipo fotográfico de una determinada farmacia, ni siquiera de
que necesite un fotógrafo para saber qué estamos haciendo con
nuestra vida. Aunque el anuncio pretende ser humorístico, la intención también es la de conectar los puntos entre el producto
mundano y nuestro sentido de reverencia hacia Dios, agregando
así valor a ese producto.

Diferenciamos entre esa trivialización de lo divino y los anuncios recientes sobre un perro caliente kosher que también anotan
con humor que su producto cumple los estándares de una "autoridad superior." ¡Por lo menos esta aseveración está documen-
tada en Levítico en las leyes de Kashrut (kosher)!

Estamos seguros de que pocas personas se sienten verdaderamente ofendidas por el anuncio descrito. Seguramente alguien
pensó que era gracioso. Aunque no queremos parecer excesivamente sobrios y dar la impresión de que no logramos ver el
humor, uno debe ser consciente de no cruzar la línea divisoria
entre el juego y el insulto y tener cuidado en esto.

Los medios de comunicación utilizan sin darle la menor importancia los términos "D—s mío, maldita sea," "Ay D—s" y
"Jesús" como simples exclamaciones. (Y como me escribió uno
de mis oyentes: *"Y en lugar de 'aaayy D—s' durante el acto
sexual, ¿Por qué será que no pueden dejar que los actores simplemente giman, gruñan y griten?"*) Aunque en general las personas
no tienen la intención de faltar el respeto con estas expresiones,
la mayoría de las personas religiosas consideran este tipo de

uso del nombre de Dios como la razón única y central del Tercer Mandamiento. Se trata obviamente de una manera común de profanar el nombre de Dios, pero la verdadera traducción de este mandamiento del hebreo apunta hacia "pronunciar el Nombre del Señor en vano." Eso significa que las acciones, los comportamientos y las posturas que asumimos en nombre de Dios no deben difamarlo a Él. La historia está salpicada de episodios de tortura, asesinato, violación y pillaje todos en "el nombre de Dios." Desde luego que esto es una profanación más profunda.

Es un Asunto de Respeto

Todo esto se trata realmente del respeto, algo acerca de lo cual al menos un juez en New Albany, Indiana, parece ignorar. Un empleado de Kentucky Fried Chicken renunció a su trabajo por causa de los comentarios sexualmente explícitos de la administradora, sin embargo, un juez dictaminó que esa forma de hablar posiblemente buscaba motivar a los empleados y le negó los beneficios de desempleo. "El uso de términos vulgares y obscenos en el lenguaje puede servir para promover la solidaridad de grupo," escribió Charles Schaefer, el juez que se encarga de casos de desempleo. "En la medida en que se hacía con este fin, pudo haber sido un intento por lograr un fin legítimo en los negocios" (*Courier Journal,* septiembre 26, 1997). ¡Increíble! ¿Y desde cuándo las metas de los negocios—el lucro—están por encima de los valores, la ética, y la decencia?

Cuando utilizamos de manera frívola el nombre de Dios, como en el anuncio de la farmacia, deshonramos a Dios y hacemos gala de irreverencia—en última instancia difamamos a Dios o perjudicamos Su reputación. No mostramos el debido respeto por Dios. Cuando utilizamos palabras soeces en general, aun cuando no se invoca el nombre de Dios, no mostramos verdadero respeto por las personas—que es uno de los deseos muchas veces expresados por Dios a lo largo de la Biblia. Mostramos falta de respeto por las personas cuando los insultamos con malas palabras o sencillamente las utilizamos en su presencia.

El lenguaje es nuestra forma de comunicar lo que queremos y refleja lo que somos. Al utilizar malas palabras, demeritamos la chispa divina existente en nuestro interior que define nuestra humanidad. Ciertamente esto no es una emulación de los comportamientos ordenados por Dios.

Es Dios quien le dio a la humanidad el don del lenguaje—un don que no dio a ningún otro animal con la complejidad con el que nos lo dio a nosotros. **"¿Quién ha dado al hombre la boca... ¿No soy acaso Yo, el Señor?"** (Exodo 4:11). Es para apreciarlo y utilizarlo con reverencia y cautela.

Nunca Maldiga a Dios

En el judaísmo, la comprensión tradicional de la blasfemia se deriva de Éxodo 22:27, donde dice, **"No blasfemarás contra Dios ni maldecirás al jefe de tu pueblo."** No es solamente Dios el que no debe ser maldecido, sino tampoco los líderes de la comunidad, aunque no es lo mismo que reprenderlos o adjudicarles la responsabilidad. Es una falta de respeto, algo en lo cual el periodismo internacional parece deleitarse.

¿Qué estamos tratando de lograr cuando "maldecimos" o "injuriamos" a Dios? Básicamente, culpamos a Dios y lo hacemos a Él responsable por nuestras propias acciones y comportamientos y las consecuencias, en ocasiones amargas, de nuestras opciones. En otras ocasiones, hacemos un despliegue de nuestra cólera contra Dios por causa de nuestro dolor, decepción, mala suerte, pérdidas y frustraciones. A veces nos lanzamos contra Dios debido a nuestra incapacidad para comprender el significado de atrocidades aparentemente sin sentido y porque no podemos creer que Él permita que estas cosas nos ocurran a nosotros o le ocurran a cualquiera. ¿Cómo podemos comprender la matanza en los campos de Cambodia, el Holocausto, una jihad, la "limpieza étnica" en Bosnia, el uso de armas químicas por parte de los Iraquíes contra los civiles o los asesinatos de niños inocentes perpetrados desde un auto fantasma?

Dios nos da el libre albedrío, y debemos hacernos responsables por todos los aspectos de las acciones humanas. Culpar a Dios por nuestros problemas y males es una forma de encontrar un chivo expiatorio que nos permite evadir la responsabilidad por el valor que requiere estar dispuesto a interponerse entre el mal y los inocentes. Adán, por ejemplo, culpó a Dios por darle a Eva quien, a su vez, le dio la manzana. Dios detesta el mal que *nosotros* hacemos: **"Hay seis cosas que detesta el Señor, y siete que aborrece Su alma: los ojos altaneros, la lengua mentirosa, las manos que derraman sangre inocente, el corazón que trama designios perversos, los pies que corren presurosos al delito, el falso testigo que profiere calumnias y el que siembra discordias entre hermanos"** (Proverbios 6:16–19). Dios creó al hombre y a la mujer, nos bendijo, nos dio libre albedrío, y nosotros, si bien no inventamos el pecado, descubrimos el pecado cuando recurrimos al mal.

El pecado es una opción, no algo inevitable. En Génesis 4, Caín y Abel, los hijos de Adán y Eva, trajeron los frutos de su labor ante Dios. Caín ofreció a Dios el producto de la tierra y Abel le presentó el primogénito de su rebaño. Cuando Dios miró favorablemente a Abel, Caín montó en cólera. A partir del contraste sutil entre la simple descripción de la ofrenda de Caín y la descripción más detallada de la ofrenda de Abel **"... Abel le ofreció los primogénitos más selectos de su rebaño..."** que se deduce fue que Caín no trajo lo mejor.

Dios le preguntó a Caín: **"¿Por qué te encolerizas, te muestras malhumorado y vas con la cabeza baja? Si obraras bien, ¿no alzarías la cabeza?; en cambio, si obras mal, el pecado está a las puertas de tu casa y te acosa sin que puedas contenerlo."** Caín elige apaciguar su herida y la rivalidad entre hermanos dando muerte a su hermano a pesar de que Dios lo había comprendido y le había advertido.

El judaísmo enseña que Dios creó en el hombre la inclinación al mal y al bien. Sin la libertad de pecar, no hay libertad para obrar virtuosamente. Los animales no tienen inclinaciones al mal—pelean, roban y matan instintivamente como un medio para sobrevivir. Los seres humanos tienen inclinaciones malvadas para sobrevivir y para ganar una ventaja personal que puede ser atemperada o utilizada para el bien—por ejemplo, cuando la inclinación a la conquista se transforma en competencia internacional como en los Juegos Olímpicos.

No Poner a Dios a Prueba

Desafortunadamente, no es inusual que las personas inseguras pongan a prueba el amor y la lealtad de amigos, familia, cónyuges y otros seres amados. Este comportamiento desconfiado destruye las relaciones y hace más para apartar a las personas que para acercarlas. Las personas de fe muchas veces dicen, "Está en manos de Dios." Esto no significa que debemos volvernos pasivos o crear situaciones que sabemos que son contrarias a la bondad. Existe una enseñanza rabínica que afirma, "No os coloquéis en un lugar de peligro y luego pidáis un milagro, pues puede no suceder." Aunque Dios tenga un grandioso plan para nosotros, Él también nos ha dado libre albedrío para determinar nuestro destino. Cuando hacemos responsable a Dios por los problemas que nosotros mismos nos hemos causado, efectivamente tomamos el nombre de Dios en vano.

De hecho, en Deuteronomio (6:16), Moisés hace un llamado al pueblo para que hagan una clara demostración de su lealtad: **"No tentéis al Señor, vuestro Dios…"** Retar a Dios para que nos proteja, nos provea o nos recompense por alguna acción, o para que nos castigue por una mala acción es un insulto a todo lo que Dios ya nos ha proporcionado y nos seguirá proporcionando. Es un intento profano por retar y manipular la voluntad de Dios y por convertir a Dios en un hada madrina.

Piense en cuán a menudo en sus relaciones usted se humilla a sí mismo y a los demás al intentar extraer de ellos una prueba inmediata y simplista de su amor o su lealtad sin darse cuenta de que precisamente mediante ese gesto usted demuestra la ausencia de ambas virtudes. Piense en cuántas veces en sus relaciones usted niega la continuada belleza de la interacción debido a algún malentendido, confusión, inseguridad personal o excesiva dependencia. Piense en cuántas veces usted insulta la profundidad y extensión de sus compromisos al esforzarse en arrancarles un sentimiento más u otra acción adicional.

Profanación del Nombre de Dios

Puesto que es nuestro deber emular a Dios (**"sed santos, porque Yo, el Señor, vuestro Dios, soy santo,"** Levítico 19:2), una forma clara de santificar el nombre de Dios es comportarse de forma santa, especialmente cuando estamos amenazados o bajo coerción. Históricamente, esto ha llevado al martirio—la disposición a entregar la vida—antes que renegar de Dios a través de nuestros labios o nuestras acciones. Según la ley judía, solamente las transgresiones que tienen que ver con la idolatría, el incesto y el asesinato requieren que el individuo sufra la muerte antes de cometer estas transgresiones. Adicionalmente, si un israelita es obligado a cometer cualquier transgresión aparte de las tres mencionadas, y no está en presencia de otros diez israelitas, debe aceptar cometer la transgresión en lugar de dar la vida. Si está en presencia de diez israelitas, debe soportar la muerte en lugar de cometer la transgresión aun si va en contra de un mandamiento aparte de los tres que se refieren a la idolatría, el incesto y el derramamiento de sangre.

Aunque los mandamientos de Dios son los estándares para nuestro comportamiento, Dios comprende nuestra posible incapacidad de cumplirlos bajo presión extrema. Con la excepción de la idolatría, el incesto y el asesinato, debemos ser conscientes de cómo, en nuestra calidad de personas que se profesan virtuosas, nuestros comportamientos aun bajo presión tienen una influencia sobre el respeto y la fe que otros puedan tener en Dios. Lo que uno hace en un momento determinado tiene el poder de inspirar a otros a la bondad. Hay que utilizar ese poder sabia y valientemente.

Para poner todo esto en un contexto contemporáneo, ciertos pecados no se cometen, ni siquiera bajo presión. Los juicios de Nuremberg a los criminales de guerra Alemanes de la Segunda Guerra Mundial reiteran esta antigua postura: Incluso bajo órdenes o por miedo a perder la propia vida, uno no debe asesinar. Ya está lo suficientemente mal hacer cosas malas o malvadas, pero cuando se hacen además delante de otros, proporcionan una influencia negativa y degradante que merma el ánimo y la confianza. Además, el despliegue de debilidad y egocentrismo representa de forma pésima a las personas que "caminan con Dios."

Esta clase de comportamientos profanan el nombre de Dios porque es a través de nuestras acciones que Su voluntad, intención y carácter se hacen evidentes en la tierra para todas las gentes.

Hacer Quedar Mal a Dios

Somos pocos los que alguna vez tendremos un arma apuntada sobre la sien para obligarnos a cometer actos malvados o pecaminosos. Sin embargo, muchos hemos fallado bajo influencias cotidianas como la presión de grupo, el deseo de ser populares, el anhelo de "encajar" o el miedo a la burla o al rechazo. ¿Qué tan lejos ha ido usted en hacer cosas que sabía que no debía, incumpliendo los mandamientos, promesas y expectativas de los padres, los maestros y los clérigos, para obtener aceptación? ¿No es acaso esta versión de la coerción una forma más insidiosa, una coerción elegida? La mentalidad de manada, una clase especial de presión de grupo, que desencadenó el salvajismo de My Lai, en Vietnam y las golpizas y asesinatos en Los Angeles después del veredicto de Rodney King, son ejemplos de una aceptación voluntaria del mal.

En hebreo, *Hillul HaShem* describe este tipo de profanación del nombre de Dios. El término se refiere a cualquier ocasión en la cual un judío hace algo que perjudica la imagen de la Torá o de la fe judía ante los ojos del mundo y por ende profana el nombre de Dios.

Todas las personas deben comprender que en cualquier ocasión en que nos comportamos mal, avergonzamos a la familia, a la comunidad, a nuestro país, etcétera y les causamos dolor. Recuerdo un programa especial sobre China que vi hace unos veinte años atrás por televisión. En una escena, un hombre era apresado en un pueblo pequeño por haber cometido una fechoría y es llevado ante el juez del pueblo. Lo primero que se le dijo a este hombre era que había deshonrado a sus antepasados, a su familia y a sus vecinos. ¡Me llamó la atención la cara de desolación del hombre al escuchar esto! Uno habría pensado que el pelotón de fusilamiento había alistado los rifles y estaba a la espera de la orden de disparar. Me causó una fuerte impresión cuánto afectaba a este hombre la idea de haber lastimado a tantas personas a lo largo del tiempo. Su reacción ante el hecho abarcaba una comprensión visceral de las "iniquidades que recaen sobre varias generaciones."

Incluso comportamientos que no tienen una intención concretamente malvada, y que emanan de la indiferencia, la laxitud, o la debilidad de carácter, tienen el poder de profanar a Dios. En última instancia, todos somos responsables por nuestras acciones y por el impacto que tienen nuestros comportamientos sobre la historia y sobre el resto de la humanidad, pues todos formamos parte de una compleja red.

Un triste ejemplo del impacto destructivo de estos comportamientos apareció en los siguientes comentarios de una maestra de escuela, publicados en *Los Angeles Times,* en enero 26 de 1998, y en respuesta a las acusaciones de que el presidente William Clinton pudiera haber cometido aun más infidelidades y la posibilidad de que le hubiera pedido a una mujer que mintiera bajo juramento sobre estas cosas: "Sencillamente me entristece que hayamos perdido tanta clase e integridad en la investidura del presidente," dijo Lynn Gormann, una maestra de preescolar. "Es realmente perturbador. Creo que en general la política, bien sea que se trate de una percepción o de la realidad, es hoy en día vista como algo sórdido y lleno de verdades a medias." La dignidad de la investidura debe estar apoyada por el comportamiento digno de quien ocupa el cargo. El cargo sobrevive a los individuos que lo ejercen—y la mancha permanece.

"**Pero al delincuente Dios le dice: '¿Por qué citas Mis leyes y tienes en tu boca Mi alianza, tú que detestas la corrección y rechazas mis palabras? Si ves a un ladrón, te haces su cómplice, te juntas también con los adúlteros; entregas tu boca al crimen y tu lengua al engaño; te sientas y calumnias a tu hermano, deshonras al hijo de tu madre. Tú haces todo esto, ¿y Yo voy a callarme? ¿Es que tú imaginas que Yo soy como tú? Te denunciaré y te lo echaré en cara. Entended esto bien los que olvidáis a Dios, si no queréis que os destroce y no haya quien os salve; el que me ofrece la acción de gracias, ése me houra...'**" (Salmos 50:16–23).

Le debemos a Dios gratitud por todo lo que nos da en la vida, y debemos comportarnos de manera santa. Dejar de lado la gratitud es deshonrar esos dones y profanar a Dios.

En el libro del Génesis, cuando José es vendido como esclavo y trabaja en la casa de Putifar, la esposa de Putifar intenta seducir a José. El joven hebreo podría haber tenido muchas razones para no ceder a sus avances, incluyendo el temor de que su amo lo mataría, ya que casualmente era el capitán de los guardias y muy probablemente uno de los hombres más poderosos y malos de Egipto. Cuando ella lo arrincona de nuevo, además de recordarle su deber hacia Putifar, José le dice, "**¿Cómo podría yo cometer un mal tan grande y pecar contra Dios?**" (Génesis 39:9). José esgrime dos motivaciones diferentes: no podía traicionar a alguien que ha confiado en él, y no podía pecar contra Dios. No solamente es José una persona honorable, sino que su fe en Dios le ayuda a moldear su carácter.

¡"Dios" Me Hizo Hacerlo!

He recibido en mi programa radial innumerables llamadas por parte de esposos o familiares en que se enfrentan a comportamientos egoístas o destructivos de personas muy cercanas que sostenían que Dios les había dicho que hicieran las cosas terribles que hacían. Ahora, el comportamiento en cuestión no era nunca donar a obras de caridad, prescindir de cosas materiales, hacer un sacrificio por el bien de otra persona y demás. No, Dios les había hablado para que hicieran cosas incorrectas que ahora tratan de justificar responsabilizando a la intervención divina. Al fin de cuentas, ¿quién puede discutir con Dios?

Poco nos resulta más desmoralizador que las personas que utilizan a Dios y a la religión para defraudar o manipular a las personas. A veces es un clérigo que está más comprometido con vivir la buena vida o con tener poder que realmente con ayudar a sus parroquianos. Un destacado líder religioso hace unos años afirmó públicamente que Dios se llevaría su vida si el público no entregaba una determinada cantidad de donaciones en dinero. ¡Vaya estrategia de mercadeo! El dinero no fue donado, y él no fue llevado por Dios en el sentido literal, pero su credibilidad fue destruida, y junto con esta el respeto de innumerables seguidores, algunos que probablemente, por asociación, perdieron el apetito por Dios.

Cuando el gerente general de una compañía utiliza para su provecho personal los fondos de la entidad que maneja, ha cometido un crimen que afecta directamente las cuentas bancarias de los empleados y los accionistas. Cuando un líder religioso o una entidad caritativa hacen un mal uso de los fondos, lesionan a las personas espiritual y económicamente. Estos líderes se colocan en posición de recibir un juicio más duro debido a que por estar conectados con una organización religiosa se les exige un grado más elevado de honor. A diferencia de los negocios, en los cuales las personas invierten su dinero para enriquecerse, las organizaciones religiosas se manejan con el propósito expreso de hacer el

bien. Cuando alguien que dice hacer el trabajo de Dios para ayudar a los demás está en realidad ayudándose a sí mismo se hace
acreedor del desprecio público porque ha violado más que la
confianza legal—ha violado una confianza sagrada y santa. Quienes se dedican a la tarea de difundir la palabra de Dios serán en
última instancia también juzgados por Dios acorde con esto:
**"Pero el profeta que tenga la osadía de anunciar en mi nombre lo
que yo no le haya ordenado decir o hable en nobre de otros dioses, ese profeta morirá"** (Deuteronomio 18:20).

Los escándalos de los líderes religiosos perpetúan la idea errada
de que la religión es hipócrita y que todas las personas religiosas
también lo son. La detención de un ministro, que decía ser un
ministro de Dios en todas partes del mundo, por haber cometido
fraude contra sus seguidores, o de un rabino por lavar dinero, es
un acto de blasfemia porque rebaja a Dios y aliena no solamente
a quines lo cometen sino también a todos sus seguidores, a las
personas que pierden su fe como resultado de su desilusión con el
líder que ha cometido el delito. En lugar de preguntarse "¿La religión aporta más bondad al mundo que conflicto o hipocresía?,"
mencionan estos casos como prueba de religiosa.

¡Semejante Bendición!

Bendecir es consagrar o santificar; es decir, volver santo, diferente, especial. La palabra hebrea para "bendición" es *brajá*,
que, según una interpretación, se deriva de la palabra "rodilla,"
lo cual sugiere una genuflexión o venia de respeto hacia Dios.

En última instancia, todas las bendiciones proceden de Dios:
**"Dios creó al hombre a Su imagen, a imagen de Dios los creó,
macho y hembra los creó. Dios los *bendijo*..."** (Génesis 1:27–
28). Y las bendiciones de Dios confieren una gracia definitiva
irrevocable: **"Yo la bendeciré** (a tu esposa, Sara) **y te haré tener de
ella un hijo. Yo la bendeciré, y de ella nacerán pueblos y saldrán
reyes"** (Génesis 17:16). Dios también les da a las personas el
"poder" de conferir Su bendición en esta, una de las más serias y

famosas bendiciones bíblicas: "El Señor habló a Moisés: 'Di a Aarón y a sus hijos: Así bendeciréis a los israelitas: "Que el Señor te bendiga y te guarde. Que el Señor haga resplandecer Su rostro sobre ti y te conceda Su gracia. Que el Señor vuelva hacia ti su rostro y te conceda la paz' " (Números 6:22–26).

A su vez, los seres humanos bendicen a Dios, alabándolo por su grandeza y bondad: "Me incliné después profundamente y adoré y bendije al Señor, Dios de mi amo Abraham... (Génesis 24:48). Cuando las personas bendicen, sus palabras son oraciones de gratitud, de anhelo por estar en gracia con Dios, y demás. La tradición judía incluye una gran cantidad de bendiciones relacionadas con los alimentos. Los rabinos de la antigüedad, interpretando a partir de las Escrituras, sostenían que comer sin bendecir primero a Dios era una forma de robar. La comida es un regalo de Dios, y el pago por nuestra comida es el reconocimiento y la gratitud. Por ejemplo, la bendición de los alimentos más ampliamente reconocida es aquella en la se bendice el pan: "Bendito seas, Señor, nuestro Dios, Rey del Universo, quien nos da el pan de la tierra."

Estas bendiciones sobre experiencias al parecer mundanas sirven el maravilloso propósito de recordarnos a Dios, la fuente de todas las cosas, y por ende elevan lo mundano hacia lo sublime— elevan lo cotidiano a un plano especial, incluso santo.

Las bendiciones son un asunto serio en todas las tradiciones religiosas. En la tradición judía, cuando Adonai, el nombre sagrado de Dios, es utilizado en el contexto de una bendición, las palabras adquieren un significado sagrado que no debe ser tomado a la ligera. Si una bendición se pronuncia por error, la frase hebrea *Barukh Shem kevod malkhuto l'olam va'ed,* "Bendito sea el santo nombre de Su soberanía por siempre jamás," es dicha de inmediato. Esto hace énfasis en la idea de que el sagrado nombre de Dios no debe ser tomado en vano.

Las oraciones son una forma de hablar con Dios. A veces alabamos a Dios, y a veces le pedimos cosas. Desafortunadamente, muchas personas solamente hablan con Dios cuando quieren pedirle algo, como si se tratara de un padrino. Aunque en ocasiones todos lo hacemos, pedir cosas inapropiadas es también una forma de tomar el nombre de Dios en vano. ¿Alguna vez se ha cuestionado acerca de las oraciones que hacen los equipos deportivos antes del comienzo de un partido? Si su oración es para pedirle a Dios que los ayude a ganar, es una oración vana. Cuando convertimos a Dios en un entrenador que puede influir en el resultado de un partido, menospreciamos Su esencia y tomamos Su nombre en vano. Si los jugadores de fútbol se reúnen y en su oración piden jugar bien para poder hacer gala de sus habilidades, entonces reconocen el verdadero papel de Dios.

Martha Williamson, la productora del programa televisivo *Touched by an Angel*, y quien se autodefine como una "cristiana comprometida," dio una entrevista para *Los Angeles Times* (diciembre 31, 1997) acerca del inesperado éxito de su programa de orientación religiosa. Cuando le preguntaron si sentía que Dios tenía algo que ver con el éxito de su programa, respondió, "Oro por el programa, para que Dios me ayude a hacer la mejor labor posible, pero nunca he pedido altos niveles de audiencia." En su explicación, Williamson expresa la diferencia entre una oración apropiada y una que pudiera trivializar a Dios.

Según la tradición judía, si alguien se acerca a casa y ve un incendio desde la distancia, no debe decir, "Dios, por favor, que no sea mi casa." Una oración así podría ser malinterpretada como un ruego para que sea la casa de otra persona. En la tradición judía, pedirle a Dios que cambie algo que ya existe es una oración vana—que equipara a Dios con un asistente de magia. Es una oración vana, lo cual es diferente de decir que es tomar el nombre de Dios en vano.

Si bien tanto las oraciones como las bendiciones son dirigidas a Dios, sirven propósitos diferentes. En el sentido práctico, la oración generalmente tiene que ver con pedirle a Dios algún tipo de intervención espiritual (por ejemplo valor), mientras que las bendiciones se concentran en alabar y describir los atributos gloriosos de Dios, en establecer una intimidad relación con Dios. El nivel más profundo de oración, más importante que hacerle peticiones a Dios para que Él nos sirva, *l'hitpalel,* es cuestión de juicio personal, de autoevaluación e introspección.

Por cierto, nos está permitido pedirle cosas a Dios, siempre y cuando seamos conscientes de que Dios puede negarlas.

Sin estos momentos profundos de honestidad personal, uno puede volverse rutinario hacia Dios (incluso las bendiciones de las comidas pueden convertirse en un ritual vacío) y perder la noción del propósito divino (cuando nos sintonizamos con Dios solamente cuando queremos algo, nos parecemos al estudiante de universidad que solamente llama a la casa cuando necesita dinero). Cuando nos tomamos el tiempo para conectarnos con Dios en relación con nuestra contribución a Su mundo y a Sus expectativas, tenemos una muy buena posibilidad de ser mejores en cuanto a pensamiento, palabra y acción.

¿Quién "Lo Lamenta" Ahora?

La expresión "lo siento" es tal vez una de las más desgastadas del idioma. Un "lo siento" genuino tiene el potencial de sanar una relación rota, mientras que cuando es insincero aumenta la distancia. Los niños aprenden pronto a decir "lo siento" porque se dan cuenta de que es una ruta fácil para salirse de un problema. Quizás no sientan ningún remordimiento, pero abrigan la esperanza de que esas palabras les ayuden a evitar el castigo. Algunos adultos las utilizan de una forma muy parecida. Aunque no sienten un verdadero remordimiento, tratan de despachar todo el problema o episodio con un veloz "lo siento." Algunas personas nunca utilizan estas palabras, a pesar de que se dan cuenta de que han obrado mal, sencillamente porque no quieren nunca tener que admitir que han hecho algo que no estaba bien. El ego, el narcisismo, la arrogancia, el poder y la posición parecen ser más importantes que la profundidad espiritual y las relaciones. Solamente un "lo siento" sincero puede permitirles a las personas perdonar a quien obró mal, cambiar.

Todas las tradiciones religiosas tienen un espacio para el arrepentimiento. Desde los tiempos de los profetas, ningún ritual, incluido el de los sacrificios en el Templo de Jerusalén, podía expiar los pecados de un individuo. La tradición judía asume que el perdón de Dios requiere arrepentimiento y el propósito firme de no volver a cometer el mismo pecado. Al fin de cuentas, hay muchas personas que se sienten culpables por un amorío adúltero o por el maltrato físico de su pareja, pero de todos modos repiten el comportamiento.

Vivimos en una sociedad en la cual las personas piensan que el solo arrepentimiento es suficiente. El ejemplo clásico es el del cónyuge adúltero/a que le dice a su compañero/a, "Sabes… esto tampoco es fácil para mi." Muchas veces por medio de una afirmación tan ultrajante se está buscando compasión ante la vergüenza o el bochorno que han hecho recaer sobre sí mismos. El adúltero se siente mal porque está "dividido/a entre dos amores," uno a partir de la obligación y la historia, el otro por la lujuria y una pasión más nueva. El mero hecho de experimentar este dolor emocional no es de por sí una razón suficiente para que se conceda el perdón. Para encontrar el arrepentimiento que procede de Dios debemos ser capaces de ofrecerles a Dios y a los demás unas disculpas sinceras y una promesa de no repetir la ofensa.

El ritual católico de la "confesión" está profundamente arraigado en los decretos bíblicos antiguos: **"Di a los israelitas: 'Si un hombre o una mujer causa un perjuicio a otro, ofendiendo así al Señor, esa persona es culpable; confesará su pecado y resarcirá a la persona perjudicada el daño causadoe…'** " (Números 5:6–7). La confesión consiste en admitir, reconocer, decir, "Soy culpable." En la tradición judía, la admisión es entre la persona y Dios, sin el sacerdote intermediario que establece la penitencia.

Bien sea a través del sacerdote o directamente con Dios, la confesión es una obligación divina. La confesión está diseñada para ayudar a motivar el verdadero arrepentimiento, hacernos mejorar, enmendar el camino, y ser más "a imagen de Dios." La confesión contiene los dos elementos esenciales del arrepentimiento: pesar por el pecado cometido y la determinación de no repetir la ofensa nunca más.

La tradición rabínica sostiene que el poder del verdadero arrepentimiento es tan grande, que incluso cuando se arrepiente una sola persona el mundo entero gana un perdón a través de esa persona. La interpretación es que incluso el cambio de un solo individuo hacia la bondad afecta en última instancia al mundo.

La confesión y el arrepentimiento insinceros vanalizan el nombre y la compasión de Dios. Existe entre los no católicos una interpretación equivocada en el sentido de que el acto mismo de la confesión asegura el perdón. ¿En cuántas películas de la mafia hemos visto que el asesino entra el confesionario, recibe la absolución de parte del sacerdote, aparece como un hombre perdonado y sale al día siguiente a continuar con su "negocio de familia"? Una confesión insincera no es válida y se considera sacrílega. Según la Enciclopedia Católica (1987), "La confesión sacrílega falla voluntariamente en arrepentimiento por el pecado o en el propósito de enmienda... En estos casos el Sacramento de la Penitencia es vacío y la absolución no es efectiva..."

El arrepentimiento es un regreso a Dios. **"Volved a Mí, y Yo volveré a vosotros, dice el Señor todopoderoso"** (Malaquías 3:7).

Dios Hace Promesas

Dios es nuestro maestro de las promesas y los juramentos. Después del diluvio, Dios prometió a toda la humanidad a través de Noé que no volvería a "empezar de cero" mediante calamidades naturales. **" 'Este es Mi pacto con vosotros: Ningún ser viviente volverá ser exterminado por las aguas del diluvio, ni volverá a haber diluvio que arrase la tierra.' Y añadió: '...Yo pongo Mi arco iris en las nubes y él será la señal de la alianza entre Mí y la tierra' "** (Génesis 9:11–13). Un "juramento" divino aún más dramático ocurre después de que Abraham cuestiona el sacrificio de Isaac: **" 'Juro por Mí mismo, palabra del Señor, que, por** haber hecho esto y no haberme negado tu hijo único, te colmaré de bendiciones y multiplicaré tanto tu descendencia que será como las estrellas del cielo y como la arena que hay a la orilla del mar..." (Génesis 22:16–17) Finalmente, Dios recuerda la alianza: "esta alianza que Yo impuse a vuestros padres el día en que los saqué de Egipto, horno de hierro, diciéndoles: Escuchad Mi voz y poned por obra todo lo que Yo os mando entonces seréis Mi pueblo y Yo seré vuestro Dios..." (Jeremías 11:4–5).

Sabemos a partir de los pasajes bíblicos anteriores que Dios hace promesas y da pruebas simbólicas eternas de estas, que Dios jura por Sí mismo para hacer énfasis en su seriedad, y que Dios reconoce la alianza como algo recíproco. El nombre de Dios, en cualquier forma, imparte una seriedad que está por encima y más allá de cualquier otra cosa que intentemos invocar.

Dios Como Garantía

"No robaréis, no mentiréis ni os engañaréis unos a otros. *No juréis en falso por Mi Nombre pues sería profanar el Nombre de Dios...*" (Levítico 19:11–12). Esta prohibición se refiere a no invocar el nombre de Dios como garantía de nuestra honestidad personal, o nuestro producto, o servicio, propiedad, y demás, cuando tenemos la intención de crear una imagen "piadosa" de cosas que sabemos que no son verdaderas.

Me asombran toda clase de cosas que noto constantemente alrededor mío y que son relevantes para este libro, especialmente cuando estoy en medio de escribir acerca de una idea en particular. Por ejemplo, después de iniciar esta sección, cambiaba de canales de televisión en busca de noticias locales cuando me encontré un programa de Montel Williams. Habría seguido de largo, pero en ese momento una mujer decía, "Lo juro por Dios... vas a quedar embarazada el mes que viene," a una mujer excesivamente maquillada, que se puso histérica de la dicha, puesto que había tenido unos ocho abortos espontáneos y recientemente había dado a luz un bebé muerto. ¡Bien, quedé enganchada! Mire el programa unos cinco minutos más y me sentí profundamente triste y perturbada al ver que esta "psíquica" simplemente pasaba de una mujer a otra entre el público para darles buenas noticias. Fue el "juro por Dios" lo que más me preocupó. Asumiendo que esta audiencia no estaba llena de un público falso, la supuesta psíquica estaba haciendo promesas "en el nombre de Dios." ¿Y qué pasaría cuando los sueños no se hicieran realidad? Acaso los creyentes no se sentirían enojados con el Señor por no "cumplirles"? ¿O se preocuparían de que Dios los estuviera "castigando"? Era una obvia profanación del nombre del Señor.

La tradición rabínica sugiere que uno puede distinguir un profeta falso de uno auténtico sin tener que esperar a ver si su profecía se cumple. Si un profeta anuncia cosas terribles que no ocurren, esto no comprueba que sea un falso profeta ya que Dios, en respuesta a algún cambio en nosotros, podría cambiar el "destino" de malo a bueno. No obstante, si un profeta hace una profesía sobre algo bueno que no ocurre, se consideraría un mal profeta ya que Dios no retira una bendición.

Esta psíquica de la televisión le decía a todo el mundo algo "bueno." Los peligros son evidentes: explotación para provecho personal, la oportunidad de hacer daño a las personas cuando ella "se equivoque" e incluso peor, dañar su relación con Dios porque en última instancia se llegaran a sentir maldecidos por Él.

A diferencia de Dios, uno no tiene siempre el poder de cumplir como quisiera, aún cuando tuviera la intención de cumplir, o como debería hacerlo. Utilizar el nombre de Dios para dar veracidad a un resultado es poner a Dios en posición de hacerse de una mala reputación; por lo tanto es tomar el nombre del Señor en vano.

Juramentos Necesarios

Dos veces en Deuteronomio (6:13 y 10:20), se nos recuerda que **"Teme al Señor tu Dios, sírvele a Él y jura en Su Nombre."** Así

como hemos sido amonestados en contra de hacer cualquier juramento innecesario, también se nos recuerda concretamente
que a veces es necesario jurar algo. La primera vez que esta frase
aparece es para asegurar que si en efecto juramos por alguien sea
por Dios y no por otro dios. La segunda se relaciona con el juramento para cumplir una promesa, cuando al jurar la persona
teme su débil naturaleza humana y hace el juramento para aumentar sus probabilidades de cumplimiento.

Según algunos estudiosos de la religión, Dios nos pide a través
del mandamiento jurar por Su nombre para otorgar peso y dignidad a las declaraciones al afirmar o negar un asunto. Jurar al
posesionarse de un cargo y jurar decir la verdad son procedimientos legales; ambas ocasiones son increíblemente serias y so-
lemnes y el ritual público incluye un juramento mientras que se
pone la mano sobre las Sagradas Escrituras.

La mayoría piensa que los creyentes son menos capaces de
hacer el mal. Si estuviéramos en un callejón oscuro seguramente
nos sentiríamos más seguros si se nos acerca un grupo de muchachos con Biblias en las manos que si tienen las manos libres; a
menos, desde luego, que uno fuera un judío proclamado "hereje"
durante las Cruzadas o la Inquisición española. Cuando Dios le
habló a través de un sueño a Abimelec, el pagano e incrédulo rey
de Gerar, le impidió tener relaciones sexuales con Sara, la esposa
de Abraham; él creía que Abraham y Sara eran hermanos.
Cuando él le pregunta a Abraham; por qué no le dijo la verdad,
Abraham responde, " 'Yo me dije: Seguramente no hay temor de
Dios en esta tierra y me matará a causa de mi mujer" (Génesis
20:11). Más adelante, Abimelec le dice a Abraham, " 'Dios está
contigo en todo lo que haces. Júrame aquí, por Dios, que no me
engañarás a mí, ni a mis hijos, ni a mis parientes, sino que tendrás
conmigo y con el país que te hospedó la misma benevolencia que
yo he tenido contigo. Abraham respondió, 'Sí, lo juro' " (Génesis 21:22–24).

Aunque Abimelec ni temía, ni servía, ni se adhería a Dios, le
creía a Abraham, quien sí lo hacía. Es una responsabilidad im-

portante representar a Dios, y no debe ser tomada a la ligera. Profanar el nombre de Dios puede dar pié al cinismo, la desconfianza o el desagrado con Dios.

Contamos en el ámbito público con demasiados ejemplos de representantes elegidos que, de diversas formas, abusan de sus cargos de poder: consumen drogas, hacen tratos sucios alrededor de sus campañas, sostienen relaciones sexuales ilícitas, y demás, después de haber jurado durante su toma de posesión. Michael Ramírez tiene una caricatura política en *Los Angeles Times* (febrero 1, 1997) que representa una bandera estadounidense en proceso de deshilacharse y va acompañada del comentario, "Nuestra tela moral." Si como individuos o nación queremos ser líderes, tenemos que hacerlo mediante el ejemplo. Desafortunadamente, demasiados de nuestros ciudadanos se han vuelto tan materialistas que siempre y cuando sus "asuntos" personales se vean gratificados, la moralidad no entra en juego.

En su columna en la sección de opinión de *Los Angeles Times,* (febrero 1, 1998), William Schneider escribe acerca del presidente Bill Clinton: "Sus problemas de carácter están en crisis y en vías de empeorar. Una creciente mayoría percibe al presidente como una persona poco honesta y digna de confianza, que no comparte sus valores y que da un ejemplo moral deficiente." Al explicar por qué la popularidad del presidente aumentó, a pesar del escándalo sexual y posterior a su aclamada intervención durante el discurso del Estado de la Unión, el Sr. Schneider escribió, "...el espectáculo saca de la cancha al carácter. Solamente 41 por ciento dijo que sí importa 'porque la moralidad es importante.' " Y ese es el verdadero "estado de la unión." Siempre y cuando las necesidades, deseos y antojos personales se satisfagan, muchos estamos al parecer dispuestos a abdicar conceptos más nobles.

Miremos el contraste entre esta reacción de aceptación con el dolor, la ofensa y la rabia que muchas veces expresan las personas que creyeron que podían contar con un colega, amigo, familiar o cónyuge—tan solo para descubrir que las promesas y la lealtad fueron tiradas a la basura tan pronto convino a los deseos

de la otra persona hacerlo así. De repente, la apreciación por la
necesidad de creer y confiar se cristaliza. La moralidad al parecer
cuenta solamente cuando uno es el receptor de la falta de moralidad de otro. Es demasiado tarde, ¿verdad? Es sorprendente cuántas personas participan en relaciones con personas que saben que
han tratado mal o han abusado de otros—y ese comportamiento
no presenta un problema hasta que no los afecta personalmente.

Otra forma de blasfemia se comete cuando las personas utilizan a Dios y a la religión para conseguir respeto o prestigio; los
politicos que aparecen en iglesias y sinagogas, no para orar, sino
para aparentar ser religiosos frente a su votantes potenciales—
especialmente después de una determinada noticia vergonzosa
sobre sí mismos.

¿Cuáles Votos Valen?

¿Qué tan serio es el asunto de hacer un voto utilizando el nombre
de Dios? En la tradición judía, el servicio *Kol Nidre,* parte central
del servicio de Yom Kipur, el Día del Perdón, consiste en pedir
perdón a Dios por cualquier voto hecho a *Dios* que no fue cumplido. Hitler y otros han utilizado el servicio de *Kol Nidre* para
hacer quedar mal al judaísmo diciendo que es una religión que
permite hacer promesas y luego romperlas mediante un simple
servicio. Lo contrario es lo cierto. Dios solamente perdona aquellos votos que las personas son incapaces de mantener o aquellos
que no deberían haber hecho en primer lugar ya que sus implicaciones no fueron plenamente comprendidas. Dios es muy claro:
**"Si un hombre hace un voto al Señor o se obliga con juramento a
alguna cosa no faltará a su palabra; todo lo que haya salido de su
boca, lo cumplirá"** (Números 30:3).

La tradición judía sostiene que se puede buscar el perdón de
Dios solamente por transgresiones de leyes entre una persona
y Dios. Para las transgresiones entre personas, el perdón debe
ser primero buscado y obtenido por parte de la persona que fue
ofendida. No se requiere que una persona perdone si la ofensa

fue demasiado atroz o el daño horrendo e irreparable. Aun así, no se supone que sean duros en su reacción. En última instancia, el tema predominante es la disposición de Dios de conceder el perdón a quienes sinceramente se arrepientan. La reparación por cualquier mal que un hombre le haya causado a otro empieza con la reparación de la injuria; entonces uno busca la absolución de Dios. El judío devoto busca a todas las personas a quienes pudiera haber ofendido, les pide disculpas, ofrece reparación, promete no volverlo a hacer, y luego pide perdón.

El arrepentimiento, *t'shuva* en hebreo, es un concepto que mira hacia delante. Significa regresar al camino correcto. *T/uvá* requiere aceptar responsabilidad, sentir verdadero remordimiento, asegurarse de que no se repitan esas acciones, y hacer lo que sea necesario para reparar el daño causado.

Un voto no es válido a menos que se haga con intención y se pronuncie con los labios. Si un voto se hace por error, es decir, se pronuncia irreflexivamente, o no se dice en voz alta, la tradición judía sostiene que en ese caso no se considera un voto. Aunque los niños menores de doce o trece (la tradición judía considera históricamente estas edades para que las niñas y los niños, respectivamente, asuman responsabilidades de adultos y distingan el bien del mal) generalmente no se consideran lo suficientemente maduros para asumir la naturaleza seria de los votos y los juramentos, se les debe enseñar a evitar la costumbre de prometer y hacer votos y deben ser reprendidos si hacen promesas sobre asuntos triviales. De hecho, si el voto o promesa es razonable y factible y puede hacerse sin daño al niño, se le debe ordenar cumplirlo—¿o si no qué clase de persona será cuando cumpla catorce?

Las obligaciones que se han asumido se deben cumplir. La tela de las relaciones, la comunidad y el gobierno se deshace cuando los individuos se atreven a faltarle el respeto a sus votos y a abusar de ellos y olvidarlos. De hecho, la mayoría de las tradiciones religiosas sostienen que las "promesas" son débiles sustitutos para las acciones concretas: **"No jurarás en falso sino que cum-**

plirás al Señor tus juramentos... Decid sencillamente 'Si' o 'No.'
Lo que se aparta de esto viene del maligno" (Mateo 5:33–37).

A estos pensamientos hacen eco dos de mis oyentes, Lauren e
Igmar respectivamente: *"Pero tal parece que la actitud generalizada hoy en día hacia los votos es que son simplemente palabras,
y esto es triste. La expresión 'su palabra vale oro' se aplica con
precisión a muy pocas personas. Parece que las personas ya no
consideran 'sagrado' ningún voto—ni los votos matrimoniales,
ni los votos hechos a Dios. Esto refleja la falta de compromiso
por parte de la persona que hace el voto. A veces las personas
hacen votos simplemente porque piensan que eso es lo que la otra
persona quiere oír, y nunca han tenido realmente la intención de
cumplir. Todos debemos ser cuidadosos en cuanto a los votos que
hacemos, y debemos procurar cumplir los votos que ya hicimos,
a menos que haya alguna razón sólida en las Escrituras para no
hacerlo."*

Y: *"Hoy en día parece que nadie toma nota de un juramento, o
compromiso, o voto o promesa. No hay problema en decir 'prometemos hacer esto o lo otro' pero si surge algo con lo cual estamos en desacuerdo, o si los tiempos están difíciles, entonces es
más fácil abandonar la promesa."*

Esta degradación de los juramentos, los votos y las promesas
contrasta con el "ejemplo" de Dios: "Él... **recuerda siempre su
alianza**" (Salmos 111:5). Incumplir la palabra no es "caminar
con Dios" ni "ser santo como Dios." Cuando uno incumple su
palabra, esa palabra se vuelve profana. Y, puesto que hacer votos
y alianzas proviene en última instancia de Dios, se profana el
nombre de Dios.

Votos que Vale la Pena Romper

Si bien cada tradición religiosa tiene rituales y reglas para anular
votos, a continuación hay una selección de algunas de las respuestas relevantes que mis oyentes me enviaron por correo elec-

El Tercer Mandamiento · 95

trónico en respuesta a la pregunta que formulé: "¿Bajo qué condiciones podría/debería un voto o promesa ser incumplida?"

►MG, de Ann Arbor: *"Creo que una promesa o un voto se debe incumplir cuando uno se da cuenta de que esa promesa o voto fue un error. Cuando me casé, mi esposo y yo establecimos una relación de inequidad, sin establecer jamás una sociedad. No lo culpo a él por esto, solamente creo que éramos jóvenes y vivíamos en el contexto de 'un mundo de fantasía,' todos sabemos que la universidad no es el mundo real. Tenemos muchos problemas maritales que me doy cuenta tienen su origen en puntos de vista, tradiciones y creencias diferentes. Pienso que cometimos un error y deberíamos haber analizado más a fondo nuestras opiniones sobre la vida, el dinero, la religión, la familia, la carrera... no de forma superficial como lo hicimos pensando, ingenuamente, que el amor todo lo puede. Por ende, si nos separamos y con el tiempo nos divorciamos, no me sentiré culpable por romper mi compromiso y mis votos con esta persona. Así que, supongo, cuando uno siente que ha cometido un error y todas los caminos se han agotado, entonces uno tiene el derecho de romper los votos y seguir hacia adelante. No obstante, hay que darse cuenta de que para no volver a cometer los mismos errores, es necesario no olvidarlos. La forma de mejorarse a uno mismo y mejorar su carácter es conservar un sentido de lo que se hizo mal antes y de cómo uno ha cambiado para no hacer la misma tontería otra vez. Espero poder hacer esto y que lo que suceda sea lo mejor para ambos."*

Muchos argumentarían quizás que un "error" es apenas un reto que debe ser confrontado y superado, no una justifica-ción para romper promesas de fidelidad, lealtad y comportamiento amoroso, puesto que los problemas no son necesariamente insu-

perables. Muchas veces se utilizan "los sentimientos" de querer más, de sentirse decepcionado, o aburrido, o de querer una
mayor emoción sexual o romántica para justificar el rompimiento
de los votos matrimoniales. La mayoría de las tradiciones religiosas no respaldan este tipo de justificaciones apoyadas por la
psicología popular para terminar un matrimonio y destrozar
una familia. Sue, de Bremerton, me escribió: Yo *personalmente
siento que si uno hace una promesa, la cumple. Si uno hace
un voto, por ejemplo el del matrimonio, uno lo cumple. Yo rompí
mis votos matrimoniales al cabo de siete años. No me siento
orgullosa de haberlo hecho, ni de mi ingenuidad en el momento
en que yo estaba prometiendo: Hasta que la muerte nos separe.
Si yo hubiera permanecido casada, estaría muerta. Rompí ese
voto para salvarme a mi misma y a mis hijos de un maltrato físico continuo y de un abuso degradante permanente. Siento
que los niños, un regalo precioso de Dios, nos son entregados
para cuidar según lo mejor de nuestras capacidades. Si están en
peligro, hay que salvarlos de éste. Por ende, rompí un voto, una
promesa.*"

➤Murray, de Canadá, contribuyó: *"Los votos o las promesas
deben ser quebrantados cuando van moral o espiritualmente
en contra de lo que nuestro Padre Celestial hubiera querido
que hiciéramos. Yo viví esto personalmente en un anterior
matrimonio. Mi ex esposa quería que hiciera negocios con su
padre, un activista en el movimiento de la supremacía racial
de los blancos (nazi), que llegó de Alemania hace unos
cuarenta años. Su ética en los negocios era cuestionable y su
actitud hacia los demás era irrespetuosa. Elegí no hacer
negocios con él, dándome cuenta de que era **inmoral**, y me
costó el matrimonio, no poder ver a mi hijo porque el padre
de mi ex esposa le prohibió que me viera. Cuando mi ex
esposa se marchó me quedé con el corazón destrozado. Desde
entonces me convertí a la iglesia Mormona. Estoy casado y
tengo tres hermosas hijas."*

➤Tricia de St. Louis agregó: *"Creo que la única razón para romper una promesa es si esa promesa representa un **peligro/riesgo** para la otra persona. Yo rompí una promesa que le hice a mi hermana de dieciséis años. Le prometí que nunca entraría a su cuarto ni me entrometería en sus cosas. Recientemente conoció a un chico de veintidós años que nunca terminó la secundaria y está desempleado. ¿Un gran tipo, ah? Lo conoció a través de la Internet. Cuando entraba a la Internet siempre se ponía furiosa conmigo y con mis padres porque estábamos pendientes de lo que ella estaba haciendo. Para acortar una larga historia, abrí una carta de este tipo proveniente del Canadá, y descubrí que ella había estado metiéndose en asuntos de satanismo (somos cristianos), había intentado suicidarse y tenía planes de escapar este verano para irse a verlo. Además, la carta era muy pornográfica. Nunca me hubiese perdonado si no hubiera abierto las cartas, y un día la hubiésemos encontrado muerta. Para mí, ella valía el riesgo de incumplir mi palabra."*

➤Becky de Nevada presentó otra excepción: *"Pienso que un voto o una promesa deben ser rotos cuando la promesa se le hace a alguien que se está haciendo **daño a sí mismo**. Hace doce años, yo tenía veintitrés, le prometí a mi mejor amiga de hacía dieciocho años, quien había sido dama de honor en mi matrimonio, que no les diría a sus padres que ella estaba consumiendo drogas. Le di varios números de ayuda gratuita, le envié información sobre rehabilitación, le rogué que dejara el hábito, la dejé quedarse con nosotros para 'desintoxicarse,' pero no les dije a sus padres—pues así se lo había prometido. Su madre la encontró colgada de una cuerda en el garaje de la casa: suicidio. ¡¡¡Una promesa que quisiera no haber cumplido!!! Han pasado doce años y todavía lloro cuando la recuerdo."*

➤Paul de Ontario, California, escribió: *"Supongo que la respuesta obvia es apuntar hacia la historia: los generales*

alemanes quienes (decían) no se daban cuenta cuán
monstruosamente malvado *era Hitler cuando hicieron sus*
juramentos personales de lealtad hacia él. Estos hombres
habrían tenido una justificación moral para romper esos
juramentos—aunque pocos lo hicieron. De hecho, el Tribunal
de Nuremberg rechazó concretamente sus apelaciones en el
sentido de que el juramento era su defensa por haber
cumplido las órdenes que resultaron en crímenes a la
humanidad."

Los anteriores testimonios representan algunos casos legítimos
en los cuales es aceptable romper los votos. En cada una de estas
situaciones había de por medio un valor más elevado, o había un
esfuerzo por contrarrestar algo claramente malvado.

Los Castigos Bíblicos y el Tercer Mandamiento

"... y el que blasfeme en nombre del Señor, será castigado con la
muerte" (Levítico 24:16) y "...pero quien blasfeme contra el Espíritu Santo no tendrá perdón jamás y cargará con su pecado
eternamente. Y es que los maestros de la ley decían, 'Tiene un
espíritu inmundo.' " (Marcos 3:28). Claramente, las tradiciones
religiosas ponen de relieve especialmente la importancia absoluta
de este mandamiento. Maldecir a Dios; profanar el nombre de
Dios; fingir una relación especial con Dios para el provecho personal; utilizar el nombre de Dios para manipular; invocar el
nombre de Dios mientras que se está haciendo el mal (recorde-
mos a los cruzados violando y asesinando con el símbolo de la
cruz bordado sobre el pecho y las banderas); hacer votos, juramentos o promesas que uno no tiene la intención de cumplir—
todos los ejemplos anteriores desafían el Tercer Mandamiento.
   El cuidado que los creyentes se toman para no utilizar en vano
el nombre de Dios es una señal de amor. Nos cuidamos de no
maldecir al cónyuge, o a los padres o a los hijos, porque cada vez
que lo hacemos, restamos estatura a lo que esa persona repre-

senta para nosotros. Por igual, cada vez que utilizamos en vano el nombre de Dios, arriesgamos alejarnos más de Él.

Cuando pisoteamos la bandera de nuestro país soberano, mostramos una falta de respeto por nuestro país, sus valores y su potencial. Cuando tratamos mal a la Biblia o cualquier otro símbolo religioso, ofendemos a Dios. Los símbolos religiosos como el *talit*, un chal que utilizan los judíos durante las oraciones de duelo, o un crucifijo, representan el amor de Dios. Desfigurar y utilizar mal estos objetos de cualquier forma es una ofensa a Dios.

Si el Primer Mandamiento impone la autoridad del Único Dios, y el Segundo rechaza la autoridad de cualquier otro dios, el Tercer Mandamiento nos enseña sobre la santidad de Dios, la naturaleza sagrada de nuestra relación con Dios, y nuestras responsabilidades para con los demás en Su nombre.

4

El Cuarto Mandamiento

**"Guardarás el día del sabbat para santificarlo.
Seis días trabajarás y harás toda tu obra, mas el séptimo
día es sabbat para el Señor, tu Dios. Ninguna obra
harás tú, ni tu hijo, ni tu hija, ni tu siervo, ni tu sierva,
ni tu buey, ni tu asno, ni ningún animal tuyo ni el
extranjero que está dentro de tus puertas, pues en
seis días el Señor hizo los cielos y la tierra, el mar y todo
lo que en ellos habita, y Él descansó en el día séptimo.
Por lo cual el Señor bendijo el sabbat y lo santificó."**

¡Dame Más Tiempo!

El siguiente poema, de un autor desconocido, es un recordatorio
del valor del tiempo:

> Para comprender el valor de UN AÑO
> pregúntele al estudiante que reprobó el examen final.
> Para comprender el valor de UN MES

pregúntele a la madre que ha dado a luz un bebé
  prematuro.
Para comprender el valor de UNA SEMANA
pregúntele al editor de una revista semanal.
Para comprender el valor de UN DÍA
pregúntele al obrero asalariado que tiene diez hijos
  que alimentar.
Para comprender el valor de UNA HORA
pregúntele a una pareja que espera su ceremonia de
  boda.
Para comprender el valor de UN MINUTO
pregúntele a la persona que perdió el tren.
Para comprender el valor de UN SEGUNDO
pregúntele a la persona que sobrevivió un accidente.
Para comprender el valor de UNA MILÉSIMA DE
  SEGUNDO
pregúntele a la persona que se ganó una medalla de
  plata en los Olímpicos.

¿Cuántas veces ha dicho, "Quisiera que el día tuviera más horas"? Lo que se asume es que, si hubiera más horas, uno lograría hacer con menos presión todo lo que tiene pendiente. Pero la probabilidad es igual de que, concedido el deseo, redundaría simplemente en otras dos horas de frenesí para vivir en ese mismo día. Quizás deberíamos más bien desear días más cortos, en los cuales el ritmo enloquecido de nuestra vida se limite a unas pocas horas.

En palabras de Renay, uno de mis oyentes: *"Siento que mi problema con el tiempo es que he caído en el mal hábito de llenar cada minuto de mi tiempo con algo que pienso que es absolutamente necesario y ahora no me permito ningún tiempo para relajarme sin sentir que debería estar haciendo algo. Siempre estoy agotado por trabajar en exceso y por ende estoy de mal genio y no soy muy buena compañía."*

Irónicamente, este comportamiento maníaco y su correspondiente actitud, parecidos a los del Conejo Blanco de *Alicia en el País de las Maravillas,* son asuntos que ameritan una mayor consideración a medida que la tecnología moderna se convierte en realidad ubicua. La tecnología nos prometió comodidades que facilitarían nuestra vida, pero en lugar de eso, las computadoras, los fax y los teléfonos celulares han aumentado el ritmo del trabajo en lugar de disminuirlo. Ya no es posible atrasar una fecha límite de entrega diciendo que la propuesta está en el correo, porque pueden pedir que se les envíe de inmediato por fax. Antes de la existencia de los teléfonos celulares, conducir podía ser una oportunidad para escuchar música, ponerse al día en las noticias, sostener charlas íntimas, o escuchar un audio libro. El almuerzo en un restaurante no era interrumpido por el timbre de nuestros celulares en miniatura. Para muchas personas, las horas de trabajo ahora se han alargado, hasta abarcar los trayectos de la casa al trabajo y viceversa. En casa, las máquinas de lavar ropa, platos, y los hornos microondas, sí han hecho más fácil la vida. Sin embargo, parecería como si el tiempo siguiera la regla de que la naturaleza detesta un vacío, porque siempre que se ahorra tiempo, se invierte en otra parte. Aunque las personas probablemente gasten menos tiempo en labores domésticas, gastan más tiempo llevando a sus hijos de una actividad a la siguiente. Los niños también están demasiado programados, y tienen menos horas para el juego libre o los ratos de tranquila contemplación.

Uno puede apenas deducir que evitamos el tiempo libre porque no lo consideramos valioso. Si no estamos ocupados haciendo, algo, seguramente es porque no tenemos cosas importantes que hacer. Ciertamente, el tiempo se ha convertido en la forma de calcular el valor profesional de una persona. El término "trabajo de 9 a 5" se refiere muchas veces a un empleo elemental y tedioso. Durante el último siglo, primero la "reestructuración" y luego la "reducción" proponían que menos personas podían hacer la misma cantidad de trabajo. En lo que no se hacía énfasis era en que las personas que quedarían trabajando, lo harían más duro como precio para conservar su trabajo.

Hemos comprado la idea de que mientras más ocupados estemos, más importante es la propia vida. Un libro reciente, *Time for Life* (Tiempo para la vida) Pennsylvania State University Press, 1997), evaluó a 10 mil personas y descubrió, despues de hacerles seguimiento a sus verdaderas horas de trabajo, que en realidad trabajaban menos horas de las que decían. La encuesta descubrió que las personas tienden a exagerar la cantidad de horas que trabajan porque creen que así incrementan su estatura profesional, lo cual eleva su valor propio imaginario.

Otro informe de *"Americans' Use of Time Project"* (El proyecto sobre el uso del tiempo por parte de los norteamericanos) de la Universidad de Maryland (*Los Angeles Times,* diciembre 11, 1996) estuvo de acuerdo en que hay una gran distancia entre la percepción y la realidad en el uso del tiempo. Si esto es así, ¿entonces por qué sentimos como si no hubiera un minuto que perder? El informe concluía, "Una cultura que promueve la gratificación instantánea también ayuda a explicar por qué la vida parece tanto más apurada de lo que es. 'Queremos todo rápido— comida rápida, anteojos en una hora, operaciones bancarias desde el auto. Internamente, nos sentimos apurados. Y mientras más apurada se sienta una persona, más sentirá que no le alcanza el tiempo.' "

Vivimos en una sociedad en la cual la expresión "el tiempo es dinero," que se le adjudica a Benjamín Franklin, ha llegado a referirse a la importancia del tiempo. El único problema con esta expresión es que el dinero no puede comprar más tiempo y más bien disminuye el valor del tiempo. Olvidamos que el dinero se puede reemplazar, pero no el tiempo. Seríamos mucho más ricos como individuos y como sociedad si dijéramos que el "tiempo no tiene precio." Entonces quizás lo trataríamos con mayor respeto.

Durante un sermón reciente del sábado en la mañana, el rabino Eli Schochet describía un anuncio en una valla al lado de la autopista que promovía la venta de una cierta marca de reloj. La frase decía, "No hay ningún presente como el tiempo." Ciertamente todos nos conmovemos al máximo cuando alguien nos regala parte de su tiempo y no un objeto precioso. Intuitivamente, sabemos que el regalo que mejor nos hace sentir es el tiempo.

Si el tiempo es tan precioso, ¿qué hacemos con las horas no productivas? ¿A dónde va la mayor parte de nuestro tiempo libre? Lo adivinaron: la televisión. En promedio, los estadounidenses desperdician viendo televisión quince de sus cuarenta horas semanales de tiempo libre. ¿Por qué lo hacemos? Porque es fácil. Encender el televisor, dejar de pensar, y el tiempo pasa sin darnos cuenta. ¿Cómo aprenden los niños acerca del tiempo? Mucho antes de conocer el significado de una hora o media hora, los padres les dicen a sus hijos que esperen hasta la cena lo que dura "el vídeo de Barney."

Generalmente se requiere que haya una muerte o una enfermedad mortal u otra grave tragedia para que reconozcamos lo precioso que es el tiempo. Si el tiempo es tan precioso ¿por qué no aprovechamos más el que tenemos? Quizás forme parte de la naturaleza humana malgastar el tiempo—especialmente de tres formas: hedonística, frívola o compulsivamente. Generalmente, debido a la actividad frenética, buscamos gratificación instantánea o evitamos los retos o las obligaciones, emociones y realidades que son demasiado difíciles de encarar.

En general, los humanos vivimos en una "paradoja de tiempo." No debemos concentrarnos en nuestra mortalidad por temor a obsesionarnos con la idea de que todos los días podrían ser el último. Aparte de la neurosis potencial, podría conducir a un estilo de vida hedonista de gratificación instantánea. Al no hacer énfasis en la naturaleza precaria del tiempo, a veces no dedicamos tiempo a las relaciones o a actividades significativas porque pensamos que lo podremos hacer "mañana." La paradoja del tiempo nos deja con el dilema de cómo reconocer y recordar la naturaleza preciosa y finita de *nuestro* tiempo individual, sin estimular la "ansiedad de la mortalidad" con su potencial de hacernos perder la esperanza.

Existe una vieja historia sobre Satanás, que reunió a sus asistentes para hablar sobre el método más efectivo de destruir el significado de la vida de las personas.

Uno sugirió, "Dígales que Dios no existe."

Otro dijo, "Dígales que sus acciones no tienen consecuencias."

Un tercero propuso, "Dígales que se han apartado del camino correcto y que nunca podrán cambiar."

"No," repuso Satanás, "eso no les importaría. Creo que sencillamente debemos decirles, 'Hay tiempo más que suficiente.' "

Obviamente, la noción de Satanás es que si nos dan "todo el tiempo del mundo," cualquiera inclinación hacia la bondad, la virtud, la profundidad o la trascendencia sería olvidada. El tiempo ciertamente es la esencia.

¿Cómo superamos la paradoja del tiempo? ¿Cómo podemos aceptar sin temor nuestra finita porción de la infinidad? El Cuarto Mandamiento ofrece un día de cada semana que nos enseña acerca del tiempo sagrado, el sabbat. El sabbat es un pedacito de la santidad del "mundo por venir." Es un día en el que se nos ordena cesar nuestra participación en esfuerzos e intereses mundanos. Es todo un día dedicado a luchar con nuestros mezquinos demonios internos—para conciliar su poder contra nuestra relación espiritual con Dios. La santidad es intemporal. Celebrar esa hermosa verdad cada semana nos ayuda, los seis días restantes, a enfocar la vida en los conceptos de significado, carácter y espiritualidad. "Pero el sabbat como lo experimenta el hombre no puede sobrevivir en el exilio, un extraño solitario entre días profanos. Requiere la compañía de todos los demás días" (Abraham Heschel, *The sabbat,* 1951, The Noonday Press). Esto alude a una de las críticas típicas por parte de quienes, pensamos, no dejarán de lado lo profano, lo corriente: que demasiadas personas que oran en el sabbat hacen cosas feas de todos modos durante la semana. El sabbat existe como una verdad a pesar de las fallas de algunos de sus participantes; sencillamente demuestra que quienes no son virtuosos el resto de la semana pierden una oportunidad de ponerse en contacto con lo divino.

Al Comienzo

"Dios dio por terminada su obra el séptimo día, y en este día
descansó de toda su obra. Dios bendijo el día séptimo y lo santificó porque en él había descansado de toda la obra de su actividad creadora..." (Génesis 2:2–3). Desde el comienzo de los
tiempos, el séptimo día está investido de santidad. El pináculo de
la creación de Dios, un día sagrado tejido dentro de la misma tela
de la creación. ¿Tuvo acaso que descansar Dios porque estaba
cansado? ¡No lo creo! Dios no gasta energía como nosotros, lo
cual explica por qué entonces "cesó" o "se abstuvo" es una mejor
expresión que "descansó." Cuando el Cuarto Mandamiento nos
dice que nos abstengamos de trabajar, no es necesariamente el
gasto de energía lo que define el trabajo. Puesto que Dios creó a
través de la palabra hablada, incluso las palabras pueden considerarse trabajo, como lo discutiremos más adelante. El sabbat es
tan importante por que es el único día que fue bautizado en la
creación. La semana tiene seis días numerados en orden cronoló-
gico, pero el séptimo día se llama sabbat, y fue solamente ese día
el que el Señor bendijo: "Dios bendijo el día séptimo y lo santificó..." (Génesis 2:3). La creación de las cosas físicas cesó; al santificar un "día," se creó la espiritualidad en este, el séptimo día.

Nosotros somos el puente entre lo sagrado y lo mundano o
profano. Adán y Eva fueron creados entre todas las otras cosas
de la tierra como el sabbat. El sabbat es ordenado en pro de la
espiritualidad, pero solamente nuestras acciones pueden hacer
realidad ese hecho.

La primera mención del *cumplimiento* del sabbat es anecdó-
tica. Desde Adán hasta José no se menciona la observancia del
sabbat hasta que no se les dice a los israelitas en el desierto que
no recojan maná el día séptimo (Éxodo 16:22–26). Fue un día en
el que Dios les proporcionó alimento. En Egipto, tuvieron que
trabajar por sus escasas raciones, y se les daba alimento apenas
suficiente para que pudieran servir como esclavos. El maná, un
milagro de Dios, debía ser recogido en porción doble en el día

sexto para que el día del sabbat no tuvieran que hacer ningún trabajo relacionado con la alimentación. El resto de los días el maná no se conservaba durante la noche, pero el día sabbat era un día de milagros. El maná se conservaba y alimentaba a las personas para que pudieran descansar como lo hizo Dios al final de la creación. Es en el monte Sinaí con la declaración "Recordarás el día del sabbat y lo santificarás" que la importancia del tiempo sagrado es puesto de relieve y se concreta como ritual.

Tiempo Sagrado

Cinde, una de mis oyentes, me escribió, *"Considero el sabbat como un monumento al tiempo."* Esta es una revelación importante. Históricamente, las cosas, las personas, y los lugares se designaban como santos. Este Dios único proclamó santo el tiempo. ¿Qué significado tiene esto? Los seres humanos pueden hacer cosas, los seres humanos pueden designarse especiales, pueden crear señales para indicar sitios especiales, pero solamente Dios creó el tiempo, el máximo regalo divino. El sabbat es un claro recordatorio de Dios, de la presencia e importancia de Dios. Ese día apartado de los demás nos recuerda que el significado final de la vida es estar al servicio de Dios. La esencia de la religión no se reduce solamente a una relación espiritual con Dios sino que tenemos que cumplir nuestras obligaciones con Dios, que espera en nosotros para dirigir nuestra vida hacia la bondad. Este tiempo sobre la tierra no es una fila para entrar al cielo. Tiene su propio propósito—trabajar con Dios para perfeccionar Su mundo. El dia del sabbat, compartido con la comunidad y la familia para estudiar, orar, conversar y estar en paz nos recuerda santificar la vida como Dios santificó el día sabbat y nos instruye a hacerlo. Los mandamientos no limitan nuestra libertad; nos ofrecen una clara orientación hacia la santidad y por ende hacia un significado para nuestra vida.

Si bien la tradición judía conserva la celebración del sabbat en el séptimo día, el sábado, los cristianos se refieren comúnmente

al domingo como el sabbat. Ambos grupos encuentran en sus
Escrituras el origen del ritual. Para los judíos, se basa primordialmente en el mandamiento del Decálogo, que, en el libro del
Éxodo representa el sabbat como una conmemoración de las acciones redentoras de Dios según fue demostrado en el Éxodo de
Egipto (Éxodo 20:8–11; Deuteronomio 5:12–15). Para los cristianos, el Día del Señor tiene sus raíces en la Resurrección de
Jesús, que tuvo lugar en el primer día de la semana (Lucas 24:1,
Juan 20:1). Las dos celebraciones expresan teologías diferentes
pero en última instancia abarcan el mismo concepto sagrado y
santo.

Si bien puede haber diferencias teológicas que definen los aspectos específicos de la observancia, el sabbat es reverenciado
por muchos judíos y cristianos como un día dedicado a Dios, un
tiempo en el cual nuestra relación con Dios se intensifica, un día
en el cual la vida cambia de lo mundano a lo santo.

W. Scout Davis (LCDR, CHC, USN), ministro de la Iglesia
Metodista Unida y capellán de la fuerza naval, escribe: *"Enseño
que, para poder funcionar bien y glorificar a Dios en plenitud,
uno debe apartar un día de cada siete para reenfocar intencionalmente su relación con Dios, una tarea que hasta cierto punto se
hace todos los días, pero que se hace con plena intención al menos
una vez cada siete. ¿Por qué siete? La Biblia así lo dice. Poder
hacer esto como parte de una congregación le otorga a un acto
así mucho más poder al compartir la creencia personas."*

El testimonio del capellán sobre cómo llegó a tener el más profundo respeto por las tradiciones de sabbat de las otras religiones
es especialmente impresionante: *"Mientras crecía en Chattano-
oga, Tennessee, cada Navidad los miembros judíos del lugar re-
emplazaban en sus turnos a los cristianos en los hospitales de la
zona. Pienso que esta práctica es ahora común en muchos lugares, pero dejó una profunda huella en un niño de diez años. Tanto
que como adulto muchas veces hago lo mismo, en sentido contrario, con amigos que profesan la fe judía o islámica. Celebra-
mos el sabbat de manera diferente, pero hay tareas que tienen*

que hacerse en la comunidad. Una vez, cuando tuve que pasar dos Navidades lejos de mi familia, y al no querer estar solo fui al aeropuerto local donde tenía mi sede y me ofrecí como voluntario para trabajar en lugar de los ayudantes de equipaje que tenían familias. Las estipulaciones que les di a las aerolíneas eran (1) la persona a quien estaba reemplazando debía tener familia; (2) de todos modos debían recibir su pago por el día; y (3) no debían saber quién los reemplazó en su turno. Cada vez, la experiencia fue sobrecogedora."

Lo que es relevante e importante en este relato es el respeto del capellán por el tiempo precioso del sabbat, por la familia, y por ende hacia Dios. Su comportamiento subraya claramente el aspecto "santo" implícito en el aprecio del tiempo. ¿No es hasta tal punto cierto que el mejor regalo que podemos dar es *"nuestro tiempo"*?

El cumplimiento del ritual del sabbat difiere entre las diversas comunidades judías y cristianas. Por ejemplo, el Pastor Denis Gundersen, de la Iglesia Comunitaria de la Gracia de Tulsa-Baptist, escribió: *"Estamos convencidos de que el mandamiento del sabbat es un... presagio de la bendición que Él nos ofrece a través de Cristo—descanso justificado por el trabajo, y por ende que no hay actividades santas ni comportamiento requerido por Dios para un día en particular."* En contraste, Howard Culbertson, ministro de una denominación protestante evangélica que tiene vínculos con el movimiento metodista, escribió, *"Lo vemos (el sabbat) como un día de descanso para el cuerpo, la mente y el corazón, un día que debe ser consagrado al Señor. A través de la participación semanal en un descanso sagrado, esperamos con ilusión la paz y la felicidad definitivas en el cielo. Para nosotros, ese día especial de cada semana es para profundizar el sentido de la presencia de Dios. Es esperar con ilusión 'el día del Señor' del que hablan los profetas hebreos. Para los devotos de mi tradición, el domingo es el día de fortalecer el ser interior, combinando el reposo con la elevación del espíritu."* Y finalmente, un testimonio del pastor Bill Millar de la Iglesia Presbiteriana Ortodoxa:

"El sabbat o día del Señor debe ser santificado con un descanso de todo el día, no solamente de aquellos trabajos que siempre son pecaminosos, sino incluso de aquellos empleos y recreaciones que en los otros días son lícitos; y deleitarnos en pasar todo el tiempo (excepto el que deba dedicarse a cuestiones de necesidad o misericordia) en el ejercicio público y privado de la adoración a Dios; y, para ese efecto, debemos preparar nuestros corazones y despachar y disponer en el tiempo adecuado los asuntos mundanos con tal anticipación, diligencia y moderación, que podamos estar aun más libres y aptos para los deberes del día."

Ninguna tradición religiosa *prohíbe* apartar un día de todos los demás para dedicarlo solamente a aquellas actividades que demuestran respeto y amor a Dios y aprecio por las bendiciones que nos ha dado. Desafortunadamente, en un mundo lleno de estimulación, oportunidades, tentaciones y distracciones permanentes, es demasiado fácil habituarse a esos intereses y perder de vista lo que hace que la vida sea importante y significativa: Dios y la familia.

Día de Descanso

El sabbat es una de las innovaciones revolucionarias de la Biblia, según el rabino Joseph Telushkin (*Biblical Literacy*, Morrow, 1998). *"... las sociedades antiguas tendían a considerar valiosas a las personas solamente cuando trabajaban. Los pensadores romanos más destacados ridiculizaban el sabbat, citándolo como prueba de la pereza de los judíos... En el mundo antiguo, la lucha de la Biblia por establecer que los seres humanos son valiosos incluso cuando no están produciendo era difícil... Más de tres mil años atrás, los Diez Mandamientos prohibían tratar a los animales de la forma en que los trabajadores eran tratados (en los Estados Unidos) apenas un siglo atrás."*

Sin embargo, el sabbat es mucho más que un día humanitario libre para que el ganado y las personas no mueran prematuramente o pierdan su utilidad. Hay una serie de implicaciones filosóficas y espirituales en el reconocimiento, aprecio y cumplimiento del sabbat, siendo una de ellas la que tiene que ver con no ser esclavos sino libres para vivir una vida virtuosa.

Es por eso que el sabbat les fue dado a los israelitas inmediatamente después del Éxodo. Para este grupo de ex esclavos la idea de un día de descanso no solamente era atractiva si no que hablaba de la esencia de su ser. Durante generaciones, habían laborado bajo los látigos de los capataces egipcios. ¿A quién no le conmovería un día de liberación en el cual todas las personas pudieran reconocer la libertad concedida por Dios? Esta es nuestra libertad de la servidumbre bajo los amos humanos, la máxima liberación del alma humana de la opresión, encaminándose a su verdadero propósito: servir a Dios.

A medida que uno conquista y crea durante toda la semana, es demasiado fácil hacerse a una idea exagerada y egocéntrica del propio poder. El egocentrismo muchas veces nos aleja de ser y hacer por los demás y por Dios de una forma que aporte significado a la vida y sirva un propósito superior a la adquisición y a la propia gratificación. Tener que detenernos no es solamente asunto de recuperarnos del agotamiento de una semana de trabajo arduo. El sabbat tiene que ver con dar un paso atrás y observar nuestra vida, de la forma en que un artista da un paso atrás frente a su lienzo para adquirir una panorámica más completa de su trabajo. Esto nos da la oportunidad de contemplar los méritos de nuestra contribución a los demás y al mundo—se trata de recomponer nuestro reloj espiritual. La clase de "descanso" del sabbat que es valioso es aquel que nos reconecta con el propósito final de la vida.

La meta bíblica del sabbat es crear un día donde no haya productividad física. La creación fue un proceso combinado de dividir lo que era y crear lo que no existía. El agua fue "dividida" para crear el firmamento, mientras que la vida animal y la humana se "hicieron." Para las tradiciones judías y cristianas "un día de descanso" implica descansar de aquellas cosas que hacemos durante la semana para crear un día diferente. La energía física y emocional que gastamos durante la semana debe ser dirigida a otras empresas en un intento por distinguir entre lo santo y lo profano. Creemos que el sabbat como día de descanso debería ser observado, como mínimo, de la siguiente forma:

➤No trabajar por un salario ni competir por premios.

➤Sacar tiempo para relajarse y no hacer nada. (Aunque no está especificado en las Escrituras, una siesta durante el sabbat es ciertamente un regalo divino).

➤Leer y estudiar material religioso.

➤Jugar con los hijos, el cónyuge y la familia.

➤Dar una caminata.

➤Disfrutar comidas deliciosas y charlas con amigos y vecinos.

➤Hablar con los hijos sobre su vida diaria, sus pensamientos y sentimientos.

➤Asistir a servicios religiosos, conferencias y discusiones.

➤Orar y estar en actitud contemplativa.

➤Hacer el amor con el esposo o la esposa (reconectándose en mente, cuerpo y espíritu).

Según la Torá, (los cinco libros de Moisés), Dios *creó* el sabbat. No es tan solo un día en el que no sucedió nada, sino que Dios lo *bendijo* y lo *santificó*. Está destinado a ser algo más que un día de descanso o diversión. Dentro del día que representa una séptima parte de la semana, debemos ir más allá del enfoque de la vida que nos ocupa nuestra existencia semanal y explorar los asuntos más extensos de la vida. Dejando de lado nuestras constantes preocupaciones por la supervivencia física, nos dirigimos al asunto más grande de la supervivencia espiritual. Al crear un tiempo sagrado, nos motivamos a explorar estos asuntos que quizás de otro modo no exploraríamos. Un sabio medieval proclamó que los primeros seis días de la creación proporcionaban un mundo sin alma; el mundo recibió el alma en el séptimo día. Los primeros seis días de la creación Él los consideró *buenos;* el séptimo día lo hizo *sagrado.*

Aunque podría argumentarse que el sabbat no es un requisito, que cada día puede ser marcado con pensamientos, palabras y acciones piadosas, la verdad es que al trabajar bajo presión, fechas de entrega, obligaciones, diligencias, y responsabilidades, es demasiado fácil separarnos de nuestro *centro espiritual.* En virtud de cuánto luchamos contra el concepto del sabbat y nuestra resistencia a dejar a un lado "placeres mundanos, conquistas y adquisiciones," se vuelve más y más claro que nos resulta natural aferrarnos a lo conocido, a lo gratamente concreto y sacrificar lo espiritual.

Algunas personas tratan de racionalizar que el sabbat que se pasa jugando golf, haciendo compras o yendo a la playa satisface el espíritu del sabbat. Los golfistas en particular, argumentan a su favor diciendo que hacen más oración en la cancha de golf que en la iglesia o la sinagoga. No obstante, "Dios, concédeme un hoyo en uno" no se reconoce como parte de ninguna liturgia aceptada, ni tampoco sustituye ningún servicio de sabbat.

El Tiempo Vuela se Esté Uno Divirtiendo o No.

Mientras más tiempo se vive, más rápido al parecer se pasa el tiempo. ¿Recuerdan aquellos tiempos de la escuela en que el día era una eternidad? Contábamos los minutos hasta el final de la clase. Los veranos eran infinitos y nos separaban del maduro estado del siguiente grado. Solamente después, cuando ya los días no alcanzan para completar todos los quehaceres, se vuela el tiempo con increíble rapidez. Los días se convierten en semanas, y meses, y antes de darnos cuenta ya tenemos un año más. Durante nuestros días de escuela, anhelábamos ser mayores, y veíamos acercar esos cumpleaños con gran lentitud. Ahora parece ser que en un parpadeo pasa otro año. Si la vida es como bajar por una pendiente en bicicleta y con el impulso que adquirimos es cada vez más difícil parar, los sabbats están programados regularmente como señales de "Pare" que nos hacen detenernos, de modo que el tiempo pase un poco más lentamente y así lo apreciemos más.

Recuerdo demasiado dolorosamente mi lucha con el cumplimiento del sabbat. Los primeros sábados simplemente me quedaba en cama, deprimida y enojada. No podía imaginar qué hacer con todo el día si no escribía, iba de compras, asistía a un evento deportivo de mi hijo, encendia la televisión, etcétera. Me di cuenta de que nuestras vidas estaban totalmente enfocadas en "hacer algo." Siempre compartíamos en familia durante las comidas. Desde que Deryk llegaba a casa hasta que nos acostábamos, era tiempo de familia. No sentíamos que nos hicieran falta ratos de compartir en familia. Lo que nos faltaba era el sentido espiritual. Lentamente, me deshice de la dependencia a las actividades mundanas para asistir a los servicios, leer la Torá y otros escritos religiosos, orar contemplar y relajarme (otra tarea en la cual tenía poca experiencia). Dada mi inclinación natural a ser diligentemente productiva, fue una lucha prescindir de la sensación de estar ocupada, en control y al mando. Descubrí que era una gran bendición darle todo mi tiempo a Dios y a los intereses virtuosos de una forma más piadosa. Al comienzo, descubrí la dicha de parar de trabajar, y puesto que me lo ordenaba Dios, no me quedaba otra que tomarlo con calma. Eso constituyó una liberación psicológica para mí (de nuevo el concepto de libertad de la esclavitud). Lo siguiente era el largo camino hacia la profundización de la espiritualidad—mediante el tiempo asignado exclusivamente para ese propósito. Todavía estoy aprendiendo, y no soy todo lo hábil que debiera ser. Todavía lucho por desprenderme de las frustraciones, disgustos y otras cosas de la semana, pero cumplir con el sabbat me ha transforma do en un ser humano que *aspira* a "caminar por los caminos de Dios."

Tiempo de Re-creación

El sabbat es un día de *re*-creación. El sabbat es el tiempo de re-crearnos a nosotros mismos. Al re-crear el séptimo día de la Creación, regresamos a los humildes comienzos; **fuimos creados del polvo.** Al llenarnos de nuevo del aliento divino que dio vida a Adán (Génesis 2:7), nacemos de nuevo cada semana, apreciando la frescura de cada día con sus oportunidades para crecer de una manera más significativa.

El enfoque judío de celebrar la Creación es importante debido a su mensaje universal. Dios creó todas las cosas y a todas las personas. Adán no era judío. Abraham y Sara son reconocidos como los primeros judíos. Una tradición judía sostiene que Dios hizo a Adán padre de toda la humanidad para que nadie pudiera decir, "Mi papá es mejor que el tuyo." Todos somos hijos de Dios y compartimos nuestra unidad a través de la experiencia de la Creación.

"Vio Dios todo lo que había hecho, y he aquí que todo estaba bien." (Génesis 1:31). Con estas palabras se completó la Creación. Al final de todos los otros días Dios dice del mundo, "era bueno," pero con la adición de la humanidad se volvió "muy bueno." En cada sabbat se nos recuerda nuestro potencial para hacer el bien. Es nuestra recreación en cada sabbat la que nos ayuda a reconocer nuestro papel para traer bondad al mundo. Somos el puente entre lo mundano y lo divino.

¡Pausa!

La meta de abstenerse de trabajar no es solamente por una cuestión física. Hay tantos profesionales que llegan a casa de su trabajo tan solo para *pensar* en su trabajo y *hablar* de él. El sabbat es un tiempo para liberarnos de las cadenas que nos esclavizan al trabajo. En nuestro papel de consejeros, constantemente escuchamos la queja de las parejas de que sus esposos llegan a casa a hablar de lo que ocurrió en la oficina. Si bien es importante compartir lo que ocurrió en el día, a veces la charla sobre la oficina puede ser una indicación de egocentrismo o un sustituto para otras discusiones importantes en casa. El sabbat es el tiempo de hacer una pausa de aquello que nos absorbe durante la semana.

Una buena regla para el sabbat es evitar cualquier charla sobre el trabajo de las personas. No es tiempo de afianzar relaciones profesionales ni de preparar el trabajo de la semana. El sabbat es el *tiempo para encontrarle un significado al momento*.

Tal vez uno sea una de esas personas que siempre tiene una cámara o una filmadora en la mano, que siempre se ocupa de captar el momento para disfrutarlo después. Al mirar a través del lente de la cámara, no experimentamos las realidades de la vida, solamente la imagen de una dimensión. Nos convertimos en observadores, no en participantes. Estamos tan ocupados en captar el momento que a veces no lo vivimos a plenitud. Cumplir con el sabbat nos da la oportunidad de estar en el momento, de apreciar la verdad más profunda de la existencia, y disfrutar una prueba de la eternidad y cada trocito de este día santo.

¿Alguna vez ha visto una obra de teatro o una película y ha estado tan preocupado con otros pensamientos que no ha podido disfrutarlo? ¿Quizás no haya podido hacerle el amor a su cónyuge porque su mente estaba consumida por la preocupación y el trabajo? ¿Ha tratado de deshacerse de los ruegos insistentes de sus hijos que quieren hablarle porque su mente está llena de otros detalles? ¿Acaso no ha tenido tiempo de cuidar su cuerpo y su salud porque está abrumado con compromisos? El sabbat es el tiempo de hacer a un lado todas esas acciones y pensamientos mundanos para poder vivir y apreciar el momento. La experiencia del sabbat es una experiencia enormemente liberadora del temor de no ser productivo. El sabbat es *espíritu* en forma de *tiempo* (Heschel).

Calidad versus Cantidad

Una respuesta a la supuesta crisis de tiempo de la cual se quejan muchas personas ha sido el invento del *tiempo de calidad*. Tiempo de calidad sugiere que cualquier corto período de tiempo designado para otro, generalmente nuestros hijos, puede ser especial simplemente por calificarlo como tal o por concentrar en una persona la atención. Cónyuges, padres, y amigos todos pueden aducir que no pasan suficiente tiempo con la otra persona, pero que la escasa *cantidad* de tiempo se compensa con la *calidad* del tiempo. Aunque el tiempo de calidad puede ser un concepto positivo, deberíamos procurar llevar a nuestra vida todo el tiempo posible de calidad, es problemático porque existe una relación entre el tiempo de calidad y la cantidad de tiempo.

El sabbat cuestiona el concepto del tiempo de calidad. A partir de largas discusiones conmigo, el rabino Vogel le preguntó a su hija de nueve años si ella preferiría tenerlo en casa durante una hora (tiempo de *calidad*) en la cual él no estuviera distraído por ninguna otra ocupación y completamente a su disposición o durante tres horas (*cantidad* de tiempo) durante las cuales él estuviera en su estudio, desde donde la oyera tocar el piano y estuviera disponible para pequeñas interrupciones. Para su sorpresa (y mi reivindicación) ¡ella eligió las tres horas!) Le dijo que le encanta tenerlo en casa aunque no fuera completamente suyo. Ella instintivamente sabía que es muy difícil fabricar momentos de calidad. El tiempo de calidad no ocurre cuando queremos que ocurra, simplemente porque las personas no siempre están listas. Es en la cantidad de tiempo de todo un sabbat compartido que se acumula la mayor cantidad de minutos de calidad. El tiempo de calidad requiere cantidad de tiempo de la misma forma que los ingredientes de la sopa requieren del caldo.

Esta idea es apoyada por Mary, una de mis oyentes: *"Le he oído decir que a usted no le gusta que las personas digan que están muy ocupadas, pero que pasan 'tiempo de calidad' con sus hijos. Yo soy la mamá de mis hijos y si paso tiempo de calidad*

con ellos. No obstante, el tiempo de calidad siempre se presenta
cuando menos lo espero. Generalmente ocurre espontáneamente
(por ejemplo, en un festival de cosquillas antes del cuento) y casi
nunca ocurre durante los veinte minutos que he apartado como
'tiempo de calidad.' Supongo que lo que quiero decir es que sí
creo que existe algo llamado tiempo de calidad, pero no puede
ser forzado ni planeado. Si pasamos ratos muy agradables en
nuestras excursiones y actividades, pero parece ser que la mayor
parte de nuestro tiempo de calidad memorable ocurre cuando
menos lo esperamos."

El concepto de tiempo de calidad ha sido la racionalización de
quienes quieren justificar sus opciones más egocéntricas y a veces
irresponsables, que hacen que otro, generalmente la familia,
tenga que sacrificarse por causa del ego, el estatus, el poder y la
solvencia de quien toma la decisión. Recuerdo la frase que aparecía en casi todas las revistas dirigidas a mujeres que eran a la vez
madres y tenían un empleo (1997): Un psiquiatra de Nueva York
especializado en niños—psiquiatra "infantil" sería más adecuado—¡proclamó que aproximadamente quince minutos al día
de atención y diálogo entre padres e hijos es suficiente! ¡Epa! ¡Me
hizo preguntarme cuántas mujeres habrían aceptado esta teoría
por parte de sus esposos o novios! ¿Hipocresía? No lo dude. ¿La
afirmación políticamente correcta por parte de un profesional
que desea más bien seguir que dirigir? No lo dude.

¡Háblame!

Bien sea un día duro en la oficina o un día duro con los niños,
para cuando llega el final de la tarde, los esposos y las esposas
generalmente quieren y necesitan un rato tranquilo. Es tan fácil
encender el televisor y transformarse en patata de sofá. Las cenas
y las noches pasan rápidamente con la distracción de la televisión. Antes de uno darse cuenta, ya es hora de irse a la cama. La
escasez de diálogo es algo demasiado típico. Con razón las parejas se quejan de que ya no se comunican. La comunicación re-

quiere diálogo, y el verdadero diálogo requiere atención. Nadie puede sostener una charla significativa delante del televisor. Los estéreos personales y los juegos de video, las computadoras y otros juguetes tecnológicos, que se pueden llevar a cualquier parte y, los audífonos, lo pueden aislar a uno del resto del mundo y han disminuido la cantidad de tiempo que pasamos comunicándonos con las personas más importantes de nuestras vidas. El sabbat nos brinda la oportunidad de hacer una pausa de esas actividades que destruyen la conexión y la participación para poder llevar a cabo actividades que promueven compartir y comunicarse.

De manera interesante, toda una nueva categoría de adulterio ha sido creada en el espacio cibernético. He recibido cientos de comunicaciones por fax y docenas de llamadas que han salido al aire, hechas por personas que han perdido la atención y el afecto de sus cónyuges por causa de un amorío cibernético. De alguna forma, las personas encuentran el tiempo para escribir disparates a "amantes" desconocidos pero no les dan un regalo ni les prestan atención a sus parejas. Parecería que muchas personas prefieren la fantasía a una conexión espiritual más profunda. En su mundo de fantasía, todo es como lo quieren—y si falla, simplemente oprima BORRAR. Las relaciones nos ponen a prueba porque requieren sensibilidad, tolerancia y sacrificio. En un día de trabajo en este mundo de carreras locas, centrado en la satisfacción personal, eso requiere un esfuerzo. El sabbat es el plan semanal para la lección que va en pos de que uno aprenda a entregarse a algo de mayor envergadura.

¿Ha Abrazado a sus Hijos Últimamente?

El sabbat proporciona la oportunidad de crear momentos de calidad, ya que todo el tiempo está dedicado a la familia, la comunidad y a Dios. Ya que los padres no están trabajando ni los niños haciendo tareas, sin las distracciones de la televisión o de correr en medio de actividades extracurriculares, el sabbat se vierte sobre la familia para pasar todo el día unidos y compartir los aspectos más importantes de la vida en familia.

No estamos justificando el cumplimiento del sabbat sobre la base de sus beneficios psicológicos e interpersonales evidentes— los cuales, según seguiremos describiendo, son numerosos y profundos. Para el judío, el cumplimiento del sabbat es un mandamiento divino. La mentalidad moderna parece requerir algún tipo de motivación o beneficio concreto para el participante, antes de que una actividad se considere valiosa. Es decir, si no hay una ganancia, ¡sencillamente no lo hacemos! Nos damos cuenta de que la santidad no parece ser demasiado práctica o inmediatamente gratificante, entonces no es tan seductora como comprar el billete de la lotería. Lo que estamos poniendo de relieve es que la santidad, aquellas cosas que se hacen para Dios, también nos otorga enormes beneficios emocionales y espirituales.

Casi todos los padres le han preguntado a un hijo qué hizo en la escuela o durante el día para recibir una respuesta muy explícita

"Nada."

"¿Qué aprendiste?"

"Nada."

Pregunta tras pregunta, lo único que el padre oye es "Nada." En el sabbat, cuando idealmente ya todas las comidas han sido compartidas en familia, y teniendo todo el tiempo del mundo, los padres tienen la oportunidad de hablar de verdad con los hijos y, lo que es más importante, escucharlos. La rutina del sabbat da la oportunidad de establecer una comunicación que, tristemente, seguramente no se logra durante la semana. La práctica y el enfoque del sabbat compartido en familia les da a los padres la oportunidad de convertir la comunicación y el vínculo afectivo en un suceso cotidiano.

Imagine un día en el cual todos los miembros de la familia saben que son la parte más importante en la vida de los demás, porque se regalan tiempo entre todos. Tristemente, hay demasiados padres tan concentrados en sí mismos que sacar un poco de tiempo para prestarles atención a sus hijos y a su familia es percibido como una imposición. Amy Weisberg, una maestra de segundo grado en Los Ángeles, escribió acerca de esto en *Los Angeles Times* (diciembre, 1996). Describía el comportamiento de la mayoría de los padres en una presentación escolar: "Los padres estaban concentrados y escuchaban atentos—hasta que sus hijos terminaban de cantar. A pesar de múltiples ruegos por parte del director, los padres se pararon y se fueron… ¿Cómo pueden los padres afirmar que ponen a sus hijos en primer lugar, y sin embargo no estar dispuestos a dedicar dos horas para asistir al programa completo? Muchos padres hicieron llamadas con sus celulares durante la presentación."

Cuando nuestros hijos ven que les damos tan poco tiempo y atención, que concentramos la mayor parte de la energía y el esfuerzo en el "trabajo"—¿qué pensarán que es lo más importante en la vida para nosotros? ¿Cómo aprenderán acerca del compromiso con las personas por encima de las cosas y del éxito? El tiempo que asignamos a las cosas demuestra su importancia, así como la importancia que tienen para nosotros. Recibo demasiadas llamadas de personas que tienen hijos mayores que no tienen tiempo para ellos. Recuerda la canción "Cat's Cradle"? Cuando el niño se hizo hombre, y el padre quería contar con su tiempo y atención, tenía tan poco tiempo para su padre como su padre había tenido para él. Y así es como sucede.

Los que los Niños Ven, los Niños Hacen

La mayoría de los padres quieren que sus hijos crean en Dios y que sean religiosos, haciendo caso omiso del hecho de que una vida virtuosa requiere más que un discurso; requiere compromiso, sacrificio y tiempo. Como me escribió un oyente mormón: *"La clave está en que nuestros hijos enfoquen los asuntos espirituales tal como lo hacemos nosotros, sus padres. Consideramos sagrado el sabbat. El principio en este caso es apartar un tiempo semanalmente (por lo menos) para el propósito exclusivo de cumplir nuestras obligaciones espirituales con nuestro Creador. Nos reunimos dos noches a la semana con el fin de adorar y estudiar la Biblia. Pasamos la velada en familia asistiendo a nuestras reuniones de culto y aprendemos escuchando con la Biblia en la mano para buscar las referencias de las Escrituras citadas. En todas las ocasiones nos vestimos correctamente, sabiendo que estamos en presencia del más Grandioso Ser del Universo. Al ser esto parte de nuestra rutina semanal, había poca oposición a la hora de asistir. Si el culto es educativo y edificante, entonces ir a la iglesia/la sinagoga/la congregación es un gusto. Los beneficios son obvios incluso para los más pequeños."*

Como evidencia de que estos "hábitos" tienen un impacto a largo plazo, tenemos la carta de Pam: *"Para nosotros, como padres de cinco hijos algunos ya mayorcitos y otros en proceso de crecimiento, conservar el sabbat como un día santo ha sido un gran reto. Con niños activos y un tiempo limitado durante los fines de semana, muchos eventos deportivos interfieren en nuestro tiempo de compartir. Hemos trabajado con ahinco para enseñarles a nuestros hijos la importancia de adorar juntos, en familia, y de pasar el sabbat juntos. Los frutos de nuestros esfuerzos están dando resultado. Nuestros hijos, incluso cuando están lejos, en la universidad, van al culto y hablamos con ellos todos los domingos para que no pierdan contacto con los asuntos familiares. En cuanto a los que viven en casa, habiendo regresado después de graduarse de la universidad, todavía vamos al culto juntos y disfrutamos convirtiendo el domingo en un día para gozar mutuamente de nuestra compañía."*

La Paciencia es una Virtud

La expresión judía del sabbat proporciona un regreso a épocas más simples. Es difícil recordar cómo funcionaba el mundo sin computadoras u otras tecnologías. Los recibos complejos han reemplazado a otros más simples escritos a mano, aunque la mayor parte del tiempo comprar un objeto toma más tiempo que antes. Los fax, los correos electrónicos, los buscapersonas, y los teléfonos celulares han creado un mundo de necesidades inmediatas. "Lo necesito para ayer," lo cual es posible si uno envía un fax desde Europa a los Estados Unidos, y "¡necesito hablar con ella ahora mismo!," son cada vez más comunes.

La virtud de la paciencia es puesta a prueba cada vez que un producto nuevo puede hacer algo más rápidamente. Los negocios tienen mayor conciencia de que queremos las cosas más de prisa. Las televisiones en las salas de espera y las presentaciones de anuncios en los monitores cuando se espera en una fila para entrar a algún lugar sirven para ayudar a que el tiempo pase más de prisa. Últimamente, la noción simple de un tiempo sencillamente tranquilo se ha perdido en medio de la histeria de la estimulación y la información.

El sabbat es un regreso a la virtud de la paciencia, un día en el cual no debemos exigir las cosas con inmediatez. El sabbat es un buen día para estar alejado de las maravillas tecnológicas que nos dan las cosas al instante. Al liberarnos de nuestra dependencia de las máquinas, elevamos la importancia del factor *humano* en la vida.

Respeto por el Trabajo

El aprecio por un día no productivo es predicado de una semana de trabajo: "**Seis días trabajarás y en ellos harás todas tus faenas**" (Éxodo 20:9). Durante la semana emulamos el lado creativo de Dios. Ser trabajadores productivos nos hace sentir bien. Después de un día arduo, incluso el que cava zanjas puede decir, "Hoy hice algo." El programa de televisión *Married with Children* puede ser despectivo con respecto al vendedor de zapatos, pero en verdad cada profesión tiene el potencial de ser un trabajo sagrado. Aparte de la oportunidad de expresar la productividad divina, los valores son demostrados y puestos a prueba en el lugar de trabajo. Bien sea que se trate de un vendedor de zapatos o de un abogado, al adherirse a los valores más elevados de la honestidad y la integridad, una persona puede volver sagrado cualquier tipo de trabajo. ¿Cuántas veces una recepcionista con mal genio, un trabajador deshonesto, o una camarera grosera arruinó nuestro día? La cortesía simple, la honestidad y el buen talante exhibido por profesionales pueden traer bondad al mundo.

Los noticieros están llenas de noticias de empleados deshonestos que les hacen trampas a otros empleados y maltratan a los clientes. Su sentir (y ya sabemos cuán objetivos, racionales y razonables son todos nuestros sentimientos) es que las compañías son muy ricas y que los clientes son exigentes—así que ambos reciben lo que se merecen. Las personas racionalizan o justifican su comportamiento diciendo que merecen más. Este autoproclamado derecho se basa en la cólera, la codicia, la frustración y la pereza—obviamente una mala actitud. Su mentalidad pretende convertir el crimen de robar y comportarse mal en acciones correctas. Los trabajadores que se comportan de forma ética, honesta y con decencia, traen bondad al mundo.

Todas las personas necesitan regresar a la ética de trabajo que una vez existió en nuestro país, cuando los individuos y las compañías estaban interesados en proporcionar productos y servicios de calidad. Seis días de Creación, llenos de una destreza de la cual Dios se sintió orgulloso (“...y vio Dios que era bueno...”) deberían servir como modelos para nuestros esfuerzos durante la semana de trabajo. El sabbat es la culminación de una semana productiva, la falta de productividad puede ser apreciada solamente cuando es precedida por la creatividad.

Respeto por el Trabajo de los Demás

“**Guardarás el día del sabbat...ninguna obra harás tú...ni tu siervo, ni tu sierva... ni ningún animal tuyo ni el extranjero que está dentro de tus puertas.**” Todo el mundo merece un día de descanso, hasta el sirviente. Vivimos en una sociedad que tiende a desvalorizar ciertos tipos de trabajadores. Desde los empleados de las cadenas de comida rápida hasta los abogados, los chistes abundan para cierto tipo de profesiones. Si el valor de la persona es inferido en parte por su profesión, entonces deberíamos respetar toda clase de trabajo. Cualquiera que esté dispuesto a trabajar, en cualquier clase de trabajo, lleva la vida productiva que Dios quería que tuviéramos.

Recibo tantas llamadas en mi programa radial, especialmente de los hombres, quienes imaginan que en esta cultura materialista, el dinero y la propiedad son suficientes para convertirlo a uno en verdadero padre o cónyuge. "Pero," dicen tartamudeando, "si los dos no trabajáramos/si yo no aceptara este trabajo que me hará viajar todo el tiempo y me alejará de mi familia/sin esta cantidad de reuniones, no podría proveer todos los lujos y las cosas que quieren los niños."

En primer lugar, los niños son naturalmente consumidores perpetuos que no hacen distinciones. Si lo único que hacemos es proveer cada uno de sus caprichos y deseos, entonces los educamos para ser tomadores, consumidores y egoístas no creadores. Cuando estamos trabajando por ellos, vemos su futuro solamente en términos físicos. Necesitamos estar presentes para nutrir su mente y su espíritu; necesitamos estar presentes para dirigir y orientar su ética y sus valores; necesitamos estar presentes para amarlos y abrazarlos; necesitamos estar presentes sencillamente porque nos necesitan.

No tiene nada de de malo acumular bienes y darse gustos, excepto cuando la búsqueda de estas riquezas reemplaza el deseo de enriquecer el espíritu, la conciencia, el amor, la vinculación entre familia y amigos y un fuerte sentido moral, y cuando ninguno de estos gustos o bienes se utilizan con compasión para beneficiar a las personas verdaderamente necesitadas.

Espíritu Comunitario

La mayoría de las corrientes religiosas se reúnen en el sabbat para orar en comunidad, y se concentran en la importancia de la comunidad en la vida social y espiritual de las personas. Los valores de la comunidad se enseñan y se refuerzan a través de esta experiencia compartida.

Muchas personas que se consideran religiosas sienten que pueden ser religiosas y/o sentir la presencia de Dios sin asistir a un culto comunitario. Es absolutamente cierto que los momentos de oración, estudio y contemplación en privado son medios significativos y esenciales de la espiritualidad. Aunque la adoración solitaria es importante, no debe excluir la importancia de las experiencias religiosas comunitarias, que nos recuerdan que, por muy importante que sea sentir la presencia de Dios en nuestra vida, hacer sentir la presencia de Dios en el mundo es todavía más importante.

Es mucho más fácil ser solitarios que formar parte de un grupo que nos recuerde la responsabilidad que debemos tener como miembros de un grupo. Tan pronto uno se percibe como parte de una comunidad, todo egocentrismo, que se ocupa solamente de sí mismo, es desterrado. Cuando se funciona dentro de un grupo, uno recuerda la necesidad de interesarse y de actuar en pro del bienestar de otros. Sin ese detalle, la espiritualidad se convierte en sí misma en un callejón sin salida y deja de ser un factor de motivación para traer bondad al mundo y hacer el bien en el mundo.

Cuando Dios vio que Adán estaba solo, creó a Eva. Incluso con la majestad del nuevo mundo, Adán necesitaba alguien con quién compartir la totalidad de la Creación. El sabbat, como re-creación de la Creación, se vive más plenamente en compañía de otras personas.

En la tradición judía, ciertas oraciones, así como la lectura pública de la Torá, no están permitidos sin que haya un quórum de oración de diez personas, lo cual se llama *minyan*. La base de este requerimiento de que haya un mínimo de personas para ciertas oraciones proviene de Levítico 22:32: **"...para que Yo sea santificado en medio de los israelitas..."** lo cual sugiere que la santificación del nombre de Dios es una obligación pública. Este concepto lleva en sí claramente el potencial para desarrollar fuertes relaciones interpersonales e ideales sociales, para desarrollar una comunidad que se ayuda mutuamente y que es consciente de la responsabilidad hacia sus propios miembros y hacia toda la humanidad. La adoración en comunidad es un antídoto al egocentrismo.

Juan Calvino, basado en cuyos escritos John Knox estableció el presbiterianismo, creía que la oración ideal del sabbat no era personal sino comunitaria, porque esta oración requiere de una profesión pública de la fe. Así que, para ambas comunidades de fe, el sabbat adquiere plenitud a través de la comunidad. La oración comunitaria del sabbat también ofrece un antídoto al mal de la soledad.

La Naturaleza no Manda

El sabbat un tiempo en el cual damos un paso atrás y admiramos la naturaleza en lugar de tratar de descubrir cómo cambiarla. La verdad es que vivimos en un mundo que tiende a hacer a la naturaleza peor y no mejor, y el sabbat nos recuerda que nuestra directiva divina es darnos cuenta de nuestra interdependencia con la naturaleza y respetarla.

Las culturas primitivas de hecho adoraban a la naturaleza directamente. Eso, desde luego, era un intento del hombre por controlar a la naturaleza: terremotos, inundaciones, huracanes, sequías, tornados, y otros, desastres naturales por el estilo causaban gran destrucción y sufrimiento. Asignarles dioses a estas fuerzas e intentar apaciguarlas u obligarlas a hacer lo que el hombre pedía, era el esfuerzo del hombre por fingir que tenía poder y conocimiento en medio de una gran ignorancia e impotencia frente a la naturaleza. Incluso nuestros ancestros bíblicos creían que el comportamiento humano era causado por sucesos naturales importantes. **"Si cumplís los mandamientos que Yo os prescribo hoy, amando al Señor vuestro Dios y sirviéndole con todo vuestro corazón y toda vuestra alma, yo daré a vuestra tierra la**

lluvia a su tiempo..." (Deuteronomio 11:13–14). Ciertamente, muchos fundamentalistas religiosos contemporáneos exclaman "¡Retribución!," cuando los elementos de la naturaleza ocasionan destrozos.

En última instancia, se trata del anhelo del hombre por encontrar una relación entre el comportamiento y la supervivencia. Piense en las ocasiones en las que se ha sentido impotente, vulnerable y frustrado, cuando los sucesos a su alrededor, procedentes del hombre o de la naturaleza, se convirtieron en una amenaza. Se sentía asustado, enojado y desesperado. El hombre antiguo se dirigía a los dioses para que intercedieran con los dioses imaginarios que causaban su desolación.

Si bien es tentador pensar que Dios es apenas el presentador del circo de todos los dioses (oren y/o prometan y Él hará lo que usted le pide), es más sabio mirar las cosas en un nivel más profundo y filosófico. Lo que este Dios nos estaba diciendo es que el comportamiento importa desde un punto de vista espiritual, incluso si uno no recibe una recompensa o un alivio inmediato y concreto. (¿Realmente quiere ser el pollo que picotea el botón buscando el trozo de maíz?)

Quizás una perspectiva más razonable que la simple retribución divina, sería apreciar que Dios creó el universo y los fenómenos físicos como el viento, las placas tectónicas que se desplazan y las mareas—para mencionar solamente unos cuantos. En lugar de culpar a Dios por el dolor y la pérdida después de un terremoto, tal vez deberíamos pensar en no vivir sobre una falla o construir lugares seguros una vez que la tecnología nos ha mostrado cómo se puede mejorar la construcción. Ciertamente, aun si Dios estuviese coordinando ciertos sucesos naturales, es en nuestra respuesta a estos fenómenos físicos que demostramos nuestro buen juicio y la conciencia. Por ejemplo, a veces es difícil comprender por qué las personas construyen casas en las colinas de Malibú, propensas a los incendios, o en las playas de Malibú. Ciertamente, no podemos decir que la pérdida de estas casas sea un acto de Dios cuando hemos hecho apuestas arriesgadas.

No tenemos que correr, escondernos, evitar o darnos por vencidos. Podemos utilizar los recursos dados por Dios para construir diques, zonas de contención del agua o el fuego y demás. Podemos tratar de controlarnos respetando el hecho de que, si bien Dios nos dio dominio sobre la naturaleza, espera que nosotros la cuidemos, no que la agotemos o la destruyamos para beneficio propio.

Respeto por la Libertad e Igualdad Humana

El sabbat es un tiempo de Creación, Éxodo, y redención, y sirve para recordar que la igualdad y la libertad forman parte del plan divino. Aunque la Biblia reconoce la realidad de la esclavitud, no lo hace bajo la usual perspectiva universal de la esclavitud, especialmente aquella que se encuentra en los inicios de los Estados Unidos de América. La Biblia Hebrea, con sus leyes estrictas que protegen a los siervos (esclavos), es el primer documento en conceder derechos y privilegios a esos esclavos; un hecho que muchos teólogos creen que estableció el camino para la abolición definitiva de la esclavitud. La importancia de esta conclusión parece obvia a partir de ciertos pasajes como, **"Si uno salta de un golpe un ojo a su esclavo o a su esclava, le dará la libertad en compensación del ojo perdido. Si le rompe un diente, le dará la libertad en compensación del diente perdido"** (Éxodo 21:26–27). El significado en este caso es que al amo no se le permite hacerle daño a su "esclavo"—y que cualquier daño que se le cause será compensado con la libertad.

De hecho, Levítico 25:10 describe el plan de Dios para cuando los israelitas cuando llegaran a la Tierra Prometida: **"Declararéis santo el año cincuenta y proclamaréis la liberación a todos los habitantes de la tierra…"** Este pasaje posterior y bien conocido de las Sagradas Escrituras Hebreas es lo que está grabado en la Campana de la Libertad Americana.

El judaísmo siempre ha rechazado todas las ideologías de casta y raza del mundo antiguo que discriminaban a las personas. La noción de "pueblo escogido" no se refiere a una convicción de superioridad, perfección o divinidad. La frase se refiere solamente a la aceptación de la responsabilidad de servir a Dios como "nación de sacerdotes" y una "luz para las naciones," como el pueblo mediante cuyas acciones el carácter de Dios sería demostrado en la tierra. Cualquier noción de perfección moral implícita se desvanece rápidamente una vez que uno lee los reclamos y frustraciones de los Profetas sobre cuán humano era el pueblo escogido, y hasta qué punto era necesario recordarles las cosas. La reacción casi universalmente hostil hacia la presentación que hacen los hebreos de Dios y de los ideales de Dios a los mundos de la antigüedad que estaban en desarrollo, ciertamente hacen que el título de "elegidos" no parezca una bendición. Aunque puede parecer asombroso que los principios de amor, bondad, obligación, responsabilidad, ética y demás pudieran encontrar tal resistencia, hay que recordar que, para este Dios, todas las personas eran Sus hijos, lo cual destruía las ideas de raza, casta, reyes-dios, y títulos a los cuales muchas culturas se adherían.

El judaísmo era esencialmente una fe democrática, la religión de un pueblo. "Hitler, cuyo odio a la libertad y a la democracia era sobrepasado únicamente por su odio a los judíos, en algún momento dijo: 'La democracia es fundamentalmente judía, no germánica' " (Abba Hillel Silver, *Where Judaism Differs,* Collier Books, 1956).

El sabbat como mandamiento fue dado por Dios a los israelitas como una forma de recordarles que los había liberado de la esclavitud—y para recordarles a Dios y la santidad de la libertad humana.

Un Día de Oración y Estudio

El sabbat nos proporciona un día de actividad sin prisa en el cual los individuos no pueden decir "No tengo tiempo para orar o estudiar porque tengo otras cosas que hacer." La oración e incluso el estudio son formas de experimentar a Dios, pero las personas buscan excusas, especialmente acerca de por qué no asisten a los servicios. Algunas personas se quejan de que los servicios no son lo suficientemente emocionantes. Para algunas personas, por maravillosos que sean los servicios, nunca lo serán tanto como para asistir en forma regular. Las razones esgrimidas para no asistir a los servicios son solamente excusas. Al igual que en muchos otros aspectos de la vida, las excusas son a menudo subterfugios para la pereza y la indiferencia.

Inmediatamente después de mi fase de enamoramiento, descubrí que me resultaba difícil la rutina de asistir a lo servicios del sabbat. En lugar de sentirme conmovida, me sentía limitada y lo percibía como una imposición. Miraba el reloj, orando más por la llegada de la hora del almuerzo que por el esclarecimiento. Me di cuenta de que me estaba resistiendo el varios niveles porque me resultaba difícil.

1. Dejar de pensar, preocuparme, planear y hacer cosas mundanas y cotidianas, desde el trabajo y el entretenimiento, hasta problemas personales.

2. Hacer a un lado pequeños problemas, frustraciones y molestias.

3. Concentrarme solamente en ideas, pensamientos y sentimientos espirituales (por causa de 1 y 2).

4. Entregarme a asuntos piadosos, prestando atención a Dios y a la virtud (soy el tipo de mujer que gusta de estar en control).

5. Sentarme quieta.

6. Prescindir de actividades a las que me había acostumbrado (grandes desayunos, leer muchos periódicos, subrayar y recortar los artículos de interés para referencias futuras).

No obstante, especialmente cuando el rabino Vogel instituyó un almuerzo bufé servicio después del servicio (kiddush) que nos permitía sentarnos a comer y discutir sobre el pasaje bíblico del sermón del rabino (lo siento R.V.), empecé a sentir que una nueva rutina entraba en juego, con sus propias cualidades y beneficios. Adicionalmente, me doy cuenta de que sin la disciplina del servicio y el estudio, no le estaría dando a mi hijo el ejemplo de la clase de respeto por la espiritualidad que espero siempre guarde como un tesoro.

El sabbat debería ser un tiempo especial para estudiar. Dios dotó a los humanos de inteligencia. Cuando no estamos estudiando, negamos este componente de nuestra esencia divina. Adicionalmente, los padres deben servir como modelos para sus hijos en el sentido de demostrar que aprender no es solamente una aflicción de la infancia que se curará después de la graduación. Es apropiado estudiar la Biblia y otros libros religiosos durante toda la vida.

Yo No Soy Dios

Un día a la semana, el sabbat nos recuerda que el trabajo y el mundo pueden prescindir de nosotros, pero *no* la familia, ni la comunidad ni Dios. Empezamos a pensar que somos como dioses y debemos recordarnos a nosotros mismos nuestro propio significado.

La experiencia del sabbat está destinada para ejercer una influencia sobre nuestras creencias y comportamientos cuando regresamos al trabajo. El sabbat nos recuerda tomarnos a nosotros mismos muy seriamente, pero no tanto que pensemos que somos Dios. En un mundo en el cual juzgamos a las personas por lo que han hecho, deberíamos aprender del sabbat a juzgarlos por lo que son.

Nos percibimos durante la semana como omnipotentes. A través de nuestras habilidades creativas, emulamos a Dios. Una vez a la semana debemos redefinir nuestra esencia. Pasamos la semana tratando de comprender los misterios del universo a través de la ciencia. Llevamos a cabo nuevas proezas en ingeniería, descubrimos los misterios del átomo, y buscamos en los cielos y en la tierra las señales de vida. En el sabbat buscamos la esencia de Dios. El sabbat es el antídoto para la idolatría. Ese día se nos recuerda que Dios es Dios.

Durante la semana muchas veces estamos demasiado ocupados para considerar asuntos de Dios y de la vida. Nos enredamos en hacer y en pensar solamente en aquello que tenemos pendiente. En el sabbat, sentados en el servicio de adoración o alrededor de una cena relajada, cuando nadie sale corriendo para la siguiente actividad, experimentamos momentos significativos de pensar en Dios y de hablar con la familia.

Para el rabino Vogel, los servicios son una forma maravillosa de dejar su mentalidad racional utilizada durante la semana para explorar las posibilidades ilimitadas de lo que Dios significa para él. En lugar de aceptar el dogma, reflexiona sobre asuntos como el alma y la vida después de la muerte y se hace preguntas por el estilo de, "Si Dios bendice mi vida, ¿también es responsable por las cosas malas?" En la santidad y serenidad especial de los servicios del sabbat, siempre se siente más cerca de Dios.

Al igual que las estrellas que son difíciles de ver en la noche cuando se está en una ciudad con muchas luces, pero que pueden verse en toda su magnificencia en el campo, espiritualmente dejamos a un lado la agitada vida de la ciudad en el sabbat y la remplazamos por la serenidad del campo (la sinagoga), donde tendremos mejores probabilidades de experimentar la presencia de Dios.

El Aprecio por la Vida

El judaísmo y el cristianismo tienen oraciones para demostrar nuestro aprecio por el simple hecho de estar vivos. En la noche, muchos niños cristianos oran diciendo: "Dame, Oh Dios, tu bendición, antes de entregarme al sueño, y de todos los que yo amo, cuida tú mientras yo duermo, por mi padre, por mi madre, por mis hermanos te ruego, que los guardes largos años en salud fuerza y contento. Dales consuelo a los tristes, y remedio a los enfermos, pan al menesteroso, y al huérfano amparo y techo, que te bendigamos todos, por tanto que te debemos, y que al dormir el sueño último, despertemos en tu seno." Una oración judía equivalente que se recita en la mañana al despertar es: "Gracias te doy Señor, Rey del Universo, porque me has devuelto mi alma llena de compasión; grande es Tu fidelidad." Ambas oraciones reconocen el don de la vida y demuestran un aprecio por la importancia de cada día.

El sexto día de la Creación fue muy atareado. El primer sabbat fue el primer día de vida *completo* para Adán y Eva. Marcó la primera vez que se acostaron a dormir y que se despertaron, a diferencia de la mosca que vive solamente un día, con el descubrimiento de que contaban con un mañana. ¡Descubrieron que la vida continuaba! Cada sabbat, al igual que en el primero, debemos despertarnos con un profundo aprecio de lo que significa despertar para vivir otro día.

El Día Ideal

Si el sabbat constituye en este mundo una prueba del mundo que vendrá, entonces es hora de demostrar nuestros más altos valores. Aunque es difícil actuar *siempre* virtuosamente, al hacer a un lado muchas de las fuerzas que nos hacen responder con enojo, resentimiento, mezquindad y otras actitudes bajas, durante el sabbat reconocemos el potencial que tenemos. Aprendemos que podemos controlar estas respuestas tan bajas y volvernos mejores personas.

El sabbat es también el día perfecto para superar nuestros vicios. Bien sea el cigarrillo, el alcohol en exceso, o el juego, el sabbat nos ofrece la oportunidad de demostrar que tenemos la capacidad de controlar nuestros deseos.

Aparte de abstenernos de participar en actividades que no son admirables, el sabbat también nos proporciona la oportunidad de lograr una mayor santidad en la forma como actuamos hacia las personas y como les hablamos. Al hablar de cosas santas, al hablar sobre Dios, sobre mejorar el mundo, y hablar bien de los demás, podemos aumentar la santidad del día.

La meta no es solamente vivir estos valores una vez a la semana sino llevarlos a nuestra vida diaria. Cada vez que vivimos un día dedicado a la santidad, tenemos la oportunidad de que el efecto residual mejore nuestra vida diaria. No hay duda de que el cumplimiento del sabbat ha enriquecido nuestras vidas. Es nuestra meta traer el sueño del sabbat a la realidad de cada día.

El sabbat *no* se trata solamente de hacer una pausa; es también un tiempo sagrado. "¿Qué es lo que tiene tan luminoso este día? ¿Qué tiene tan precioso que cautiva los corazones? Es porque el día séptimo es una mina en la cual se encuentra el metal precioso del espíritu con el que se construye el palacio del tiempo, una dimensión en la cual el ser humano se siente en casa con lo divino; una dimensión en la cual el hombre aspira a acercarse a lo divino" (Abraham Joshua Heschel, *The sabbat,* The Noonday Press, 1951).

5

El Quinto Mandamiento

"Honra a tu padre y a tu madre, como YHWH tu Dios
te ha mandado, para que sean prolongados tus días,
y para que te vaya bien sobre la tierra que
El Señor tu Dios te da."

No me "Faltes" a Mí

Todas las generaciones se quejan de que la juventud de su generación es poco respetuosa. Las preocupaciones de los profesores en las generaciones anteriores tenían que ver con que los muchachos mascaban goma, hablaban y sometían a los nuevos estudiantes a rituales; ahora tienen que ver con cuchillos, masacres con armas de fuego y drogas. Aunque en las generaciones anteriores hubo muchachos rebeldes, los años noventa representaron una época en la cual faltar el respeto se convirtió en un pasatiempo nacional.

Beavis and Butt-head, South Park, y los adolescentes sexualmente activos de programas como *Dawson's Creek* se han convertido en modelos de los medios para los jóvenes de hoy, ubicándose bien lejos del otro *Beaver,* el de la serie de televisión *Leave it to Beaver,* quien siempre fue respetuoso y generalmente tenía el corazón bien puesto, aunque muchas veces se metía en toda clase de problemas de índole bastante inocente según los estándares de hoy.

Los padres tienden a culpar a los hijos y a la sociedad. Los niños culpan a sus padres y a la sociedad. Sin asumir ninguna responsabilidad, la sociedad se culpa sí misma o a la genética o a la televisión o al cine o la música. Sinceramente creo que están todos conectados entre sí.

¿Quién Tiene la Culpa?

Es fácil para los padres señalar con el dedo a la sociedad, porque los libera de responsabilidades. Esto no quiere decir que las influencias externas sean irrelevantes. Son incontables los padres que me escriben y me llaman para expresar su frustración porque los valores y las reglas que ellos intentan enseñarles a sus hijos son socavados por la ausencia general de conformidad de la sociedad con sus esfuerzos y por la falta de respeto por estos. Por ejemplo, más de uno de los padres ha expresado que se siente "estúpido" o "impotente" por prohibir que los adolescentes consuman alcohol en una fiesta en su casa, o por prohibir reuniones mixtas a dormir, o que se queden fuera de casa sin supervisión en hoteles después de fiestas, o que salgan en plan romántico a los trece o catorce años, que se queden a dormir en casa del novio o la novia, y más. Estos padres se asombran por la falta actual de valores en cuando a lo que es correcto, permisible, saludable, apropiado, o moral.

Los programas de televisión que presentan un comportamiento sexual inmoral entre adultos, entre niños y entre adultos y niños, sin juicio alguno, ahora son algo común en comedias y en melodramas para los niños *(Friends, Dawson's Creek* e incluso *Buffy, the Vampire Slayer).* Me sorprende que los productores y distribuidores de programas de televisión y de películas nieguen el impacto mental de estos platillos. Si se invierten millones de dólares en anuncios de treinta segundos que están orientados a influir sobre nosotros para que compremos un determinado producto, ¿cómo puede alguien argumentar sin sonrojarse que horas de programas y anuncios orientados especialmente a los adolescentes no tienen ninguna influencia? Desde luego que la televisión se puede apagar, pero es la naturaleza de los niños, que están en proceso de identificarse con sus iguales la que hace que se sientan atraídos hacia lo que se considera de moda, lo que hace que se sientan importantes y lo cual es una de las luchas más duras de la adolescencia.

Sin embargo, la sociedad importa. Y los padres forman parte de esa sociedad—no solamente los padres de un determinado niño, sino lo que todos los niños ven que los padres hacen. Lo más frecuente es que los padres no sean conscientes del ejemplo que dan a sus hijos. Los padres escuchan a su hijo pequeño decir "maldita sea" o cualquier otra expresión peor y se preguntan dónde aprendió a expresarse así y resulta ser que lo aprendió de ellos. ¡Y esa es la parte más insiginificante del problema! En el transcurso de más o menos un cuarto de siglo de estar en la radio y de hablar con personas en toda Norteamérica, me ha llamado la atención los cambios, la virtual epidemia de mal comportamiento por parte de los padres: divorcio, amoríos, parejas múltiples, mujeres que tienen varios hijos de diversos hombres que generalmente no participan en sus vidas alcohol, drogas, abandono y maltrato. No es que haya mucho en esto para honrar y respetar. Todavía no logro dar crédito a una llamada que recibí por parte de una madre soltera de una niña de diez años, que tenía una relación con un hombre que tenía una hija de veinte años, y cuya pregunta para mí tenía que ver con su irritación ante la forma de vida aparentemente promiscua de esa muchacha de veinte años. ¡Era increíble que no pudiera ver el paralelo!

Pero si Soy un Padre/Madre Muy Ocupado/a

"Incúlcaselas a tus hijos y repíteselas cuando estés en casa..."
(Deuteronomio 6:7) es la instrucción bíblica para que los padres
les enseñen los mandamientos a los hijos, incluyendo aquellos
que se concentran en moralidad y ética. Muchos padres están
demasiado ocupados para criar en absoluto, así que se contentan
con ser los amigazos de sus hijos. Olvidan su responsabilidad de
enseñarles. En hebreo, la palabra *horim*, "padres," está relacionada con la palabra *moreh* "maestro." Los padres son maestros
de la fe y la moralidad. Lo que Dios es para el mundo, son los
padres para los hijos. Desafortunadamente, algunos padres se
concentran tanto en el aspecto de la amistad o de su propia conveniencia, comodidad, satisfacción personal, felicidad o vida
amorosa, que olvidan que su trabajo es ayudar a moldear el carácter moral para que sus hijos tengan la fortaleza de hacer lo
correcto en un mundo que a veces los anima a hacer otra cosa.
Culpan a las escuelas, pero lo único que pueden hacer estas es
reforzar los valores que se les enseñan en casa a los niños. Si en
casa no hay modelos de comportamiento ético, la escuela no
tiene nada que reforzar.

Kim, una maestra, hacía énfasis en este asunto en un correo
que me envió: *"El padre de uno de mis alumnos de quinto grado
me acaba de preguntar si nosotros les enseñamos a obedecer/res-
petar a los padres. Le respondí que me esmero en ayudar a los
estudiantes a ver la forma en que deben escuchar, obedecer y respetar a sus padres, pero en mis diez años de enseñanza, siento
que el respeto de los niños por los padres no ha hecho otra cosa
que decrecer. Trato de explicarlo en la misma forma en que ex-
plico mis materias: trabajo arduamente para decidir qué es lo
mejor, y cada lección o actividad que hago tiene como último fin
ayudarles a ser mejores estudiantes y personas. Pero muchas
veces tampoco me escuchan. Me pregunto si cuando son irrespe-
tuosos, sus padres, o incluso su maestra, yo, fallamos en tomar
las medidas necesarias cuando esto sucede. Mi esposo y yo traba-*

*jamos con esmero para disciplinar a nuestros dos hijos con fir-
meza en cuanto al respeto, aunque apenas caminan. Si dicen 'no'
o responden con altanería, se les retiran privilegios como la televisión o los juguetes y deben irse a un lugar apartado a hacer una
pausa. También trato de dar el ejemplo honrando a mis padres,
permitiendo que mis hijos e incluso mis estudiantes me vean escribir notas de agradecimiento cuando mis padres han hecho
algo amable. Temo que muchos de mis estudiantes no le 'temen'
a la desaprobación o a decepcionar a los padres como temía yo
de niña."*

Tiene razón. Como me escribió William: *"Nuestra cultura parece empeñada en enseñarnos a deshonrar y despreciar a nuestros padres. La televisión y las películas están llenas de ejemplos
de niños que quieren ser más astutos que sus padres, y de personas mayores inflexibles y estúpidas. Es fácil caer en estas actitudes poco santas."*

Sin respeto e incluso temor a la desaprobación de los padres, y
de todos los adultos, y a la autoridad, nuestros hijos se pierden en
el caos moral y emocional de una cultura como la de la novela *El
señor de las moscas,* la cual construyen a partir de sus deseos e
impulsos descontrolados, decisiones y reacciones inmaduras; es
decir, ceden a la naturaleza animal innata que todavía no ha sido
afinada mediante el entrenamiento, el aprendizaje y la reverencia
hacia algo superior a sí mismos para convertirse en una humanidad honorable.

En Proverbios 13:24 y 22:15 se nos advierte acerca de esta
falta de disciplina por parte de los padres: **"El que no usa la vara,
odia a su hijo pero el que lo ama le prodiga la corrección,"** y **"La
necedad va ligada al corazón del niño pero la vara de la corrección la aleja de él."** Estas palabras no son necesariamente una
receta para dar golpizas sino una forma de recordarle a los padres la necesidad de enseñar disciplina, lo cual requiere instrucción, refuerzo, y castigo—todo como parte de las amorosas
obligaciones de los padres.

La carta de Sabra demuestra la profunda comprensión de un

padre por la necesidad de enseñarles a los hijos a distinguir el
bien del mal: *"Aunque honrar a padre y madre es la responsabilidad del niño, es la responsabilidad de los padres EXIGIR (nota
mía: "exigirla" incluye dar el ejemplo) ese nivel de respeto por
parte de los niños. Como madre sin pareja de tres varones, tengo
que recordarme a mí misma todo el tiempo que son inmaduros
(10, 8 y 7) y que yo tengo una responsabilidad enorme en cuanto
a establecer límites claros y justos y a exigirles que me respeten.
Anticipo que eso resultará en que me honrarán el resto de su
vida. No podría esperar que me honraran si yo no cumpliera primero mi responsabilidad de enseñarles a hacerlo."*

¿Quién Tiene los Valores Correctos?

El currículo de valores que fue popular en las escuelas hace uno o
dos decenios preguntaba a los estudiantes qué opinaban sobre
ciertas situaciones éticas y morales. Era un intento por hacer énfasis en la importancia de los valores a la hora de tomar decisiones. El único problema era que los profesores no podían decirles
a los niños si estaban en lo correcto o no lo estaban. Si Johnny
decía, "Les mentí a mis padres sobre lo de robarme el dinero," el
profesor podía hacerle preguntas para aclarar su criterio: "¿Por
qué lo robaste?" "¿Cómo te sentiste cuando lo robaste?" "¿Lo
harías otra vez?" A los maestros se les prohibía decirle a Johnny
que mentir está mal. El impacto desastroso de los años sesenta
desembocó en una tendencia de "armar sobre la marcha" en
cuanto a obligaciones y responsabilidades hacia los demás en la
cual "el individualismo" era el valor más elevado, así como la
noción de lo correcto y lo incorrecto era algo subjetivo. Esto dio
pie al sueño de todo niño: eliminar el temor a ser juzgado y castigado. Los más altos valores se concentraban en el individuo y su
gratificación, su comodidad y su glorificación "¿Y quién es quién
para decir qué está bien y qué está mal"?, era la frase común.
"Cada uno en lo suyo."

Me pregunto si esa mentalidad habría sido tan estimada si esos

pensadores de la Nueva Era se despertaran una mañana en Argelia, donde las mujeres son asesinadas en la calle por dejarse ver la
cabeza, o en muchas partes de África donde la esclavitud y la
mutilación genital externa son prácticas comunes en las niñas.
Esgrimir una moralidad subjetiva tiene escaso sentido cuando
uno está a salvo en un país donde la ley imperante lo protege
contra quienes harían cosas objectivamente inmorales con el permiso de su propio sistema de valores personalizado.

Dios es el Medidor de la Moralidad

El siguiente nivel de racionalización es muchas veces que no
puede haber moralidad objectiva porque ¿a quién le corresponde
decir quién tiene la mejor moralidad o cuál es la correcta? Me
encontré con este reto en una entrevista en una programa televisivo de Canadá. Me pareció simpático que la presentadora del
programa me retara diciendo que yo tenía un programa radial
sobre salud moral y que yo personalmente decidía qué estaba
bien y qué no. Finalmente me atacó con, "¿Y quién se murió y la
nombró Dios?" Sobra decir que me quedé perpleja. Respondí,
"A lo largo de la historia, y según se relata en las Sagradas Escrituras, ha habido muchas personas que proclaman la palabra de
Dios. Y yo, al igual que muchos otros que igualmente lo hacen
creo haber inventado la 'rueda moral' por llamarlo de alguna
forma."

Lo que resulta interesante en esta discusión es que la persona
que me retaba inevitablemente intentará negar a Dios o la importancia de Dios en los años noventa. Lo cual me recuerda una
vieja historia judía que una vez leí. Un rabino se sentó al lado de
un ateo en un avión. Cada cierto tiempo, uno de los hijos o nietos
del rabino le preguntaba qué se le ofrecía en cuanto a comida,
bebida y comodidad. el ateo comentó, "El respeto que le demuestran sus hijos y nietos es maravilloso. Los míos no me respetan de
esta forma." El rabino respondió "Piense en esto: para mis hijos
y mis nietos, yo formo parte de una cadena de tradición, un paso

más cerca al tiempo en el cual Dios le habló a todo el pueblo judío en el monte Sinaí. Para sus hijos y nietos, usted está un paso más cerca de ser un mono."

Y este es uno de los puntos principales de este capítulo. Los padres y los hijos, ambos, necesitan reconocer que forman parte de una cadena que lleva directo a Dios, el Máximo Creador del universo, de quien todos dependemos y a quien todos agradecemos. Esto está bien lejos de la calcomanía para el auto que dice, "Pórtese bien con sus hijos, ellos eligen el hogar geriátrico," o "Da gusto a tu padre y a tu madre, pues todavía no han escrito su testamento."

Mi Hijo, *Mi Yo*

En lugar de ser ejemplos morales, vivimos en una sociedad en la cual muchos padres renuncian a su papel de padres y a veces tratan a sus hijos como realeza, dotándolos de infalibilidad papal. Se toman en cuenta a los niños primero que a los adultos, incluso si se trata de los profesores porque "claro, que mi hijo nunca mentiría." Reconocer que el niño realmente "se comportó mal" sería enfrentarse a las deficiencias en su forma de educar, en su disponibilidad, en su compromiso y quedaría expuesto a las circunstancias. Además, la "generación individualista" muchas veces percibe a los niños como meras extensiones de sus egos y se defiende contra cualquier asalto a su autoestima.

El rabino Vogel una vez recibió en su despacho a un niño de doce años y a sus padres debido a un altercado del niño y un amigo contra otro niño, al que habían agredido. El niño presentó una versión del incidente en la cual él quedaba libre de culpa y que contradecía la de su amigo, quien admitía su culpa y corroboraba la historia. En vista de que el niño seguía negando su culpabilidad y los padres defendiéndolo, el rabino Vogel les preguntó a los padres, "¿Y qué me dicen de las seis otras personas que me han contado una historia diferente?" Le respondieron, "Deben estar mintiendo porque nuestro hijo no mentiría." Este niño está aprendiendo de sus padres que su versión de una mentira se convierte en la verdad.

Una vez que la defensa del ego se convierte en el primer objetivo de los padres, entonces algunos padres intentan proteger a sus hijos de las consecuencias de sus malos actos, para evitar verse o sentirse mal debido a los enredos que los hijos arman en sus vidas. Sus niños deben ser reconocidos y triunfar igual que los demás o quedarán emocionalmente marcados de por vida. ¿Qué cosa! Los premios a la excelencia son cada vez menos comunes en las escuelas, e incluso los estudiantes más destacados por su buen rendimiento, se están extinguiendo, debido a no querer hacer distinciones entre los niños. Los padres y las escuelas acaban retirando las recompensas y los incentivos a la excelencia. Lograremos una sociedad en la cual nadie tenga que superarse ni moral ni académicamente porque todo el mundo es igual, haga lo que haga.

Otra tendencia paralela en la búsqueda de conservar y proteger la autoestima es darle a todo el mundo una recompensa. Creo que a todos los niños se les debe dar apoyo y se les debe hacer cumplidos adecuados por sus esfuerzos y logros. Esto es importante en términos de motivación y bienestar. No obstante, es importante que las medallas y otros premios conserven algún significado concediéndoselas solamente a quienes están verdaderamente calificados, porque esto sirve de ejemplo e incentivo para todos los niños que quieran desempeñarse mejor, y es una representación más fiel del mundo real. Si los sentimientos son el asunto principal, no permitirles a los estudiantes excelentes deleitarse en sus logros y negarles el reconocimiento que merecen terminará dañándolos sentimentalmente.

El Respeto por Uno Mismo no Quiere Decir que Solo Yo Deba ser Respetado

Vivimos en una sociedad en la cual la frase *respeto por uno mismo* ha llegado a significar, "Merezco más respeto que los demás." Consideren la proliferación de grupos de personas fraccionados (feministas, gays y lesbianas, grupos étnicos, adultos abusados en la infancia, personas incapacitadas por las adicciones, y demás) que tienen agendas, rencores, exigencias y expectativas individuales basadas en sentimientos de opresión, dificultades, prejuicio y otros cosas. Por estos días, las personas se preguntan "A ver qué puede hacer tu país por ti," haciendo exigencias increíbles y excesivas, volcados hacia sí mismos, apoyando mentiras y distorsiones siempre y cuando "sirvan a la causa." Este sentimiento genera descontento en aquellas personas que están mejor preparadas para asumir retos con una dosis de optimismo, instrucción y compasión por los demás, y la comprensión de que tener un propósito y el trabajo arduo han construido más de un puente sobre un río aparentemente imposible de cruzar.

Una de las funciones principales de la religión es ayudar a reenfocar el panorama, en lugar de apoyar la visión miope de que lo único importante es lo que me afecta a mí o a mis asuntos. De hecho, **"Amarás a tu prójimo como a ti mismo: yo, el Señor"** (Levítico 19:18) es el mandamiento de Dios para asegurarse de que respetemos a nuestros congéneres y tengamos consideración por ellos. El respeto a uno mismo es el producto, no de falsos cumplidos y trofeos, sino de la bondad que rige nuestra vida y con la cual tratamos a los demás a pesar de las dificultades y tribulaciones propias.

¿Qué se Hicieron sus Modales?

La pérdida de los modales es un indicador muy importante de la degeneración que ha ocurrido en nuestra sociedad durante las últimas dos generaciones. No hay duda de que la sociedad estadounidense ha perdido parte de la formalidad y etiqueta que demuestran un sentido de respeto. No solamente se ha perdido la caballerosidad, sino también los simples modales.

Ya no nos referimos a las personas formalmente como *el señor, la señora* o *la señorita.* ¿Recuerdan cuando éramos niños que para la mayoría la idea de dirigirnos a un adulto directamente por su nombre era ridícula? Con el uso de estas formalidades en el trato, aprendimos que no tratábamos a los adultos de la misma forma como tratábamos a otros niños. Parte de la razón por la cual los niños demuestran menos respeto es que ya no se les proporciona una guía para saber qué es adecuado. Quisiéramos que nuestros hijos respetaran a todo el mundo, pero las diversas formas de respeto ayudan a distinguir categorías especiales de respeto.

Una salida a un restaurante para cenar en familia puede ser reveladora. Nos encantaría que todos nuestros niños se comportaran apropiadamente todo el tiempo, pero cuando salimos a comer, se les hace un ruego especial para que se comporten a la altura de esa ocasión especial. En Japón, la costumbre de hacer una venia a las personas demuestra una relación de respeto y sirve para delinear, incluso entre adultos, el respeto que se les debe a las personas importantes y a los mayores. Los modales y la etiqueta social crean distinciones que ayudan a los niños a aprender comportamientos adecuados.

Algunas personas argumentarían que hemos llevado el espíritu estadounidense de igualdad y democracia a su conclusión lógica. Al fin de cuentas, nos hemos rebelado contra el autoritarismo del monarca, las distinciones sociales de la aristocracia, y la autoridad religiosa opresora. Los jóvenes afirman que esa nueva doctrina social está bien planteada, que es una doctrina que dice "el respeto debe ser ganado." Ya el respeto no se presume, sino que es concedido. En un país cuyo sistema legal parte de la base de que se es inocente hasta que no se compruebe lo contrario, ahora proclamamos que "no merecemos respeto a menos que comprobemos lo contrario." El problema es que pocos jóvenes aprecian que los años de desarrollar la sabiduría a partir de la experiencia, de sobrevivir a los retos y a las dificultades, y la aceptación de las responsabilidades son suficiente argumento para merecer respeto.

La pérdida del respeto, el énfasis en el "respeto por uno mismo" y la excesiva adjudicación de poder a los niños no son cambios positivos. Estos factores, y otros, han contribuido a la decadencia social generalizada que estamos experimentando. Hay una forma de ganar la batalla. Podemos recuperar el respeto y a la vez mejorar la calidad de nuestras familias. La respuesta radica en el Quinto Mandamiento.

En los Viejos Tiempos

En los "viejos tiempos" los niños tenían mucho respeto por sus padres. En parte puede que haya sido producto del miedo ("¡Espera a que tu padre llegue a casa!"), pero casi todo estaba relacionado con las expectativas familiares y sociales. Nunca abogaríamos por un regreso a los castigos físicos excesivamente duros o dañinos que utilizaban muchos padres en generaciones anteriores.

La palabra "honor," *kavod,* es el término preferido con el que la Biblia designa la deferencia merecida. En otros idiomas, los términos *honor* y *respeto* son sinónimos. En muchas traducciones de la Biblia, la palabra *respeto* se utiliza para dar a entender parcialidad. Por ejemplo, **"No tengáis en cuenta en vuestros juicios respetos por la apariencia de las personas..."** (Deuteronomio 1:17) es un mandato a despojarse de prejuicios cuando se obra como juez. Bíblicamente, por ende, el honor es un mandamiento de veneración y cortesía.

Utilizaremos la palabra *honor* en lugar de *respeto,* cuando se trate de las obligaciones del niño hacia los padres para poder distinguir entre tener a alguien en alta estima y demostrar en acciones la deferencia apropiada. No se nos ordena respetar a nuestros padres, en términos de tenerlos en alta estima. Más bien, se nos ordena comportarnos con ellos de una determinada forma que refleje su estatus de padres, a pesar de nuestras opiniones y sentimientos hacia ellos.

Según la tradición judía, honrar a los padres significaba "ser-

virles comida, y bebida, darles ropa y techo y ayudarlos en todo"
por el tiempo que dure su vida. El mandamiento de honrar a los
padres es complementado por otro versículo bíblico que dice que
debemos reverenciar (algunas Biblias lo traducen como "temer")
a los padres (Levítico 19:3). La tradición judía interpretaba la
reverencia queriendo decir que no debemos "ocupar o sentarnos
en el lugar reservado para nuestros padres, ni deberíamos contra-
decir sus palabras." El honor se demostraba mediante actos de
gentileza y cariño, mientras que la reverencia implicaba omitir
aquellas acciones que disminuyeran su papel como padres o los
avergonzara en público. Estas simples distinciones siguen siendo
hoy igualmente relevantes.

El rabino Vogel ha oficiado bodas en las cuales la novia o el
novio no invitaron a sus padres debido a conflictos entre los padres y los hijos o debido a desagradables conflictos después del
divorcio de los padres. Muchas parejas seguramente se casan a
escondidas para evitar este tipo de conflictos en torno a los padres. Imaginen lo que significa el gesto de no invitar al padre a
entrar con la novia a la ceremonia de boda. Es un pronunciamiento público equivalente a proclamar que esa persona no tiene
padres. Es una forma clara de deshonrar a los padres, pero, para
decir verdad, no siempre es culpa de los hijos. Algunos padres
crean tantas tensiones con sus hijos que excluirlos se convierte en
un asunto de defensa personal, como cuando se trata de padres
adictos o violentos. Cuando los padres decepcionan a los hijos o
los irritan, como en el caso de padres inmaduros o egocéntricos,
lo que sugiero es que de todos modos se les envíen invitaciones—
hay ciertas circunstancias que simplemente deben ser aceptadas y
con las cuales debemos lidiar.

¡Más Vale que Presten Atención a sus Padres!

Algunos estudiosos consideran que los cuatro primeros Mandamientos son los que están relacionados con nuestra relación con
Dios mientras que el resto tienen que ver con nuestra relación

con otras personas. El hecho de que honrar a los padres aparezca en el Quinto Mandamiento, entre estas dos categorías, sugiere una conexión especial entre nuestros padres y Dios. Así como debemos honrar a Dios, el creador de toda la vida, debemos honrar a nuestros padres, que nos dieron la vida. En verdad, los padres son como dioses para sus hijos, especialmente para los niños más pequeños. Los padres son una conexión especial con Dios. Como lo mencionamos anteriormente, los padres pueden alimentar o negar la relación espiritual de un niño con Dios. Al honrar a los padres aprendemos a honrar a Dios. Al honrar a Dios, nos convertimos en seres humanos decentes.

"**El padre da a conocer a sus hijos Tu fidelidad**" (Isaías 38:19) es otro ejemplo de que la gota de agua llega a hacer un agujero en la piedro en este caso en relación con las obligaciones santas. Aunque muchas veces la conexión con Dios no se percibe o se reconoce, suele suceder que la sabiduría de los padres se reconoce demasiado tarde. Un oyente llamado Caesar me envió por correo electrónico este mensaje recordándoles a los hijos las consecuencias de rebelarse contra las enseñanzas de los padres: "*Años atrás, cuando era un adolescente, recuerdo haber escuchado un programa radial en que el presentador le hacía a su héroe deportivo una pregunta importante. La pregunta era sobre la vida de este héroe deportivo que había logrado tenerlo todo: el dinero y el poder correspondientes. Con el paso del tiempo, lo había perdido todo. Así que la pregunta era simple, '¿Qué aprendió de todo eso?' La estrella del deporte respondió, 'Aprendí una cosa importante… Debería haberle hecho caso a mi madre.'*

Bien, con el paso del tiempo, me marché a la universidad y completé una educación con la que mis padres nunca soñaron. Me asomé al mundo de la ciencia, la filosofía, la teología, la física, la contaduría… pero ahora miro hacia atrás y me doy cuenta de que la sabiduría de mis padres, especialmente la de mi madre, una sabiduría simple y sin embargo muy real, superaba las verdades que me enseñaron en una de las mejores universidades. Así que a todos ustedes adolescentes por ahí: honrar a sus padres

significa respetarlos a ellos y respetar su consejo. Los padres tie-
nen un interés en su bienestar y una sabiduría adquirida a través
de las experiencias de la vida, que está destinada a mejorar la
vida de los hijos. Recuerden que ustedes son una extensión de
ellos."

A veces uno ni siquiera se da cuenta de cuánto ha aprendido y
de quién lo ha aprendido, acerca de cómo ser en la vida. Nancy,
una de mis oyentes, me escribió acerca de esta revelación: *"No*
quiero agradecerle a usted, quiero agradecerle a mi madre. Fue
mi madre quien perseveró y todavía persevera al lado de mi
padre. Fue mi madre quien nos enseñó a querer la iglesia y a la
familia y quien nos proporcionó una buena ética de trabajo. Fue
mi madre quien nos enseñó a distinguir lo correcto de lo inco-
rrecto, nos mantuvo en la escuela y nos dio la moral y los valores
que hoy tenemos. Aún hoy, mi madre nos guía para que conser-
vemos la dirección correcta.

Está, bien, está bien, ahora paso a agradecerle a usted. Fue
después de oírla y leer sus libros que me di cuenta de que mi
madre debía recibir el crédito por lo que he logrado en mis treinta
y ocho años de vida, quince años de matrimonio y la crianza de
mis dos maravillosos muchachos, de doce y diez años. Le doy el
crédito por hacerme trabajar para costearme la escuela, comprar
mis propios autos y casa. Le doy crédito por su capacidad de re-
solver los altibajos del matrimonio. La he oído a usted hablar
acerca de reavivar la llama, y me enorgullezco de haber hecho
precisamente eso muchas veces en quince años. No porque mi
madre estuviera a mis espaldas diciéndome que lo hiciera, sino
porque mi madre me dio los estándares para vivir mi vida y me
dejó en libertad para tomar mis decisiones."

Hagan lo Que Yo Digo, No lo Que Yo Hago

Recuerdo la llamada increíble de un oyente que trató de ven-
derme la idea de que los padres sí pueden enseñar mediante lo

que dicen en lugar de por lo que hacen. Estaba viviendo con un hombre y tenía una hija de diez años. La cuestioné acerca de lo que pensaba que eso le enseñaba a su hija, mencionando, por ejemplo, un cierto menosprecio por los votos matrimoniales, ver las relaciones sexuales como algo casual y concebir la estructura familiar de acuerdo al momento. Quien llamaba estaba de acuerdo con que no quería que su hija tomara el mismo camino. Cuando le pregunté "¿por qué no?"—si esa era la opción de la madre, ¿qué tenía de malo que su hija hiciera lo mismo?—Noté que ella estaba dividida entre responder a la pregunta con sinceridad y tener que encarar la incómoda necesidad de cambiar y evitar la respuesta y evadir hacerle frente a su propia debilidad, inseguridad y temores. Más bien respondió, *"¡Pero todos los días le digo que no haga lo mismo!"* Desafortunadamente, eso no es tan efectivo como demostrar el valor, el honor y la dignidad que sabemos es correcta y es lo mejor para nosotros mismos y para nuestros hijos.

Thom, un oyente, me escribió acerca de cuánto había aprendido del ejemplo de sus padres: *"Soy un hombre de treinta y tres años, el menor de nueve hijos, y el orgulloso padre de una niña de tres años, la primera de doce que vendrán (estoy bromeando). Reflexionando sobre qué era realmente importante enseñarle a mi hija, me puse a recorda lo que mis padres me enseñaron, y cómo aprendí sus lecciones. Me senté y les escribí una carta de agradecimiento que pensé que a usted le gustaría."*

Tributo a Mis Padres

A medida que reflexiono sobre mi vida no puedo menos que pensar en los regalos que me dieron. Sé que tuvimos poco dinero, pero nunca nos faltó nada importante. Agradezco por igual las cosas que no teníamos y las que sí tuvimos. Muchas veces me pregunto si alguna vez seré capaz de darles a mis hijos lo que ustedes me dieron a mí...

Me enseñaron mediante el ejemplo a hacer lo correcto cuando me hicieron devolver un objeto que costaba un centavo y explicar mis acciones después de que me lo llevé sin permiso a los cinco años.

A los diez años, me enseñaron mediante el ejemplo a tratar a los demás con dignidad cuando albergaron y cuidaron a mi amigo a quien su propia familia golpeaba.

Cuando tuve un conflicto con una profesora en sexto grado, me enseñaron mediante el ejemplo que el respeto es más importante que las calificaciones.

Me enseñaron mediante el ejemplo—cuando limpiaban la nieve de las aceras de todos los vecinos y no solamente las nuestras—que los actos bondadosos son el fluir normal de un corazón amoroso.

Me enseñaron mediante el ejemplo que lo más importante del mundo son los hijos cuando me pelaban la naranja y me la envolvían en papel aluminio o cuando cortaban mi torta en mitades y ponían la mejor parte en medio para que no se quedara pegada del papel parafinado con el que me empacaban la fiambrera.

Me enseñaron mediante el ejemplo a valorar mi fe asistiendo a la iglesia todas las semanas con nosotros cuando habría sido más conveniente quedarse en casa.

Me enseñaron mediante el ejemplo la importancia de dar cuando colocaban una donación en la colecta de todas las semanas para ayudar a otros que eran menos afortunados que nosotros.

Me enseñaron mediante el ejemplo que la honestidad y la integridad son más importantes que la fortuna cuando luchaban por pagar los impuestos en lugar de hacer trampa en la declaración de impuestos.

Me enseñaron mediante el ejemplo a aferrarme con fuerza a mis compromisos al permanecer comprometidos entre ustedes durante todos estos años.

Me enseñaron mediante el ejemplo que leer es más impor-

tante que ver televisión, que reír es mejor que llorar, que el
tiempo es más importante que las palabras.
Me enseñaron mediante el ejemplo lo que significa ser bue-
nos padres.

Es claro a partir de lo que Thom y otros niños pueden aprender de las palabras y acciones de sus padres que esta relación
padre/madre-hijo/hija es la base para todas nuestras relaciones
futuras y con Dios. La tradición judía dice que son tres los socios
que comparten la creación del hombre; Dios, el padre, y la madre.
Cuando los niños tiene la oportunidad de aprender de sus padres
la bondad y la rectitud, esta es su introducción a la fuente de
todas las cosas: Dios.

¿Quién es un Padre o una Madre?

La obligación de honrar a los padres no se aplica simplemente al
padre o la madre biológicos. Los padres de niños adoptados y los
padres por encargo que cumplen el papel de padres deben ser
tratados igual a los padres naturales. Existe una tradición judía
que dice que cualquiera que cría a un niño como propio es considerado el padre de ese niño. Por ende, una persona debe honrar a
una madrasta o padrastro y también a un padre adoptivo o a su
custodio legal. Hay algo especial en el compromiso de alimentar,
cuidar y criar a un niño sin el "imperativo biológico" de hacerlo.
Me han impresionado los muchos oyentes que han adoptado,
tanto legal como emocionalmente a los hijos de su cónyuge como
si fueran propios. También es conmovedor escuchar de aquellas
personas que reciben a sus sobrinas, sobrinos o nietos maltrata-
dos. No puede uno menos que conmoverse con las llamadas de
personas que, llenas de compasión y generosidad, cuidan a niños
abandonados, niños que han nacido adictos, o limitados mental
o físicamente. Cuando esos "niños" adultos o adolescentes llaman a quejarse por su pasado, o se quejan por alguna peculiari-

dad de sus padres sustitutos, rápidamente les recuerdo hasta qué
punto ha sido una bendición haber encontrado seguridad, amor
y cuidado, y su obligación de hacer honor a ese regalo, así lo consideren imperfecto.

También debemos honrar a los suegros, como vemos hacer al
rey David, quien honraba al rey Saúl, su celoso suegro, al llamarlo "mi padre" (1 Samuel 24:12), ¡el mismo suegro que quería
matarlo! Se trata de un ejemplo extraordinario de tolerar una
peculiaridad. Pese a esa historia de relaciones problemáticas con
un suegro, los conflictos con la familia política se presentan más
a menudo en las relaciones entre las mujeres. No es inusual que
una suegra tenga serios problemas para dejar que su hijo co-
mience una nueva vida ni que la nuera exija distancia, especialmente ante el nacimiento de un hijo, cuando puede sentirse
insegura y amenazada por los cercanos vínculos maternos de su
esposo. Con demasiada frecuencia, pequeñas ofensas y malentendidos se convierten en grandes batallas territoriales de poder e
importancia. Esto es más un asunto entre mujeres que entre hombres porque las mujeres generalmente tienen personalmente un
mayor interés en la intimidad y se sienten responsables por esta.
Los hombres al parecer son capaces de desempeñarse bien en la
relación y no personalizan los sucesos y los estados de ánimo
tanto como las mujeres.

Cuando aconsejamos a mujeres jóvenes sobre cómo llevarse
bien con las suegras, tratamos de aclarar los asuntos psicológicos
subyacentes, pero aun así reforzamos la idea de que una vez que
uno se casa, los suegros merecen las mismas muestras de honor y
respeto que los propios padres, o que una suegra "fácil." Aparte
de ser un mandato, es simplemente más inteligente tratar de en-
tenderse que ganar algunas batallas y perder la conexión familiar. Este mandamiento no tiene atenuantes. No significa:

➤Honra solamente si crees que esa persona se lo merece.

➤Honra solamente si la persona es siempre recíproca en esto.

➤Honra solamente si te resulta grato.

➤Honra solamente si recibes cumplidos por hacerlo.

➤Honra solamente si te hace "sentir bien."

➤Honra solamente si también lo hacen los demás.

El mandamiento dice, simplemente hágalo. Muchas veces es sorprendente ver cuánto terreno positivo se gana al "ser cortés"—cuán seductora y eficiente puede ser esa lección par todos los interesados.

Honre a Sus Padres, o Si No ¡Ya Verá!

En el libro del Éxodo, se nos dice que quien golpea o maldice a los padres es sentenciado a muerte (21:15 y 17). Si este castigo fuera impuesto hoy, el país estaría despoblado. En un fuerte pronunciamiento que exige respeto por los padres, la Biblia dice que **"...un hijo indócil y rebelde, que no obedece a sus padres ni a fuerza de castigo..."** (Deuteronomio 21: 18–21) será ejecutado. Muchas interpretaciones religiosas admiten que se trata de un hijo incorregible, que seguramente cometió otros crímenes porque no hizo caso de la sabiduría y de la ley aprendida de sus padres. La tradición judía sostiene que nunca un niño fue ejecutado como resultado de esta ley del "hijo díscolo." Aunque nunca se haya hecho cumplir, la severidad de la ley bíblica refleja una advertencia, haciendo énfasis en la importancia de honrar a los padres. Proverbios (30:8) dice, **"El ojo que se burla de un padre y que desprecia la edad de su madre, los cuervos del torrente lo sacarán y los hijos del águila lo devorarán ...Quien maldiga a su propio padre o a su propia madre será condenado a muerte"** (Éxodo 21:16–17).

Hoy nos parece extremista invocar la pena de muerte, pero las repercusiones de que los niños se descontrolen—que procreen, consuman drogas, y actúen de forma violenta—es hasta tal punto un desastre familiar y cultural como lo habría sido entonces. Una condición para el desarrollo humano es que a los niños haya que enseñarles a ser disciplinados y civilizados. De niños, anhelábamos ser libres y tener el control. Al colocarnos en el centro de nuestro propio universo, virtualmente idolatrando antojos y deseos, y queriendo evitar las consecuencias de nuestro mal proceder, nos sentíamos frustrados por lo que se interponía entre nosotros y ese poder: nuestros padres. En nuestra lucha interior entre el animal y el ser potencialmente humano, es fácil desdeñar a los padres y exagerar sus fallas, maximizar los momentos negativos y demás, en un intento por eliminar las lecciones, los controles, y los castigos que daban al traste con nuestros intentos de suplantar a Dios como señor de nuestro universo. El mandamiento de Dios de honrar a los padres es básicamente el mensaje de que los padres son un conducto hacia Dios. Cualquier profanación o daño a los padres es como si hubiéramos profanado a Dios. Y ahí es en donde radica la seriedad de este mandamiento.

Aunque los padres no invoquen la bíblica pena de muerte para el hijo díscolo, muchas veces es necesario que el padre de un hijo descontrolado invoque el poder del estado. En situaciones en las cuales un hijo no respeta las reglas e indicaciones de los padres y se vuelve un perpetuo truhán, adicto, violento, y criminal, algunos padres le han pedido a la policía que arreste al niño por cargos legítimos o pidiendo que el estado se haga cargo de él, abdicando su autoridad paterna.

Honrar a los Padres Genera Crédito Vitalicio

La relación padre-hijo es la única relación humana reglamentada directamente en los Diez Mandamientos. No se dice nada de honrar al cónyuge o a los hijos. Además, es el único mandamiento en el que se menciona algún tipo de recompensa: **"para alargar tus días."** ¿Qué tal ese incentivo? Si uno es bueno con los padres y fuma, ¿de todos modos vive más tiempo? ¿Funciona literalmente así?

En el nivel más elemental, honrar a los padres es una forma de retribuirles el cuidado que nos prodigaron cuando éramos niños. El hecho de que nuestros padres nos alimentaran, nos vistieran y nos dieran techo significa que si es necesario debemos hacer lo mismo. En generaciones previas, antes de la seguridad social y los planes de jubilación, los hijos les suplían a los padres mayores estas necesidades. La familia extensa era una necesidad socioeconómica. Los abuelos ayudaban a cuidar a los pequeños y contribuían con algunas funciones del hogar. La obligación de cada generación de honrar a sus padres es algo que redunda en su beneficio para que los hijos los cuiden también a ellos. Tal vez esto es lo que significa la promesa de **"alargar tus días."** Si cuidamos a nuestros padres, nuestros hijos nos cuidarán a nosotros, ayudándonos a vivir más tiempo.

Puesto que algunas personas que abusan de sus padres viven vidas largas y saludables, y otros que cuidan de sus padres mueren prematuramente, debe haber otras formas de entender la recompensa de **"alargar tus días."** Honrar a los padres refuerza el orden social como un todo ¡y enriquece la calidad de vida de todos los involucrados! Según esta visión, honrar a los padres da larga vida a través de la conservación de la sociedad. La capacidad de honrar a los padres sirve como modelo, no solamente para honrar a Dios sino también a los maestros, los mayores, y a todo el mundo en la sociedad.

"Alargar nuestros días" puede ser también algo que se refleja en una mejor calidad de vida y un significado más claro. Denika Gum, una maestra de escuela elemental en Charlottesville, Virginia, me envió esta composición escrita por un alumno. La tarea era:

Cómo les demuestro a mis padres que los amo

Como niños no nos damos cuenta del todo de lo afortunados que somos. De hecho, muchos damos por descontada la presencia de nuestros padres. Nos preocupamos demasiado

por las "cosas" y no por lo que es verdaderamente impor-
tante en la vida. Las cosas son deseos, no requisitos. Nues-
tras pertenencias consumen demasiado tiempo y esfuerzo en
la vida, pero lo que deberíamos realmente estar haciendo a
cambio es extender nuestro amor. Debemos tratar de consi-
derar las cosas importantes de la vida y no preocuparnos
por aquello que "se nos antoja." El amor, la fe, la esperanza
y la paz son para mí lo más importante en la vida. Sin estos
no valdríamos nada. Seríamos polvo en el viento. Es por eso
que debemos tratar de recordar siempre estas cosas, las cosas
que importan. Así que no todo se reduce a que hayamos te-
nido unos padres gentiles y amorosos, que han tolerado
todo lo que somos durante todos estos años. Que nos han
dado tantas cosas necesarias: un techo sobre la cabeza, ropa
para cubrir el cuerpo, y alimento para nuestro crecimiento.
Nos han dado todas estas cosas, pero ¿qué les hemos dado
nosotros? Por más que tratemos con esmero, nunca podre-
mos agradecerles lo suficiente por todas las cosas importan-
tes que nos han dado.

Este ensayo fue escrito por un niño de quinto grado que acertó
sobre el punto principal: *"Nuestras pertenencias consumen de-*
masiado tiempo… en la vida." Eso es exactamente así. Los actos
de amor, honor, reverencia, y respeto reponen ese tiempo… ese es
el verdadero alargar de los días.

Honrar a los Padres en la Enfermedad, no Solamente en la Salud

En esta sociedad no creemos mucho en que nuestras vidas deban
"acortarse" al sacrificarnos por los enfermos o agonizantes ni
sentimos que así deba ser. Tener que prescindir de nuestro tiempo
precioso para visitar o para cuidar a los padres mayores, enfermos y agonizantes es percibido como una imposición y no como
algo que aunque sea difícil es una bendición potencial. La proliferación de hogares para las personas de edad y los moribundos

es una triste muestra del egoísmo de nuestros jóvenes que perciben la vida apenas como un árbol del cual tomar fruto, no un árbol para cuidar. Por fortuna, hay quienes ven las cosas de forma diferente. A continuación leerán algunas de sus historias.

En primer lugar una carta de una mujer que firma como "hija de cuarenta años en Tucson." *"Estuve en casa de mi madre y de mi padre, lo cual implicó un recorrido de setenta millas ida y vuelta, porque mi madre necesitaba ayuda. Necesitaba ayuda porque mi padre, que padece de Alzheimer avanzada, había pegado cinta aislante en las tres largas ventanas del baño para que las 'personitas' que lo persiguen día y noche no pudieran fisgonear. Necesitaba ayuda porque a su madre (mi abuela) que vive con ellos y cumplirá los ciento dos años en diciembre, le gusta comer en la cama y en su cuarto empezaron a aparecer insectos, y este estaba totalmente en desarreglo de todos modos. Y esto sin mencionar la rutina normal de mi madre que cocina, limpia, compra víveres, va al banco, administra medicamentos, conduce, lava, plancha, no duerme más de cinco o seis horas en la noche debido a las 'personitas' de mi padre que golpean las ventanas, y otros deberes y distracciones que derrumbarían a seres menos capaces. Mi madre tiene setenta y cinco años y tiene una prótesis en la cadera.*

Había otras cosas que habría preferido hacer ese día, pero los quiero mucho así que allí llegué a 'ayudar.' Desocupé y limpié la maloliente bacinilla en el cuarto de mi abuela, lavé con cepillo el piso del baño donde a ella regularmente le falla la puntería, llevé a Papá a comprar una cortina para la ducha, arranqué toda la cinta, puse la cortina en su sitio, lavé y extendí varias tandas de ropa verdaderamente sucia, refregué y barrí, cambié la ropa de cama y los manteles, puse la loza en la máquina de lavar platos, etcétera.

Entonces, fatigada y deprimida, me senté a cenar con mis tres amores y algo peculiar ocurrió: me sentí abrumada por una sensación de inmensa gratitud. Se me ocurrió que el honor de darles ese miserable regalo de un día de servicio era mío, apenas uno entre tantos miles de días que mi madre aporta sin ayuda y sin emitir una queja. Fue mi privilegio vaciar las bacinillas, y lavar la ropa sucia. Fui presa de una sobrecogedora sensación de existir, durante un breve instante, bajo una luz de gracia divina.

Definitivamente no soy religiosa, pero ese día me di cuenta de que servir desinteresadamente a otros hasta el punto del cansancio físico total, sin esperar recompensa o reconocimiento, es un regalo espiritual. En un mundo en el que 'cuidar al número uno' es un ícono cultural, en donde toda una generación (para su vergüenza) basa su comportamiento en el individualismo, en donde millones no logran decidir si su querido papá merece los cincuenta dólares adicionales al día en su hogar geriátrico, o si el otro que es peor pero más barato será suficiente, no es extraño que a muchos los haya dejado perplejos la vida de la Madre Teresa en las alcantarillas y las colonias para leprosos en el infierno que es Calcuta.

Sencillamente me alegra haberme asomado al paraíso donde ella realmente seguramente vivió."

Tal vez "el alargamiento de los días" también se refiera a un reloj más espiritual y divino, con un estilo más infinito de medir el tiempo.

La segunda carta es de Beth, quien escribió después de escuchar una llamada sobre los verdaderos elementos del sacrificio: *"Tres meses atrás escuchaba su programa. Usted habló brevemente sobre el significado verdadero del 'sacrificio.' Dijo que muchas veces asumimos responsabilidades que requieren sacrificio solamente cuando nos produce un cómodo calorcito interno—usted le decía a la persona que llamó que perseverara porque el sacrificio solamente es sacrificio cuando es incómodo e inconveniente—de lo contrario nada se está entregando—no hay sacrificio—no hay nobleza.*

En el momento de esa llamada, yo luchaba con el asunto de si seguir cuidando a mi abuela o dejar de hacerlo. Hace dos años y medio sufrió una trombosis cerebral y quedó parcialmente limitada. Asumí como el cincuenta por ciento de la responsabilidad

*de cuidarla. Las visitas al hospital, los medicamentos, la compra
de víveres, eran responsabilidad mía. Bastante, además del trabajo de tiempo completo, para una mujer de veinticuatro años.
Me estaba cansando de la responsabilidad cuando usted le dio
ese consejo a la persona que la llamaba. Estaba lista para descargar de nuevo sobre mis padres la responsabilidad. A los veinticuatro años, no quería seguir siendo la amiga personal del
farmaceuta. 'Estoy demasiado joven para eso,' pensaba. Sobra
decir que su consejo me inspiró a perseverar. Mi abuela murió el
primero de enero. De pie junto al ataúd, descubrí que el inconveniente de pasar los sábados en el hospital dejó de ser importante.
El inconveniente de no dormir hasta tarde los fines de semana, de
no viajar todo lo que hubiera querido y el resto de las responsabilidades ya no importaban. Miré en derredor, al grupo de dolientes en la habitación y supe que yo era una de las pocas personas,
entre todos los presentes, con el suficiente carácter para sacrificar
mis propios planes, tiempo y metas con el fin de suplir las necesidades de mi abuela.*

*Me doy cuenta de que mi proceder me ayudó a mirar a otro
lado que no fuera yo-yo-yo, y me dio una valiosa lección acerca
del amor, el sacrificio, la responsabilidad y el egoísmo. Fui una de
las pocas que le demostró a la abuela amor y compasión hacia el
final de su vida. Eso supera por mucho cualquier inconveniente
que tuviera que soportar durante los pasados dos años y
medio."*

Tal vez otra forma de mirar los "días alargados" es la profundidad que trae a nuestra vida el significado que uno vierte en ella
mediante el honor, la nobleza y el sacrificio.

Antes de Que Sea Demasiado Tarde

A los dos nos hacen preguntas acerca de estar presentes antes o
durante la muerte de uno de los padres si la persona no se sentía
cercana o no existía un vínculo de amor. Muchas veces hay una

profunda reticencia a darle cualquier cosa a un padre o a una madre que se percibe como poco amoroso o merecedor. A veces hay de por medio una determinación de castigar a esa madre o a ese padre negándoles la oportunidad de arrepentirse o de reparar sus acciones. También puede estar presente el miedo a encarar la muerte y especialmente la muerte del sueño de haber tenido buenos padres. La evasión es una forma demasiado humana de esquivar situaciones o emociones difíciles. Muchas personas se mantienen alejadas, pensando que así están de hecho haciendo algo mejor por sí mismas. Esa evasión es parte de la mentalidad que dice, "Si no me resulta claramente útil, no lo haré ¡y no tengo por qué hacerlo!"

Hay algunas razones para decir adiós. La experiencia de Joyce con su padre alcohólico es un ejemplo. *"Nunca tuvimos una relación estrecha porque era alcohólico durante mi niñez. En sus años posteriores dejó de beber y luego desarrolló serios problemas de salud. En esta visita, mi hermano se acercó y nos dijo quedamente a su esposa y a mí que, cuando nosotros éramos niños, mi padre había sido malvado, intratable y obstinado, pero que después de que había dejado de beber, finalmente había tenido la oportunidad de conocerlo. Este último año lo pasó en una silla de ruedas y con un tanque de oxígeno permanente. Ya no era el papá malo y vociferante que habíamos conocido sino alguien que necesitaba nuestra ayuda y lo único que espero es que de alguna forma hayamos podido ayudar a que sus últimos días fueran mejores. Unos meses ante de morir, se recuperaba de una cirugía en el hospital; cuando yo salía de su habitación sola al final de una visita, me miró y me dijo que me quería. Quedé tan impresionada que simplemente lo miré y me marché. No sé por qué respondí de esa forma, pero así lo hice. Mi mensaje es que si hay alguna persona en su vida a la que quiera decirle que la ama—hágalo sin pensarlo, y no se quede sin hacer nada para tener que preguntarse más adelante por qué no lo hizo. Lo traté como si lo amara, pero no pude decirle las palabras. Ahora ya es demasiado tarde. Ahora mi forma de mostrarle a papá que lo* amo es cuidar a mamá. *Si usted es padre o madre y nunca les ha dicho a sus hijos que los quiere, hágalo hasta que obtenga una respuesta, para que ellos sepan que no se trata de una casualidad irrepetible a causa de una dosis de sedantes. Repítaselo hasta que se lo crean. Será el mayor legado que les puede dejar. Olvide la gran herencia, y déjeles como legado su cariño. Al final, no hará falta una respuesta.*"

No se podía esperar que Joyce sintiera un vínculo amoroso y estrecho cuando la actitud y el comportamiento de su padre imposibilitaron su respuesta. A pesar de la falta de cercanía, el mandamiento de honrar la mantuvo lo suficientemente cerca para recibir la bendición de su padre en el lecho de muerte y para aprender la lección de que es importante expresar a los hijos el amor en palabras.

La experiencia de Bridget en torno a la muerte de su padre constituyó también una lección importante: "*Durante los últimos días de mi padre, mi madre, mi hermano y yo estuvimos con él prácticamente todo el tiempo. Murió de neumonía. Sentada a su lado el último día, me di cuenta de cuán orgullosa me sentía de él. A lo largo de los años, mi padre y yo habíamos tenido muchos malentendidos. No era un hombre fácil de conocer. Sin embargo, me di cuenta entonces de que había encarado gran parte de lo que había hecho a lo largo de su vida de la misma forma como encaraba la batalla final, silenciosamente, decidido a hacer lo que sentía debía hacerse. Si papá hubiera optado por una salida menos dolorosa, yo no habría tenido la oportunidad de reconocer su valor, su dignidad. Me habría despojado de la oportunidad de retornarle parte de lo que él me había prodigado durante toda mi vida—su cuidado.*

Me siento orgullosa de mi padre, no solamente por la forma como enfrentó su muerte sino por las cosas por las que vivió, como pelear en la guerra y proveer siempre para su familia. Me alegra saber que murió con dignidad y ruego para tener siquiera una parte de su valor cuando me enfrente a circunstancias difíciles."

La moda actual es pensar que lo único valioso es que nuestros padres constantemente verbalicen nuestras maravillas y estén de acuerdo con nuestro proceder. Si no están de acuerdo o apoyan todo lo que hacemos, si no nos bañan en un flujo constante de afecto y aprobación, son malos y deben ser exiliados, según la psico filosofía popular. Desde hace decenios me preocupa el impacto destructivo de las llamadas "confrontaciones" terapéuticas y la tendencia a culpar a los padres por todos los males y problemas que uno tenga actualmente.

Bridget aprendió valiosas lecciones con la muerte de su padre, no solamente por la forma valerosa de su muerte sino porque reconocí, a pesar de sus faltas, las múltiples contribuciones, que antes ni siquiera había tenido en cuenta, que él había hecho a su desarrollo y a su bienestar.

Honrar a los Padres Después de la Muerte

¿Puede uno honrar a los padres después de su fallecimiento? Si bien los funerales y el luto son para apoyar a los sobrevivientes que amaban al ser fallecido, en la tradición judía, una de las formas más significativas de honrar a uno de los padres es mediante el luto y los rituales de recordación, que incluyen la obligación de asistir al funeral y de participar en los intensos rituales de Shiva, el período de siete días durante los cuales todos los dolientes se mantienen reunidos en casa para recuperarse de su pena y aceptar visitas de pésame por parte de la comunidad y recitar a diario durante once meses el Kaddish de los Dolientes, la oración en memoria de los difuntos. Adicionalmente, el Kaddish de los Dolientes se recita en la sinagoga y en casa se enciende una vela todos los años en el aniversario de la muerte y en las festividades importantes. Más aun, la ley judía requiere que un doliente que ha perdido a uno de los padres observe un luto superior al que se requieren cuando alguien ha perdido a un cónyuge o a un hijo. A algunas personas esto les resulta escandaloso, teniendo en cuenta

que los adultos reconocen que es normal que los padres se mueran antes que ellos mismos o que sus hijos. Aunque hay muchos
argumentos filosóficos que intentan explicarlo, una interpretación es que la relación que uno tiene con los padres es única e
irremplazable. Aunque cada niño o cónyuge es único, es claro
que las personas pueden ser consoladas por los otros hijos o por
un eventual nuevo amor. No hay forma de reparar la pérdida de
un padre (*How Does Jewish Law Work? ¿Cómo Funciona la Ley
Judía?*) por el Rabino J. Simcha Cohen, Aronson Press, 1993).
Que los hijos no encuentran fácil reemplazo para los padres es
una lección que trato de enseñarles a los padres divorciados que
se hacen cargo de otros niños y que han encontrado un nuevo
romance, tan sólo para descubrir que es muy posible que sus
hijos no estén igualmente llenos de dicha.

Hace unos años, un comediante judío muy conocido, que no
era especialmente cumplidor de la ley judía, recitó el Kaddish de
los Dolientes todos los días tras la muerte de su padre. El rabino
Vogel recordaba que entraba al servicio de la noche todos los
días cuando estaba en la ciudad. Aun más llamativo, fuera cual
fuera la ciudad que visitaba, se aseguraba de encontrar una sinagoga donde pudiera hacer esta oración como parte de la comunidad judía. Los horarios de sus presentaciones eran ajustados para
permitirle cumplir con el ritual. Su dedicación a recitar el Kaddish
de los Dolientes era su forma de honrar a su padre y de mantener
vivo su recuerdo. Mediante el honor a su padre se acercó a su fe
y a su comunidad. Sería imposible para un padre o una madre
dejar a su hijo un legado más hermoso.

Los individuos que han perdido a uno de los padres nunca superan la pérdida de esa persona. El rabino Vogel fue una vez a
casa de un congregante cuya madre acababa de morir. Cuando
entraba a la casa, un hombre corpulento, de cincuenta de años, le
echó los brazos al cuello y se puso a llorar, pudiendo a duras
penas pronunciar las palabras "Soy huérfano." Los padres, por
la naturaleza misma de su existencia, incluso teniendo en cuenta

los conflictos, proporcionan un sentido de comodidad generacional, como la comodidad que nos ofrece el útero cuando empezamos la vida.

Los rituales póstumos en memoria de los padres no solamente hacen énfasis en la importancia de honrar a los padres, sino que traen a los individuos de regreso a su comunidad de fe y preservan la relación entre padres e hijos aún más allá de este mundo.

¿Por Qué No Dice, "Ama a Tus Padres"?

La Biblia no nos ordena concretamente amar a nuestros padres. Nos ordena amar a Dios, al extraño, y al vecino, pero en ninguna parte nos dice que debemos amar a nuestros padres. La dinámica interpersonal entre los padres y los hijos está llena de conflictos. A veces el padre y el hijo emergen de la adolescencia y la juventud con un fuerte sentido de vinculación y amor. En otras ocasiones a duras penas escapan con la relación intacta. A veces han ocurrido demasiadas cosas como para que el niño ame al padre. Dios, los extraños, y los vecinos no exigen tanto al ego como lo hacen los padres. O si no pregúntenle a cualquier persona de sesenta años que se siente como un niño en presencia de sus padres.

Como niños que fuimos pero que ya crecimos, todos hemos tenido la experiencia de darnos cuenta de que nuestros padres no eran al fin de cuentas tan tontos. Los niños de cualquier edad casi siempre piensan que saben más que sus padres. Los padres quieren compartir con la siguiente generación la sabiduría que tanto les costó ganar. Estas fuerzas contradictorias son más pronunciadas cuando casi todos los niños saben más de computadoras y sobre cómo acceder a información global que acerca de sus padres. Es más difícil responder a la pregunta "¿Qué puedo aprender de mis padres?" El mandamiento de honrar a los padres fue dado para asegurar que los mayores, aunque quizás no se sientan deseados por la familia o la sociedad, de todos modos reciban la recompensa adecuada.

Se nos ordena honrar a los padres porque es la mejor forma de compensar la relación padre-hijo que muchas veces está llena de tensión. Puede servir como el hilo delgado que mantiene vinculados a los padres y a los hijos.

El asunto también trae a colación aquello de "hacer buenas obras" porque "es agradable," porque quizás "reciba algo a cambio" o porque a uno "le apetece." Siendo la naturaleza humana de esta manera, si dependiéramos de los sentimientos, las emociones y la reciprocidad garantizada, hacer el bien sería la excepción y no la regla. Especialmente en las relaciones entre el niño que se está formando y los padres, relaciones que tienden a estar constantemente cargadas de emotividad, la responsabilidad hacia un valor superior a los sentimientos propios conserva la conexión entre el padre y el hijo. De hecho tiene mayor valor hacer las cosas porque es lo correcto, y no simplemente porque quizás uno sienta deseos de hacerlo en ese momento (pero tal vez en el siguiente no). Elevarse por encima del estado de ánimo, la circunstancia, los deseos, o los antojos, y hacer una buena obra describe una persona de honor, una persona inclinada a la santidad.

¿Qué Ocurre Cuando es Necesario Enviar a Uno de los Padres a su Habitación Sin Cenar?

A ambos nos formulan preguntas acerca de las técnicas apropiadas de reprender a uno de los padres que está haciendo lo que no debe. Esto incluye preguntas de parte de un niño de diez años que quiere saber cómo hacer para que su padre deje de robar con una caja pirata de televisión por cable, hasta el adulto cuyo padre conduce en estado de ebriedad o es peligroso en la carretera debido a las pérdidas neurológicas causadas por la edad. Esta carta de William nos pone ante un caso semejante: *"Mi yerno nos estaba contando acerca de su padre que está tan inestable que arrastra los pies al caminar y a veces se cae hacia atrás. Una noche después de la Navidad, él y su esposa se subieron al auto. Él en-*

cendió el auto y luego dio marcha atrás. Mientras que lo hacía, rayó el auto de mi yerno y continuó atravesando la calle en reversa. Después tumbó dos árboles pequeños y golpeó una esquina de la casa. Continuó marcha atrás hasta que se quedó atascado en un banco de nieve.

Le pregunté si su familia le había retirado las llaves y le había prohibido volver a conducir. El padre tiene setenta y seis años. Mi yerno dijo que le mencionarín el episodio y le sugerirían que dejara de manejar. Entonces dejarían que él esa decisión.

Mi pregunta es: ¿es acaso la responsabilidad del hijo mencionar que el padre está obrando equivocadamente y a qué edad debe hacer esto un hijo? ¿Debería el hijo imponerse para que el padre deje de hacer aquello que es peligroso para otros seres humanos o incluso llegar al punto de notificar a la policía para que lo detengan? Siempre me ha incomodado reflexionar sobre esto."

Uno debería tratar de no avergonzar o humillar a los padres en público. Esto quizás incluya no desquitarse si uno de los padres se porta mal con uno. Permita siempre que los padres conserven su dignidad o concédales el beneficio de la duda. Es responsabilidad de cualquier hijo, adulto o no, recordarle al padre, respetuosamente y en privado, los deberes que le corresponden. La idea es corregir a los padres sin avergonzarlos, ni siquiera en privado.

Cuando los padres rehúsan comportarse responsablemente, cuando incumplen las leyes civiles o morales o ponen en juego la vida o la integridad de "vecinos" inocentes, el hijo o la hija tienen la obligación de interponerse entre los padres y esas leyes o las personas inocentes. Notificar a las autoridades puede ser lo que corresponda. El capellán de la Iglesia Evangélica de la Alianza de Glenburn, Maine, me escribió al respecto: *"Puesto que el honor no significa obediencia ciega, realmente honramos a nuestros padres cuando los consideramos responsables frente a las leyes de Dios. Si mis padres me abandonan, los honraré buscándolos, aunque sin forzar una reconciliación. Si mis padres me maltra-*

tan, los honraré orando por ellos, para que puedan ver su error—
y escapando, si es posible, para que no puedan continuar pecando
conmigo. Si mis padres son infieles, los honraré exigiendoles vir-
tud y con mi disposición a perdonarlos cuando se arrepientan. Si
incumplen alguna ley y rehúsan hacer caso de mis advertencias,
los honraré llamando a la policía. Hacerlos seguir la moral es
honrarlos al considerar que son capaces de actuar responsable-
mente."

En última instancia, los hijos de padres inmorales o débiles
pueden en gran medida hacer honor a sus raíces convirtiéndose
en adultos que enriquezcan al mundo a través de sus propias acciones. En este caso, estamos honrando lo que los padres *debe-*
rían vivir, enseñar y representar.

¡Pero Mis Padres No se lo Merecen!

Algunas personas dicen, "Mis padres no merecen ser honrados."
El mandamiento no dice que debamos honrar a los padres *sola-*
mente si son buenos padres. Incluso los malos padres merecen ser
honrados, aunque sea a un nivel mínimo. Muchas veces percibimos solamente las debilidades de nuestros padres y juramos que
seremos mejores que ellos. *Nosotros sí* mereceremos respeto
cuando seamos mayores, como ellos. Pero he aquí que pasa el
tiempo, y nos encontramos más y más parecidos a nuestros
padres—seres imperfectos. Algunas personas piden para que sus
hijos no los traten como ellos trataron a sus propios padres.

El mandamiento de honrar a los padres no puede ser absoluto.
Si alguno obliga a un hijo a violar la ley civil o moral, el hijo no
tiene la obligación de honrar esa petición. El judaísmo y el cristianismo adjudican el máximo valor a la adhesión a las leyes de
Dios así como a la idea de que la ley civil es parte del deseo de
Dios de contar con una sociedad organizada. Nuestra relación
con Dios está siempre por encima de nuestra relación con nuestros padres. Si hacer lo correcto nos aparta de los padres, no
somos culpables de deshonrarlos.

Un ejemplo bíblico vívido de un hijo que no cumple una orden perversa de los padres aparece en I Samuel (19:1–7). Saúl les hace saber a Jonatán y a todos sus criados de sus intenciones de matar a David. Jonatán le advierte a David, **"Mi padre, Saúl, trata de matarte; ponte en guardia mañana por la mañana; vete a un lugar oculto y escóndete."** Saúl espera que su hijo, Jonatán, cumpla lo ordenado por él. Después de reiterar el bien que David le ha hecho al rey Saúl, Jonatán le pregunta a su padre, **"...¿por qué quieres hacerte reo de su sangre inocente, matando a David sin razón?"** Finalmente, Saúl cede.

El punto central de esta historia está bien expuesto en una carta de Nick sobre el asunto del honor versus la obediencia: *"Honrar a padre y madre no incluye hacer cosas ilegales o inmorales solamente porque los padres ordenan hacerlo. Tenemos un padre en los cielos a quien debemos obedecer primero y además estamos sujetos a las leyes de la tierra."*

Algunas autoridades religiosas sostienen que un hijo no está obligado a honrar a un padre malvado si ese padre no se ha arrepentido. De todos modos, a ese hijo le está prohibido *causarle* una pena a ese padre. Cómo sobrellevar una relación con un padre perverso o terrible es quizás el asunto más difícil de este mandamiento. Uno de los problemas radica en formular exactamente qué es lo suficientemente perverso o terrible. Cuando hablo con adultos que están disgustados con sus padres, acostumbro preguntar, "¿Eran realmente perversos o simplemente irritantes?" Lo segundo es algo que hay que aceptar como la realidad de una determinada relación con los padres que Dios le dio a uno, mientras que lo primero crea la necesidad muchas veces de escapar y/o actuar en defensa propia. Los padres que son violentos, sexualmente agresivos, o emocionalmente destructivos con sus manipulaciones, chismorreo o interferencia persistente y malévola, seguramente justifican la distancia que interponen sus hijos para poder sobrevivir. En algún punto entre irritantes y abiertamente perversos es donde estriba la más grande confusión de los hijos adultos, que luchan por la supervivencia personal contra el sentimiento de culpa por dejar de relacionarse con los padres.

Desde la revolución de la psicología popular, impera la idea de que todos los problemas son creados externamente y que se puede echar la culpa a otro de los sentimientos y comportamientos personales. Una de mis oyentes, Aleta, escribió: *"Cuando nos atascamos pensando que somos víctimas de lo que hicieron nuestros padres... en lugar de comprender que somos el producto de una familia y unos padres que no fueron perfectos... nos sofocamos. En lugar de quedarnos en el pasado y convertirnos en víctimas permanentes de nuestras experiencias, lo maduro y responsable es comprender de dónde venimos y decidir para dónde vamos... y saber si tenemos la fortaleza para hacer las cosas de otro modo a como ellos las hicieron. Quedarse en el pasado sirve apenas como una sentencia y nos limita a vivir en el pasado en lugar de crecer e ir hacia delante y convertirnos en adultos respetables, capaces de ser responsables de las consecuencias. ¡Demasiado pronto descubriremos (si llegamos a ser padres) que tampoco somos ni perfectos ni perpetuamente honorables!"*

Una de las preguntas que generalmente les hacemos a los individuos o a los grupos de personas que culpan a sus padres es, "¿Todos y cada uno de los hermanos resultó de la misma forma?" La respuesta desde luego, nunca es sí. Cada individuo reacciona a las presiones y los desafíos de una forma única, según sus propias características personales de temperamento, determinación, resiliencia, valor, inteligencia, y demás. Nuestro estilo personal de reaccionar determina nuestra calidad de vida, no solamente los retos particulares. Culpar a los padres por la suerte de uno en la vida es simplista, injusto y una falta a la verdad. En última instancia, a pesar de todo, somos los arquitectos finales de nuestra vida.

Este punto es puesto de relieve en una carta de Michelle: *"Esta carta es en respuesta a los comentarios acerca de la 'triste vida' que Karla Tucker, la asesina del hacha que fue ejecutada en Texas*

(1998), debe haber tenido y que la llevó por el camino equivo-
cado. Quizás su vida fue como la mía...a los cinco años fui
sexualmente abusada por mi cuñado; a los once fui sexualmente
abusada por mi tío, y durante los siete años entre lo uno y lo otro
fui sexualmente abusada por mi primo. Mi padre murió cuando
yo tenía siete años y mi madre se casó otras siete veces con hom-
bres abusivos y alcohólicos. A los dieciséis era borracha y adicta
a las drogas. A los diecisiete fui violada afuera del bar en donde
había estado bebiendo. Cuando me gradué de secundaria había
asistido a diez escuelas en doce años. Sí, sí me gradué. Luego
pasé un año en la universidad y me fui a vivir con el hombre de
mis sueños para escapar de mi madre. Mi pareja me golpeaba y
gastaba todo mi dinero en juegos de azar, en drogas y en otras
mujeres.

Dos semanas antes de la fecha prevista, cancelé nuestra boda.
Mi madre estaba muy enojada conmigo. No podía entender
cómo me las iba a arreglar sin un hombre en mi vida. Decidí es-
capar de todos. Me fui a vivir a mil millas de distancia. Entra en
escena la ADULTA que soy hoy. Ahora tengo veintiocho años,
llevo dos años casada con mi mejor amigo (¡salimos juntos du-
rante cuatro años antes de casarnos y nada de rejuntarnos!). Te-
nemos una casa hermosa, llena de amor, y niños felices. Mi madre
hace con ellos cosas que yo apenas alcanzaba a soñar que hiciera
conmigo de niña... y le doy gracias a Dios. Aunque también sé
que Dios es el proveedor de mis bendiciones y nunca he estado
en la cárcel (porque nunca me atraparon), sé que Él me conservó
la vida por muchas razones... Estoy descubriendo a diario esas
razones."

La historia, incluso la historia de los padres, no es un destino.
Cada uno tiene que recibir el crédito o la crítica por lo que ha
hecho de su vida, aun a pesar de las circunstancias funestas, como
las de Michelle. Al hacerlo descubrió que a veces uno puede regresar a casa... pero para el beneficio directo de la siguiente generación, sus propios hijos.

Es difícil imaginar querer "probar de nuevo" con un padre o

madre aparentemente terribles después de una infancia decepcionante, pero algunas personas logran exitosamente precisamente
eso. Cindy explicaba cómo: *"Hubo momentos mientras crecía en
que odiaba a mi madre. Me parecía que nunca contaba con ella.
Era música y trabajaba por las noches, de modo que ella estaba
dormida en las mañanas cuando yo me alistaba para la escuela y
cuando yo regresaba ella estaba o bien ocupada trabajando con
rosas o simplemente nos hacía salir de la casa para que jugára-
mos. Me casé joven, tuve mi primer hijo, y luego mi matrimonio
terminó. Mamá no me ofreció ninguna ayuda o apoyo. Tiene a
veces una personalidad irritable y puede ser realmente grosera.
Honro a mi madre perdonándole, haciendo caso omiso de sus
fallas en la medida de lo posible, y viendo lo bueno en ella. La
honro compartiendo mi vida con ella. La honro escuchando su
consejo aunque no siempre lo siga. Honro a mi mamá invirtiendo
tiempo en llamarla y visitarla a regularmente, aunque en ocasiones puede ser un sacrificio. Honro a mi mamá tratando de corregir los errores que ella quizás haya cometido conmigo evitando
cometerlos con mis hijos. ¿Y papá? Se divorciaron cuando yo
tenía tres años. Se limitaba a pasar a buscarme en la Navidad
cada año—sin llamar durante todo el año. Murió en 1971. Lo
honro con mis amorosas oraciones y recuerdo los momentos que
sí compartimos. Fue mi único papá y atesoro el escaso tiempo
que pasamos juntos."*

Es difícil resistir al impulso de despachar esta clase de padres,
de borrarlos de la memoria, y seguir con la vida. Mientras que
uno se enfrente a ellos todo el tiempo y los desafíe con la idea de
castigarlos o la determinación de que cambien, uno lleva un gran
rencor en las entrañas. Para poder sobre llevar la pérdida o el
sentimiento de culpa que uno experimenta por causa del rechazo
de este tipo de padres, uno muchas veces acude a razones, que
solamente sirven para mantener la rabia en ebullición. Este estado generalmente no es constructivo ni conduce a una buena
vida, a una vida de paz y alegría.

Nos entristecen las personas que nos buscan todavía furio-

sas, como si ayer fuera hoy. Estas personas generalmente son
aquellas que viven con una actitud y un estilo de vida como si
todavía estuvieran en el pasado. Pueden convertirse en adultos
que no logran establecer relaciones; que entierran sus sentimientos en las drogas, el alcohol o el sexo; personas que tratan a
toda la humanidad como si todavía se estuvieran defendiendo
de sus padres. En general, la ayuda más grande procede de deshacerse de la rabia y/o las heridas sin negar la realidad del maltrato recibido. No es asunto de fingir que no hubo un pasado
desagradable, ni de perdonar donde no se ha admitido la responsabilidad ni ha habido un arrepentimiento. Cuando ese padre o
madre es más irritable que peligrosamente malo, es necesario
encontrar un medio seguro y razonable de honrar—una llamada,
una tarjeta, o una visita. Quizás estos esfuerzos puedan incluso resultar en oportunidades para que los padres expresen
remordimiento e intenten reparar el daño. Ciertamente, hay mayores posibilidades de que eso ocurra en un terreno libre de en-
frentamientos.

Requiere un gran valor y una gran espiritualidad seguir este
mandamiento en condiciones difíciles. Bernardin Lochmueller,
pastor de la Iglesia Unida de Dios, compartió con nosotros su
lucha para aprender: *"Hay circunstancias trágicas en las cuales
un hijo necesariamente se aísla de sus padres, como en casos de
abuso o alcoholismo, etcétera, en los cuales el padre constituye
un peligro claro y directo para ese niño. Aun así, bajo cualquier
circunstancia, debemos honrar a ese padre hasta el punto en que
las circunstancias lo permitan. Un ejemplo personal les ilustrará
lo anterior.*

*Mi madre murió cuando yo tenía seis años. Mi padre era alco-
hólico y nos abandonó a mí y a mis dos hermanos menores. No
tuve contacto con él entre los siete años y los diecinueve, y francamente yo ignoraba si vivía o estaba muerto. Cuando tenía diecinueve años, un pariente me informó que mi padre estaba
gravemente enfermo en el hospital, y era posible que no sobrevi-*

viera. Fui a verlo en el hospital y reestablecí algo de relación esporádica con él.

Para mí fue sumamente difícil el hecho de que él nunca intentara enmendar su abandono. Sencillamente reapareció en mi vida y en la de mis hermanos. Estas circunstancias continuaron durante otros dieciocho años, hasta su fallecimiento en 1990. Durante este tiempo, estuvimos en contacto, y lo veía regularmente, especialmente durante el tiempo que vivió en la misma ciudad. Siempre estaba presente la herida y el deseo de que él al menos pidiera disculpas por su comportamiento—pero esto nunca ocurrió. Me sentí motivado a dar un paso más allá y a mostrarle algo de respeto por ser mi padre—aunque era consciente de que había barreras que tan sólo él podría borrar."

Es posible mantener un contacto cordial, ayudar a un mal padre con necesidades básicas como el alimento, el techo y los medicamentos, no gastar el tiempo marinándose en negatividad bien sea delante de ellos o a sus espaldas. Puede no ser lo ideal, y puede que no cambien los sentimientos, pero ese pequeño gesto de todos modos ennoblece su alma.

¡Papá, Mamá... No Me Molesten!

Los padres no deberían hacer exigencias innecesarias o poco razonables a sus hijos adultos, especialmente los casados que tienen familias propias. Los padres no deben tratar a sus hijos adultos casados como criados o proveedores, y contar con que acudan a su llamado cuando se les presenta cualquier necesidad o capricho. Aunque es comprensible que los padres de edad algunas veces se sientan solos o impotentes, no deberían dar por descontada la buena voluntad de sus hijos.

Los padres no deben hacer despliegue de explosiones de ira o mal genio y estar todo el tiempo irritados y dando cantaleta. Es triste oír las angustiadas llamadas a mi programa de parte de personas casadas y sus cónyuges, que no quieren reprender ni excluir a los padres, pero que no saben cómo mantener el bienestar de su familia y de sí mismos con la obligación de visitar a ese padre difícil.

Ciertamente que está mal que los padres impongan comportamientos inmorales o inadecuados en casa de sus hijos, algo sobre lo cual cada vez oigo más. Los padres, iniciando su segunda vida amorosa, muchas veces eligen el camino de rejuntarse casualmente. Ese comportamiento es lo suficientemente difícil de explicar a los hijos. Esperar que los hijos casados toleren que el padre o la madre se queden a dormir con su amado o amada, compartiendo el mismo techo con sus hijos pequeños, es muchas veces la gota que rebosa la copa.

Abusar de las drogas, fumar en exceso, y hablar con un vocabulario soez, son quejas que hemos escuchado. El aspecto engorroso de llevarse bien con padres que llevan este estilo de vida, es sentir que uno está educando a los padres de uno, sin éxito. Los padres deben abstenerse de ese tipo de cosas, puesto que estarían provocando a sus hijos adultos a comportarse mal a partir de un sentido de frustración o desquite—y por ende serían co responsables de la situación.

Recuerdo Cuando Besaste Mi Herida, Ahora nos Damos el Beso de Despedida.

La razón de una relación complicada o difícil generalmente no es muy simple. Generalmente, es una combinación de comportamiento e interpretaciones de ese comportamiento, o la actitud al respecto, que en última instancia acaba en la furia y ocacionan heridas. A veces la ausencia de una relación padre-hijo parece ser culpa de uno de los padres. Si no quiere participar en la vida de su hijo, no es mucho lo que se puede hacer. Si exige demasiado, utilizando amenazas o el sentimiento de culpa, el hijo posiblemente tenga que retirarse a las fronteras más superficiales de honrar a los padres, dejando atrás la profundidad de una relación significativa. Así como el papel de los padres es asegurarse de que los hijos sepan que la puerta está siempre abierta para la comunicación, es la obligación de los hijos adultos hacerles saber a los padres que las puertas están siempre abiertas para ellos.

A veces la culpa radica más en los hijos. Quizás no quieran tener el compromiso de hacerse cargo de los padres o simplemente no quieran sentirse como niños. Uno de los temas más comunes que observamos es el rechazo de los padres que hicieron grandes sacrificios para proporcionarles a los hijos un hogar bueno y amoroso. Ese amor no está perdido. Según la tradición judía, "El amor de los padres va a sus hijos, pero el amor de esos hijos va a sus propios hijos." El amor que dan los padres a los hijos debería ser devuelto con el merecido honor, y el mismo amor pasado a la siguiente generación.

Las mayoría de las veces ambas partes contribuyen al rompimiento de la relación y ninguno logra respetar las necesidades del otro. Ya que la lucha es tan dolorosa, para evitar el dolor se cortan los vínculos. Este beneficio a corto plazo—evitar el conflicto—es por lo general insignificante comparado con el precio a largo plazo que se paga por la ausencia de una relación entre los padres y los hijos. El rabino Vogel ha visto demasiados casos de padres que fallecen antes de haberse reconciliado con sus hijos. El padre muere, sintiendo una profunda tristeza por la relación perdida, y el hijo generalmente siente culpa por las cosas que hubieran podido sido diferentes.

El mandamiento de honrar a los padres nos indica que debe haber algún tipo de interacción cortés que pueda servir después de fundamento a una relación futura más fuerte.

No Preguntes Qué Pueden Hacer Tus Padres por Ti

Honramos a los padres si nos dirigimos a ellos con respeto, incluso si no sentimos que merecen respeto. Es especialmente importante no hablarles de manera condescendiente o alzar la voz innecesariamente. Casi todos hemos visto hijos adultos que deshonran a sus padres hablándoles sarcásticamente o incluso gritándoles en público. No hay peor modelo de educación que alzarle la voz a un abuelo delante de los nietos. Deshonramos a los padres cuando los tratamos como a niños díscolos.

Honramos a los padres cuando manifestamos gratitud por cualquier cosa que nos dan; los deshonramos cuando esperamos demasiado. Es increíble, pero muchos hijos sienten que los padres les deben ayuda financiera perpetua o que están obligados a servirles para cuidar los niños y ayudar en la casa. Hemos visto muchos casos en los cuales los padres ayudan a sus hijos adultos con el primer pago de una casa, o sirven de fiadores para un auto o algún artículo de lujo, y los hijos consideran obligatoria esa generosidad, más que un acto ejemplar.

Hoy en día honramos a los padres asegurándonos de que sean bien cuidados cuando ya no pueden cuidarse solos. Cumplimos con el mandamiento de honrar a los padres bien sea recibiéndolos en nuestra casa, organizando las cosas para que los cuide en su casa una persona bien calificada, o ayudándoles a trasladarse a un hogar geriátrico. Así como los padres nos cuidaron cuando estábamos pequeños, el acto debe ser recíproco en los años posteriores. Según la tradición judía, los niños no están obligados a pagar por este cuidado si los padres pueden hacerlo. Si es necesario, estamos obligados a hacer el esfuerzo.

Honramos a los padres al no sentirnos permanentemente resentidos por lo que no hicieron y al no echárselos permanentemente en cara. Hay ocasiones en que simplemente tenemos que aceptar sus peculiaridades, idiosincrasias, malos hábitos, personalidades, y estilos de comunicación. Lo hacemos dejando pasar aquello que no tiene que ser confrontado. En el tiempo que dure una visita o una llamada, no todos los momentos tienen que ser analizados. Esta deferencia muchas veces lleva a un mayor número de momentos compartidos.

Honramos a los padres al mantenerlos conectados con nuestra familia. Esta forma de honor es más complicada porque puede depender de las actitudes o acciones de los padres. Las relaciones son una calle de doble vía. En cierto nivel, los padres sí tienen que dar más para recibir más. Si los padres generan una dinámica familiar negativa, entonces estas ocasiones serán limitadas. En general, privar a los padres de relaciones familiares es deshonrarlos. Para los padres mayores, la conexión a la familia le da sentido a la vida. A veces es todo lo que tienen. No creemos que exista honor más grande que darles a los padres mayores una conexión—que les proporciona un sentido de inmortalidad—con las generaciones. Lo que la mayoría de los padres desea recibir de sus hijos es contacto: cartas, llamadas, visitas. Después de esto, la mayoría de los padres desean que los hijos vivan vidas íntegras, que sean exitosos en sus empresas y felices en su vida personal, y que en última instancia encuentren una vida llena de significado.

No es una sorpresa que el asunto de lo que los hijos les deben a los padres haya llegado hasta los tribunales. Los resultados fueron alarmantes. Según el *Plain Dealer,* de Cleveland (mayo 21, 1998), la condena de una mujer por no cumplir con el sustento y por homicidio involuntario en el caso de la muerte de su madre de setenta y nueve años fue reversada por un tribunal de apelación. La mujer había sido condenada porque, según los registros de la corte, su madre había muerto de neumonía, gangrena y a lo que los fiscales describieron como meses de craso abandono. Las fotos de su cuerpo, que fueron exhibidas durante el juicio de la hija, mostraban en la piel úlceras supurantes y en los glúteos una herida gangrenosa. La mujer tenía cataratas en ambos ojos, un hombro dislocado, moretones, la pelvis fracturada y heridas abiertas en los pies. Fue dejada en libertad por la corte de apelación, que la declaró no culpable porque ella le daba ayuda financiera a su madre. La Corte Suprema de Ohio, apoyando la revocación de la sentencia, dijo, "La única responsabilidad legal que los hijos adultos tienen a la hora de cuidar a sus padres mayores es proporcionarles ayuda financiera adecuada." Douglas, el juez de la Corte Suprema de Justicia que escribió esta afirmación, dijo, "No creemos que la Asamblea General tuviera la intención de colocar a los hijos adultos en este tipo de situaciones

insostenibles y de crear terrenos fértiles para enjuiciamientos ex-
cesivos y poco razonables. El deber de un hijo adulto en este tipo
de casos descansa sobre una obligación moral, no una obligación
que se pueda hacer cumplir mediante la ley."

Nos horroriza que un caso de abandono y descuido de tal magnitud, que seguramente habría conducido a una condena si quien
proveía los cuidados era una persona contratada y no la hija de la
anciana, deba considerarse fuera del alcance legal. Pero parece
seguir una tendencia a desconocer nuestra responsabilidad hacia
los mayores.

No Estoy Acabado... Solamente Viejo

El mandamiento de honrar a los padres influye en el honor que
les demostramos a los demás. La Biblia nos ordena **"Ponte en pie
ante el hombre de canas, honra al anciano y teme a Dios: Yo, el
Señor"** (Levítico 19:32). La tradición judía respeta la experiencia
y la sabiduría que viene con la edad. Desafortunadamente, vivimos en una sociedad que adora la juventud, la apariencia física,
el poder y la salud. Hemos perdido el sentido de que los mayores
tienen algo que ofrecernos. Al negar su valor, disminuímos el
valor de la sociedad y nos encontramos teniendo que reinventar
la rueda con cada generación—recortando así el tiempo que realmente podemos beneficiarnos de aquellas cosas que su sabiduría
podriá darnos.

En Japón, donde la edad siempre ha sido venerada, se ha podido conservar el respeto por los mayores. Anualmente celebran
una fiesta conocida como *Keiro No Hi* (pronunciada "quey-ro-
no-ji") o "Día del respeto por los mayores." Esta fiesta fue esta-
blecida a comienzos de los años sesenta, seguramente una época
en la cual las estructuras familiares tradicionales sufrían una
transformación dramática. Ese día en Japón, a los mayores se les
invita a ceremonias públicas en las cuales reciben regalos. Un
número de artistas mayores son galardonados y se les hacen un
reconocimiento especial a los mayores de cien años.

Durante los dos años que el rabino Vogel vivió en Israel, se sorprendía siempre por la consideración con la cual se trataba a los mayores. Bien fuera cederles el asiento en el autobús u ofrecerles asistencia, la cultura israelí sabe cómo tratar a los ancianos.

Debemos conceder de nuevo a los mayores el respeto que merecen, concebirlos como tesoros y no como reliquias. "Es cierto que la juventud revienta de fuerza y vigor, pero el valor de una persona no se mide por sus atributos físicos. El cuerpo es apenas un accesorio del alma" (Rabino Naftalí Reich, *Legacy*, 1997).

Los Maestros No Son Mascotas

Es una lástima que los maestros, que antes eran vistos con gran respeto, hayan perdido en los Estados Unidos su elevada estatura. Según la tradición judía, cualquiera que le enseñe a un niño es considerado como un padre y debe recibir el mismo respeto: **"Grabad en vuestro corazón y en vuestra alma estas palabras que hoy os digo;... enseñádselas a vuestros hijos y repetídselas sin cesar... Para que viváis largos días vosotros y vuestros hijos..."** (Deuteronomio 11:18–21).

Hoy en día, los padres exigen que los maestros, además de enseñar las materias básicas, cumplan responsabilidades de padres. Si un niño no tiene éxito o no es bueno o no es feliz en el aula, es la responsabilidad del maestro—y esta actitud va acompañada de escaso respeto o respaldo por parte de los padres. Estos padres, demasiado ocupados para hacerles seguimiento a las tareas o a las reuniones con los profesores, se enfurecen cuando el trabajo del niño o su comportamiento en la escuela representan "otra cosa más que atender." Hemos visto padres que insultan a los maestros delante de los niños. Al hacerlo socavan la posición del maestro y disminuyen el ejemplo que un maestro puede dar en la vida de un niño. Cualquiera que se dedique a la educación de niños merece respeto.

Lo Que Va...

La palabra hebrea *kavod,* "honor" viene de la palabra *kavad,* "pesado." Honrar a los padres no es fácil. Es una gran responsabilidad. El Quinto Mandamiento establece estándares mínimos para honrar a los padres. El mandato de honrar a los padres concluye los primeros cinco mandamientos, ligando los mandamientos que tienen que ver con Dios a aquellos que establecen las responsabilidades con los demás. Honrar a los padres no solamente nos ayuda a honrar a Dios, también nos ayuda a honrar a otras personas. Los últimos cinco mandamientos serían mucho más fáciles de obedecer si honráramos a las personas y quisiéramos evitar hacerles daño. Seguir este mandamiento, comportarse con decencia y bondad en medio de los conflictos que pueden surgir entre padres e hijos, debería hacer que fuera más fácil manejar con decencia las relaciones con personas menos cercanas.

Una historia final: Érase una vez, cuando el núcleo familiar era más extenso y los niños convivían con los abuelos, un hogar en el que un hombre vivía con su hijo, nuera y nietos. Las cenas en las que todos estaban presentes eran un momento maravilloso para compartir. A medida que los años pasaban, la salud del hombre empezó a declinar. Ya no podía ayudar tanto en la casa, y sus manos empezaron a temblar. A veces dejaba caer la comida en la mesa, e incluso sobre el tapete.

Un día en que el temblor era especialmente fuerte, se rompieron la cuchara y el cuenco que usaba y la comida se regó por doquier. El hijo, presa de la furia y la irritación, le dijo al padre, "Papá, no lo soporto más. ¿No puedes controlarte? Vas a tener que comer solo en tu habitación." Así que el hijo le dio al padre un cuenco de madera que no se partiera, y a la hora de la cena le llevaba la comida a la habitación.

Pasó el tiempo y las cenas transcurrían con mayor tranquilidad y orden. El viejo se sentía muy solo comiendo en su habitación, pero no decía nada porque no quería hacer enojar todavía más a su hijo.

Varias semanas más tarde, el hijo regresó a casa y encontró a uno de sus hijos fabricando algo de madera.

"¿Qué estás haciendo?" preguntó.

"Estoy haciendo un cuenco de madera," respondió el niño.

"Es lindo, pero ¿para qué lo vas a usar?"

"Ah, papá, no es para mí, es para ti."

"¿Para mí? Ya veo, tal vez podamos poner en él las frutas," dijo el padre.

El hijo respondió, "Todavía no es para ti, papá. Lo estoy guardando para cuando estés mayor y las manos te tiemblen. Cuando me parezca que estás demasiado viejo para cenar con nosotros, entonces te lo daré para que puedas cenar en tu habitación."

El padre entró silenciosamente a la casa y se dirigió a la habitación de su padre. "Papá, lamento lo que hice. ¿Cuántos años me cuidaste, asegurándote de que creciera hasta que dejé atrás la torpeza? Ni una vez me hiciste comer en mi habitación; y mira lo que yo te hice a ti. ¿Alguna vez me podrás perdonar por no tratarte con el respeto que merecías?"

Esa noche el viejo regresó a la mesa del comedor. Aunque el ambiente en la mesa era un poco menos tranquilo y menos organizado, la familia estaba completa.

A través de este mandato de honrar a los padres, podemos salvar a nuestras familias y ayudar a recuperar el respeto en una sociedad que lo necesita con urgencia.

Finalmente, la tradición judía vislumbra el máximo retorno a casa para la redención Mesiánica. Es cuando "Los corazones de los padres regresarán a sus hijos, y los corazones de los hijos regresarán a los padres…"

6

El Sexto Mandamiento

"No Asesinarás"

Este es muy probablemente el mandamiento que usted piensa tiene poca importancia en su vida. Al fin de cuentas, ¿cuántas veces ha planeado usted la desaparición de alguien salvo en el contexto de fantasías vengativas en su imaginación? El hecho de que usted no lo convierta en realidad puede explicarse por el miedo a ser descubierto o castigado, miedo a los juicios negativos de las personas, miedo a vivir con la culpa, miedo al acto en sí de terminar la vida de otro, o a un temor ambiguo a la respuesta de Dios.

Estas razones que impiden que las personas actúen de acuerdo a pensamientos homicidas no están a prueba de insensatos. La "rabia de carretera," la expresión que se refiere a quienes carecen de etiqueta al volante o a quienes tienen un bajo nivel de tolerancia ante el tráfico, ha llevado a un aumento de los incidentes con arma de fuego en las autopistas y a conducir imprudentemente produciendo muchas muertes. Quizás, envueltos en un caparazón de acero, tendemos a olvidar lo que contiene cada auto.

No percibir a los demás como seres humanos cuya importancia es igual a la nuestra, es un punto central de los asesinatos. Las leyes y actitudes liberales en cuanto al aborto han contribuido, en mi opinión, al horror de los asesinatos de recién nacidos y al abandono. Una vez que despersonalizamos los embarazos y hablamos de "tejido fetal," sujetos a nuestro antojo y conveniencia, no sentimos el mismo respeto por el ser que acaba de nacer. La proliferación de programas de entretenimiento violentos para los niños, apoyados por la fácil disponibilidad de armas, ha llevado a que los niños cometan asesinatos en masa en el patio de recreo. La falta de una actitud moral por parte de comunidades y familias con respecto a la maternidad sin pareja, rejuntarse y el divorcio, ha llevado a que haya hogares sin padres y a hogares inestables—un terreno fértil para una juventud violenta y organizada en pandillas. La tolerancia y la compasión inadecuada hacia los padres adictos al alcohol, a las drogas, con comportamientos violentos o que abandonan a sus hijos, ha desembocado en la tendencia de permitir que niños vulnerables vivan con padres peligrosos, y por último al maltrato infantil y al asesinato.

Ningún lugar del mundo es inmune a esta tragedia pues las pasiones del nacionalismo, de la tribu la religión, la economia, el poder, la venganza, la competencia, o simplemente el odio proporcionan un flujo sangriento permanente de muertes por todo el mundo. Somos una especie caníbal.

El Primer Asesinato

"Abel fue pastor y Caín agricultor. Pasado algún tiempo, Caín presentó al Señor una ofrenda de los frutos de la tierra. También Abel le ofreció los primogénitos más selectos de su rebaño. El Señor miró complacido a Abel y su ofrenda pero vio con desagrado a Caín y su ofrenda. Caín entonces se encolerizó y su rostro se descompuso" (Génesis 4:2–5).

La rivalidad fraterna por la atención, aprobación y afecto de Dios fue la causa del "primer asesinato" de la humanidad. Dios habla sobre el dolor emocional de Caín ("**¿Por qué estás tan enojado...?**") y la correlación de este con haber respondido de forma malvada ("**El pecado está a las puertas de tu casa...**") y aclara que la elección final es suya ("**Tú puedes vencerlo**"). A pesar de los intentos de Dios por ayudar a Caín a encarar lo que le resulta difícil en la vida, Caín asesina a Abel.

Dios entonces le da a Caín la oportunidad de confesar y de arrepentirse pero Caín elige mentir sobre su conocimiento del paradero de Abel: "No lo sé" (dónde está Abel). "**¿Es que soy yo el guardián de mi hermano?**" (Génesis 4:9).

La respuesta cósmica a esta pregunta es, "¡Sí!" Según la Biblia, la vida humana es sagrada; su injustificable destrucción es vista como un crimen contra Dios.

¿No es Cierto que Siempre que se Mata se Comete un Asesinato?

Existe una confusión en la traducción de lo que prohíbe este mandamiento. La traducción correspondiente a *The New King James Version* al inglés del mandamiento "**No asesinarás,**" es correcta. Las múltiples traducciones en las cuales el mandamiento dice "**No *matarás*,**" no comunican el verdadero significado de la palabra hebrea *tirtzach*. Esta palabra hebrea refleja el acto de matar sin justificación alguna, que es diferente a la pena de muerte, la guerra y la defensa personal que están permitidos en la Biblia.

La diferencia entre matar y asesinar no es una simple cuestión de semántica; consideramos el acto de tomar una vida, que puede ser permitido en ocasiones, de acuerdo a varios niveles de severidad. Algunas formas de matar se consideran peores que otras. Nuestro sistema judicial hace distinciones entre el asesinato premeditado y el homicidio involuntario según el nivel de premeditación, negligencia, o intención. Dadas estas distinciones, una persona puede ser dejada en libertad por matar a alguien accidentalmente, cuando no hubo negligencia; ser llevada a prisión por un corto tiempo por matar a alguien por negligencia; recibir una sentencia de toda la vida en la cárcel por asesinar, o una sentencia de muerte por un asesinato en circunstancias especiales. Respondemos de manera diferente cuando oímos sobre una muerte accidental por un disparo que cuando nos enteramos de los imperdonables actos de sedicia cometidos por los seguidores de Charles Manson. El uno nos entristece, y el otro nos escandaliza, asquea y asusta. Intuitivamente comprendemos la diferencia entre los diversos actos que causan la muerte. La forma simple en que está expresado este mandamiento reconoce que no toda muerte causada es igual.

"Todo Asesinato es un Ataque a Dios"

Sí usted cree que la prohibición de asesinato está ligada al versículo "**Amarás a tu prójimo como a ti mismo**" (Levítico 19:18), o como enseñó Jesús, "**Todo lo que queréis que hagan con vosotros los hombres, hacedlo también vosotros con ellos**" (Mateo 7:12), o la versión rabínica, "**Lo que sea detestable para ti, no lo hagas a tu vecino,**" entonces asesinar está mal porque uno no quiere que lo maten. Se trata de una regla de orden social. Si usted piensa en los miembros de las pandillas que matan porque no valoran la vida, se dará cuenta de que hay personas a las que no les importa que las maten y no ven nada de malo en matar.

Si usted cree que las leyes establecidas por la sociedad deben ser cumplidas por todos los ciudadanos, y que asesinar está mal porque la sociedad así lo decreta, entonces uno tiene que respetar que en la Alemania nazi, y en gran parte de Europa oriental, fuera aceptable matar a judíos, gitanos, homosexuales, personas incapacitadas y a cualquier otro grupo considerado inferior. Hitler subió al poder mediante un proceso democrático y el apoyo de las personas lo mantuvo en el poder. Si la sociedad alemana decía que era aceptable matar a estas personas, entonces ese era el orden social. Existen sociedades hoy en día en las cuales es aceptable asesinar a ciertos grupos étnicos. O si no, miren la "limpieza étnica" que se llevó a cabo en Bosnia, o las matanzas tribales en África. ¿Quién puede decir que su forma anticuada de manejar esta situación es equivocada? El hecho de que algo sea aprobado por la sociedad no lo convierte en algo correcto. Si asesinar es malo, entonces debe haber una razón que lo hace ser así. La razón objetiva, que invalida a todas las emociones y a los tiranos, es que Dios dice que está mal asesinar.

Asesinar está mal porque la vida es un regalo de Dios. No solamente la vida es un regalo, sino que nuestra existencia misma está ligada a Dios; **"Dios creó al hombre a su imagen, a imagen de Dios los creó, macho y hembra los creó"** (Génesis 1:27). No somos mero protoplasma bien desarrollado; por causa de Dios, los humanos somos únicos en nuestra esencia **"le insufló en sus narices un hálito de vida; y así el hombre llegó a ser un ser viviente"** (Génesis 2:7). Por lo tanto, **"Quien derrame sangre de hombre verá la suya derramada por el hombre, porque Dios ha hecho al hombre a Su imagen"** (Génesis 9:6). Ya que el regalo humano de la vida está dotado de la chispa de divinidad que nos hace diferentes de todo el resto de las especies vivientes, eliminar otra vida injustamente puede compararse con robarle a Dios e incluso verse como si se asesinara algo divino.

¿Dios Asesinó a la Humanidad?

Cuando Adán y Eva fueron desterrados del Jardín del Edén al ancho mundo, lo hicieron sin instrucciones, sin leyes. En los tiempos de Noé, una humanidad sin leyes dio como resultado una humanidad sin orden y sin sentido de santidad. El resultado: **"La tierra estaba corrompida delante de Dios y toda ella llena de violencia"** (Génesis 6:11). En un pasaje asombroso, Dios, como un padre a quien un hijo díscolo le ha partido el corazón, **"...vio que la maldad de los hombres sobre la tierra era muy grande y que siempre estaban pensando en hacer el mal, y se arrepintió de**

haber creado al hombre sobre la tierra y con gran dolor dijo…"
(Génesis 6:5–6)

A su pesar, Dios planea borrar a los hombres que ha creado, junto con las bestias, las cosas que se arrastran, y las aves del cielo; todos los seres vivientes menos Noé, quien **"caminaba con Dios"** (Génesis 6:9). Existen muchas historias antiguas de culturas paganas que hablan de grandes diluvios que exterminaron varias poblaciones porque así lo quizo su dios particular. Este aspecto común ha sido utilizado o bien para descartar la historia de Noé como simplemente una reescritura de la mitología preexistente, o como prueba de un cataclismo geológico real. Lo que es histórica y espiritualmente único acerca de este relato es que tiene una moraleja, cuyos temas incluyen el pecado, la virtud, la oportunidad de iniciar una nueva vida, y una creciente responsabilidad personal (si bien con las guías dadas por Dios, Noé construye el arca—un salto de cuando Dios tenía que hacerles la ropa a Adán y Eva). No se trata solamente de una historia acerca de la decepción y venganza de Dios, es una historia de redención y acerca de la oportunidad de volverse virtuoso por medio de leyes que gobiernan nuestro comportamiento y una consciencia de que los comportamientos aportan santidad y virtuosidad a la humanidad.

Cuando Dios creó el diluvio, ¿asesinó a la humanidad? Por definición, asesinato da a entender una muerte no justificada. Las acciones de Dios siguen a la corrupción privada del hombre y a la pérdida de vergüenza pública que condujo a un comportamiento inmoral generalmente aceptado. La humanidad perversa recibió la pena de muerte divina—pero no el virtuoso Noé. Y no fue el fin de la humanidad. A través de Noé, el nuevo "padre" de la humanidad futura, Dios proporcionó leyes para asistir y dirigir a las personas, a pesar de la "naturaleza humana," hacia la virtud. Estas primeras leyes incluían la prohibición contra el asesinato: **"Yo pediré cuenta estrecha de la sangre de cada uno de vosotros; se la pediré a los animales y al hombre: a cada uno le pediré** cuenta de la vida de su hermano. **Quien derrame sangre de hombre, verá la suya derramada por el hombre, porque Dios ha hecho al hombre a su imagen**" (Génesis 9:5–6). Según la tradición judía, estas leyes dadas a Noé y a sus descendientes, se llaman los Siete Mandamientos de Noé o Ley Noáquida. Las leyes son así:

➤El establecimiento de las cortes de ley.

➤La prohibición de la blasfemia.

➤La prohibición de la idolatría.

➤La prohibición de la inmoralidad sexual.

➤La prohibición de asesinar.

➤La prohibición de robar.

➤La prohibición de comer miembros arrancados a un animal vivo (compasión por los animales).

La tradición judía sostiene que estas son expectativas universales divinas de Dios y que todos los no judías que cumplan la Ley Noáquida participarán en la salvación y en las recompensas del mundo por venir.

La Primera Alianza

Lo que tienen de especial estas leyes es que están arraigadas en una alianza. Antes de Noé, no había alianza. Dios configuró una "relación legal" con Noé, a través de la cual formuló exigencias éticas mediante leyes.

Dios puso un arco iris en el cielo como una prueba de la alianza que decía **"y las aguas no volverán a ser un diluvio que arrase la tierra"** (Génesis 9:15). No tenemos forma de saber si Dios lamentó lo que había hecho, o si la visión de la muerte de sus criaturas le pesó en el corazón. Dios hizo lo que Dios decidió que había que hacer. Si hubo pesar divino, tal vez fue debido a que la situación había ido demasiado lejos.

En la siguiente ocasión en que Dios decidió castigar a la humanidad tan severamente, primero se lo consultó a Abraham. En la discusión que surge (Génesis 18:23–33), Abraham convence a Dios de que incluso la presencia de diez personas virtuosas exige la salvación de todos los habitantes de Sodoma y Gomorra. Al final, ni siquiera se encuentran diez personas virtuosas para salvar a los habitantes de estas ciudades. Una vez más, este Dios de justicia no podía castigar justos por pecadores—Lot, y los miembros virtuosos de su familia, fueron salvados. La vida humana es tan sagrada que incluso Dios debe tener buenos motivos para eliminarla.

El Asesinato que se Castiga con la Muerte

Aunque acabar accidentalmente con una vida no se castiga con la muerte, según la Biblia, el asesinato sí. La Biblia sugiere una serie de razones que justifican la pena de muerte como consecuencia del asesinato. Como una retribución y un factor de disuasión, la pena de muerte refleja el deseo de Dios: **"así extirparás el mal en Israel"** (Deuteronomio 17:12).

Aun más fuerte es la imagen de que **"la sangre profana la tierra"** (Números 35:33). Así como la sangre de Abel llamaba desde la tierra (**"La voz de la sangre de tu hermano grita de la tierra hasta Mí,"** Génesis 4:10), el asesinato es tan aberrante que la llamada de la sangre no puede ser acallada sino retirando del mundo a la persona que se llevó esa vida. Mientras que a Caín se le evita ese máximo castigo, más adelante la Biblia es muy explícita en que **"Quien derrame sangre de hombre verá la suya derramada por el hombre"** (Génesis 9:6).

Esta postura se aplica al asunto de la pena de muerte. Aunque la tradición bíblica es muy clara en cuanto a la aceptación de la pena de muerte, las enseñanzas posteriores judías y cristianas son cautelosas en su aplicación. Por ejemplo, la ley y la tradición judías sostienen que la pena de muerte en un caso capital está prohibida si se condenó a la persona con base en una fuerte presunción o en evidencias circunstanciales, aunque parezcan ser concluyentes. De hecho, también es necesario que haya al menos dos testigos (**"Un sólo testigo no basta para probar la culpabilidad de un hombre en cualquier clase de falta o delito que sea. La sentencia se apoyará en la declaración de dos o tres testigos, cualquiera que sea el delito,"** Deuteronomio 19:15), y que la pena de muerte no puede ser aplicada si los jueces eligieron la pena de muerte solamente por un voto (**"ni declares en un pleito inclinándote a la mayoría, violando la justicia,"** Éxodo 23:2). La intención de estas limitaciones es que ninguna pena de muerte sea hecha efectiva a menos que haya testigos que comprueben con seguridad lo que pasó, sin el menor asomo de duda, y que no haya otra explicación posible. Estas precauciones son necesarias para evitar que las autoridades no caigan en **"y no hagas morir al inocente o al justo..."** (Éxodo 23:7). Es decir, hay que tener extremo cuidado de no aplicarle la pena de muerte a una persona cuando es posible que no hubiera cometido el crimen capital.

Es típico de la ley y el pensamiento rabínico que el texto escrito de la Biblia no sea seguido ciegamente, sino interpretado y reinterpretado por estudiosos y maestros judíos para conservar sus cualidades dinámicas y el respeto por el equilibrio entre la compasión y la justicia. Aunque el estado de Israel prácticamente ha abolido la pena de muerte, está permitida cuando se trata de ofensas como la traición o el genocidio.

Algunos grupos religiosos son especialmente vehementes en su oposición a la pena de muerte porque creen que a los humanos no les corresponde dar fin a una vida sagrada excepto en defensa propia o en guerras morales. Otros que se oponen a la pena de muerte lo hacen basados en su naturaleza irreversible, considerando la posibilidad de que el individuo pueda ser inocente.

C. M. Adams, quien se describe como un cristiano interesado en el tema de la pena de muerte, nos escribió: *"Los hombres no*

inventaron la pena de muerte ¡la inventó Dios! Pero, siendo mi-
sericordioso y justo, Él estableció un protocolo para implemen-
tar la sanción. Aunque no soy un estudioso del hebreo, estoy de
acuerdo en que 'No matarás' ha sido malinterpretado. Un asesi-
nato pide justicia. No existe un 'dilema moral' cuando se trata de
la pena de muerte. Dios mismo lo determinó así. La pena de
muerte no tiene que ver con la disuasión, ni con cerrar heridas, ni
tampoco es cruel. Es algo acorde con las Escrituras y es justo."

En cuanto al argumento de que la sociedad se degrada cuando
aplica el máximo castigo, en una columna publicada el 23 de
junio de 1997, Richard G. Durant expresa elocuentemente su
respuesta, que muestra que este argumento es falaz: "Lo que
haga una sociedad con quien asesina a un inocente proclama con
claridad al individuo y a todas las personas cuánto valora la vida
de esa persona inocente. Una sociedad verdaderamente civilizada
no tiene otra opción que exigir el máximo castigo. Cualquier castigo inferior degrada a la sociedad—y degrada la vida."

En cuanto al concepto de que "solamente Dios puede disponer
de la vida," es relevante que la pena de muerte por asesinato de
un inocente está ordenado en cada uno de Los Cinco Libros de
Moisés de la Torá (Génesis 9:6, Éxodo 21:21, Levítico 24:17,
Números 35:31, Deuteronomio 19:20). De hecho, ¡es la única
ley en la Torá que se repite en cada uno de los cinco libros! ¡Obviamente, se trataba de una consideración divina importante!

Me resulta moralmente aberrante que algunos equiparen la
pena de muerte con una forma de asesinato. El asesinato de un
ser inocente es claramente diferente de la determinación de una
sociedad de eliminar a los perpetradores del mismo. No pueden
considerarse moralmente equivalentes al asesino con quien busca
justicia. *El Midrash,* una recopilación de reflexiones rabínicas
antiguas, resume el problema de manera muy concisa: "Quienes
son misericordiosos cuando deberían ser crueles, al final, serán
crueles con quienes merecen misericordia." Muchas veces me entristecen y me dejan perpleja las multitudes que hacen vigilias
frente a una prisión en apoyo a un asesino que mató a sangre fría

a un niño. En mi programa radial, muchas veces he desafiado a esas mismas personas para que enciendan velas frente al hogar de la victima—y, más importante, que sirvan de voluntarios para ayudar a los parientes y amigos sobrevivientes y para apoyarlos en su pena ante la pérdida. Que no lo hagan es un ejemplo claro de cómo su compasión está mal enfocada y distorsionada en una especie de reacción involuntaria que los hace sentirse santos.

Incluso si uno está a favor de la pena de muerte, el acto de retribución no debe incluir un sentido de celebración. Aunque la Biblia describe ejecuciones públicas e incluso la exhibición posterior del cadáver (Deuteronomio 21:22) para que las personas pudieran ver la justicia, las ejecuciones públicas no deben estar acompañadas de aplausos, júbilo, vivas y burlas que degraden la integridad de la vida. Esto es inhumano y bárbaro. Una cosa es permitirle a un miembro de familia la satisfacción de presenciar la ejecución del asesino de un ser querido, pero otra cosa es convertirlo en una especie de espectáculo festivo.

Según una tradición judía, después de que los israelitas llegaron a un lugar seguro cuando pasaron el Mar Rojo y el agua se cerró sobre el ejército egipcio, aniquilando a cada uno de los soldados, los angeles empezaron a cantar alabanzas a Dios. Pero Dios los silenció diciendo "¡mis criaturas se ahogan, ¿y vosotros me alabáis?!" Ni siquiera los angeles pueden regocijarse en la retribución divina. Es posible experimentar una sensación de justicia y sin embargo conservar el respeto por la santidad de la vida.

¿Tiempo de Matar?

Los seres humanos pueden racionalizar que cualquier cosa está bien si se trata de algo que desean poseer o hacer sin tener que sufrir las consecuencias. Esta es precisamente la razón por la cual la ley divina es tan crucial. En una película titulada *Nick of Time,* a un tipo cualquiera le piden que asesine una candidata presidencial bajo amenaza de que si no lo hace matarán a su pequeña hija.

Sería fácil racionalizar que un niño es más importante que un adulto, o que la familia es más importante que un extraño, o que lo que se está haciendo se hace bajo presión, de modo que la responsabilidad ya no es personal. Si cualquiera de nosotros estuviera en una situación así, tendríamos la tentación. El "héroe" eligió no asesinar. Por el contrario, decidió proteger a la candidata y también salvar a su hija.

El mismo argumento fue utilizado en la Babilonia del cuarto siglo cuando un hombre buscó a un rabino importante y le dijo que el gobernador de su pueblo le había ordenado matar a un inocente o si no él sería asesinado. El rabino respondió diciendo, "¿Quién dijo que su sangre era más roja?" O sea, ¿con base en qué puede alguien argumentar que su vida es más importante que la de otro? Matar a una víctima inocente no constituye defensa personal. Puesto que la meta del gobernador era matarlo injustamente, es legítimo eliminar al gobernador si no hay otra forma de sobrevivir.

La ley judía justifica disponer de una vida para proteger a otro de una muerte segura: **"no te quedarás impávido mientras que se derrama la sangre de tu prójimo..."** (Levítico 19:16). No obstante, siempre que sea posible, se debe advertir primero al atacante. Si lo puede salvar de cualquier forma sin tener que matarlo y sin poner en peligro su propia vida, así debe hacerse.

La defensa personal también es justificable. En II Samuel (2:22–23), Asael no dejaba de perseguir a Abner, quien le imploraba: **"¿Por qué me obligas a derribarte a tierra? ¿Cómo podría entonces levantar mis ojos en presencia de Joab, tu hermano?"** En vista de que se negaba a desistir, Abner lo golpea en el vientre con la culata de la lanza, **"...y cayó allí mismo y murió instantáneamente."**

Aunque muchas personas creen que el concepto cristiano de "poner la otra mejilla" prohíbe la defensa personal, el catecismo de la Iglesia Católica sostiene que es legítimo insistir en el respeto por el derecho a la vida propia. Alguien que defiende su vida no es culpable de asesinato, aun si es obligado a disponer de la vida de su agresor. Más aún, la defensa mortal no solo se considera un derecho, sino un serio deber para alguien que es responsable por la vida de otro, o por el bien común de su familia o su país.

La tradición judía diría que no impedir que alguien lo asesine a uno es suicidio, y el suicidio siempre está prohibido.

Y luego está el asunto de la guerra. Aunque hay demasiadas facciones religiosas que declaran "guerras santas" para justificar acciones bárbaras e inmorales, existen guerras morales y obligatorias. Debemos reconocer que, en palabras del Eclesiastés (3:8), hay "un tiempo para la guerra y un tiempo para la paz." Aunque la guerra a veces es un mal necesario, lo peor que nos puede ocurrir es que nos volvamos arrogantes, insensibles, faltos de compasión o lástima. Es por eso que los países civilizados tienen reglas para declarar la guerra y exigen justicia por los crímenes de guerra. Dios es divinamente compasivo y, como vimos antes en este capítulo, se interesa en la justicia y en la ley.

Esta clase de compasión fue bien expresada por la Primera Ministra Golda Meir, la primera mujer dirigente de un estado judío desde los tiempos de la Biblia, quien, al reflexionar sobre las guerras de Israel contra Egipto en busca de su supervivencia, dijo, "Podemos perdonarles a los árabes casi cualquier cosa. Podemos incluso perdonarles que nos maten a los hijos. Sin embargo, no podemos perdonarles que conviertan a nuestros hijos en asesinos."

Cada Uno de Nosotros *es* un Mundo

¿Es acaso un peor crimen asesinar a diez personas que a una? Pregúntele a cualquier padre, madre, hijo o cónyuge de la victima de un asesinato, y le dirán que lo único que les importa es la persona que perdieron. Es como si todo el mundo hubiera fallecido. Por esta razón, la tradición judía enseña que "si una persona salva una vida, es como si todo el mundo hubiera sido salvado. Y, si una persona destruye una vida, es como si todo el mundo hubiera sido destruido." Mire su árbol genealógico y estudie a sus ancestros. Tome nota del número de descendientes. Docenas, quizás cientos de personas están vivas por ellos. Imagine si hubieran sido asesinados antes de poder tener hijos. El asesinato de una sola persona tiene profundas implicaciones sobre el futuro.

Si una sola vida es como todo un mundo, la magnitud del asesinato de seis millones de judíos por los nazis es sobrecogedora. Imagine cómo sería durante la temporada deportiva en la sede de los Dodgers si el público fuera conducido después de cada juego a un crematorio para no verlos nunca más. Aun así, las cifras no alcanzarían el número de judíos asesinados por los nazis. Seis millones es demasiado difícil de imaginar. En esta cifra alucinante, el significado del individuo se pierde. Tal vez si usted piensa en seis millones *más uno*, puede empezar a entenderlo. Con "uno" nos podemos identificar, porque nos recuerda a nosotros mismos.

Así como podemos sentirnos faltos de reconocimiento o anónimos en un grupo grande, el sentido de horror por la pérdida de una vida puede de hecho ser reducido cuando nos enfrentamos a grandes cifras. El sentido del monumento en Washington a los caídos en Vietnam es precisamente captar la magnitud del número de personas que fallecieron. La sobriedad de la piedra con sus miles de nombres habla por sí sola. Las personas pueden acercarse para encontrar el nombre de un amigo o de un ser amado. Cada nombre representa una tragedia. Seis millones *más uno* es un intento por hacer énfasis en el carácter único de cada vida que fue terminada. La muerte de tantos mundos es difícil de imaginar.

El Asesinato de Uno Mismo

El judaísmo y el cristianismo rechazan la idea de que nuestro cuerpo nos pertenece para hacer con él lo que se nos antoje. Los mormones prohíben ingerir ciertos productos poco saludables como la cafeína, el alcohol y la nicotina. Algunos rabinos han prohibido fumar por considerar que implica correr un riesgo in-

aceptable. El judaísmo y el catolicismo prohíben cualquier clase
de mutilación al cuerpo. El judaísmo prohíbe incluso cualquier
cambio permanente en el cuerpo como el tatuaje. Todas estas
prohibiciones religiosas están relacionadas con el hecho de que
Dios ha puesto nuestras almas dentro de un recipiente terrenal
que debe ser cuidado como corresponde. Tanto la esencia espiritual del alma como la naturaleza física del cuerpo son dones de
Dios. Para algunas tradiciones religiosas, es posible "pecar en el
corazón." Aunque el placer de la carne puede llevarnos a pecar,
también es cierto que es prácticamente solo gracias a la naturaleza física del cuerpo que podemos hacer los actos virtuosos que
Dios desea que hagamos. Podemos pensar en nuestros cuerpos
como en una especie de préstamo indefinido que debemos devolver tan sólo con un desgaste razonable. La idea bíblica de que
**"…hasta que vuelvas a la tierra pues de ella fuiste sacado; porque
polvo eres y en polvo te has de convertir"** (Génesis 3:19) es la
imagen de la devolución a Dios de nuestro recipiente prestado.

Puesto que el cuerpo no nos pertenece, no solamente está prohibido disponer de la vida de otro, sino de la propia. Si creemos
que la vida es un regalo de Dios, renunciamos a ciertos derechos
al aceptar ese regalo. En concreto, no podemos terminar ese préstamo antes de tiempo. Aunque el individuo que considera el suicidio puede sentir que la vida es injusta o que Dios lo está
castigando, disponer de la propia vida socava potencialmente el
orden cósmico del universo. Nuestra vida está dotada de un propósito, y el reto es encontrar ese significado. Es por ello que las
personas que mejor se recuperan de la pérdida de un ser amado o
de una tragedia personal son quienes le encuentran un significado a la experiencia. No tiene uno más que pensar en Elizabeth
Glaser, la esposa del actor Paul Michael Glaser, quien sufrió la
pérdida de un hijo por causa del SIDA y a quien también le diag-
nosticaron la enfermedad. Pasó el resto de su vida tratando de
crear una conciencia sobre la enfermedad, recaudando fondos
para las investigaciones sobre SIDA, y sirviendo de inspiración
para que muchas personas le sacaran el mayor provecho a la

vida. Christopher Reeve fue otro ejemplo de quien podría haberse dado por vencido después de un accidente. Utilizó su fama para atraer atención a las necesidades de los discapacitados. Además, sirvió como inspiración a las personas gravemente discapacitadas en cuanto a que las limitaciones severas no tienen relación con la posibilidad de encontrar un significado.

Rechazar el suicidio es un intento por forzar a la persona a encontrar un significado en lugar de optar por la salida más fácil. La condición física y emocional de las personas con enfermedades terminales, como quienes sufren del SIDA en un estado avanzado, desafía la compasión de una política de no suicidio, pero las dificultades teológicas de establecer criterios aceptables para el suicidio son demasiado problemáticas. La perspectiva judía en cuanto al suicidio es que el individuo peca solamente si se ha matado "en pleno uso de sus facultades." La mayoría de las personas que se suicida ya no tiene pleno uso de sus facultades. En esta situación, el suicidio ocurre generalmente en medio de la depresión. A menos que pueda comprobarse que la persona se mató como parte de un acto decidido y bien informado, no se considera un acto deliberado. El suicidio por abatimiento recibiría todos los servicios funerales y respeto. La doctrina de la Iglesia Católica es semejante. Las perturbaciones psicológicas profundas, la angustia, el sufrimiento o la tortura pueden mermar la responsabilidad de quien se suicida. La salvación eterna de las personas que han dispuesto de su propia vida es, desde luego, asunto de Dios. Mediante caminos que sólo Él conoce, Dios puede proporcionar la oportunidad de un arrepentimiento reparador.

Algunos de los momentos más difíciles para un rabino y una terapeuta son aquellos en el teléfono con una persona que quiera suicidarse. La mayoría de las personas dirán que estos individuos seguramente tienen algo por qué vivir pero, en casos cuando no hay cónyuge ni hijos, se está discapacitado o sin empleo, sin amigos ni vida social, parece efectivamente que hubiera poco por qué vivir. Cuando se habla con estas personas, debido al dolor emocional, los aspectos teológicos parecen tener un imperativo menos urgente. Se preguntan por qué Dios les hace esto o aquello. El rabino Vogel muchas veces cita una enseñanza judía favorita: "No existe una persona que no tenga su hora." Todo el mundo tiene un propósito. Este propósito no siempre es fácil de discernir, especialmente cuando uno está desesperado. El dolor se puede superar, si hay un sentido de propósito. Desafortunadamente, es más difícil conseguir la receta para el propósito que una receta médica para un síntoma físico.

El suicidio es un crimen contra el ser y contra Dios. Muchas personas, aisladas o deprimidas, muchas veces olvidan que tienen el deber de convertirse en una bendición para el mundo, cada uno de una forma especial. Cada suicidio es una profunda pérdida para toda la humanidad y para la historia, por la contribución de esa persona y el impacto sutil o dramático que puede haberse perdido.

Los comportamientos suicidas pueden también estar contenidos en esta prohibición: no cuidar el cuerpo y la salud, así como correr peligro a propósito en situaciones en que la vida está en riesgo sin que medie una causa noble. El sexo promiscuo en la era del SIDA, conducir en estado de ebriedad, abuso de las drogas, comer en exceso, y demás entra en esta categoría.

El Aborto

Los activistas "pro vida" y "pro opción" no están de acuerdo sobre si el aborto constituye un asesinato. Se han hecho intentos médicos y legales por definir el "comienzo de la vida" y cuándo el embrión o feto que se está desarrollando puede considerarse un ser humano.

La fuente bíblica de la comprensión de la moralidad o legalidad del aborto no es específica y generalmente es malinterpretada o mal comprendida. La ambigüedad gramatical de Éxodo 21:23 permite dos lecturas posibles. La tradición judía traduce el versículo del hebreo de la siguiente manera: **"Si unos hombres se pe-**

lean y golpean a una mujer encinta haciéndola abortar, pero sin ningún daño especial (a la mujer), el que la ha golpeado será multado con la cantidad que el marido de la mujer pida y decidan los jueces. Pero si sigue un daño (a la mujer), lo pagarás: vida por vida; ojo por ojo…" La larga lista de equivalencias entre el "acto" y la "retribución" (ojo, diente, y demás) era para asegurarse que el castigo no excediera el crimen—un concepto que antes no se aplicaba en general en las culturas paganas anteriores en las cuales una persona podía perder la vida por haberse robado un pan.

La interpretación cristiana de Éxodo 21:23, por otro lado, se refleja en la traducción de *New King James Version:* "Si unos hombres se pelean y hacen daño a una mujer encinta haciéndola dar a luz antes de tiempo, pero sin ningún daño especial (al feto), el que la ha golpeado será multado con la cantidad que el marido de la mujer pida; y pagará según decidan los jueces. Pero si sigue un daño (al feto), lo pagarás: vida por vida…" En la lectura judía, un aborto espontáneo que resulta en muerte fetal no se considera asesinato (que se castiga con la muerte), mientras que en la lectura e interpretación cristiana sí.

La interpretación cristiana crea una prohibición muy clara y una actitud punitiva hacia el aborto como un asesinato. La traducción del hebreo original no establece una prohibición bíblica contra el aborto; no obstante, la interpretación rabínica tradicional prohíbe el aborto como método de control natal. Los abortos que están permitidos según el enfoque judío no se hacen al amparo de la teoría de que "el cuerpo nos pertenece," sino que se relacionan especialmente con la amenaza a la vida o salud mental de la madre. Las motivaciones económicas o de conveniencia se consideran inaceptables. Aunque el feto no es considerado una vida plena para efectos de definir un asesinato, sí se considera una vida en desarrollo—que no debe ser terminada sin causa suficiente.

De hecho, a veces la ley judía requiere el aborto; por ejemplo para salvar la vida de la madre. La Tradición Oral, que también se dice fue entregada a Moisés junto con la Torá en Sinaí, afirma,

"Si una mujer tiene un parto difícil, el embrión en su interior debe ser desmembrado extremidad por extremidad y extraído porque la vida de la madre tiene prioridad. No obstante, si la parte más grande del niño sale (la cabeza), este no debe ser tocado porque una vida no debe ser tomada para salvar otra." Por ende, se prohíben los abortos en casos de alumbramiento parcial. En la tradición judía, el estatus del feto como una vida independiente no ocurre sino hasta después del nacimiento de una parte del feto.

Esto no indica ninguna falta de seriedad en la forma en que la tradición judía estima la creación de la vida. Cada bebé recién nacido se considera un precioso don de Dios, que permite participar en el proceso de creación: **"Los hijos son un regalo del Señor; el fruto de las entrañas, una recompensa"** (Salmos 127:3). Además, en los Salmos (139:13–14) se hace énfasis en cómo el acto de creación de una nueva vida es una asociación especial entre Dios y los seres humanos: **"Porque Tú formaste mi mente; Tú me cubriste en el vientre de mi madre. Te reconozco porque confieso que Soy una obra prodigiosa..."**

Tristemente, cada vez se alzan más voces que quieren que el aborto se justifique en base a un "mal momento" o en que era el "tipo equivocado." Estas razones para abortar trivializan la bendición y el milagro de la vida.

Aunque a lo largo de los años en mi programa radial he hablado con muchas mujeres que han criado hijos concebidos por incesto o violación, estas son dos categorías de concepción que algunos consideran excepciones razonables a la prohibición de abortar. De hecho, *Los Angeles Times* (abril 13, 1998) reportaba que un panel de clérigos musulmanes en Argelia había decidido "permitir que las mujeres violadas por militantes islámicos se hicieran abortos. Aproximadamente 1,600 mujeres han sido violadas desde que empezó el levantamiento insurgente en 1992, motivando a los oficiales del gobierno a apelar a las autoridades religiosas para que hagan una excepción a la prohibición del aborto en el país." Según *Al Khabar,* uno de los principales periódicos de Argelia, el término *aborto* fue evitado para "asegurar que el permiso no fuera utilizado como una autorización general para interrumpir embarazos." Claramente, la intención de los terroristas es desmoralizar y degradar a la población a través de estas violaciones. Una conspiración igualmente depravada se reportó en Bosnia, en los ataques de los serbios a las mujeres musulmanas. Permitir el aborto en estas circunstancias forma parte de un esfuerzo por proteger a las mujeres de una mayor angustia emocional extrema.

La Eutanasia

En cuanto a la eutanasia, el judaísmo, el catolicismo y algunas otras denominaciones cristianas están de acuerdo en que la eutanasia activa está prohibida porque constituye un asesinato. La eutanasia activa, por noble que sea el motivo, no puede ser nunca aceptable, aun si la intención es tan solo acabar con el sufrimiento del paciente. Aun si el individuo pide ayuda para acabar con su vida, está prohibido ayudarlo debido a los asuntos que hemos debatido anteriormente en el capítulo, incluyendo que fuimos hechos a imagen de Dios y que el suicidio está explícitamente prohibido. Por ende, el Dr. Kevorkian y las leyes de suicidio asistido que han sido aprobadas en algunos estados de los Estados Unidos son contrarias a las enseñanzas judías y cristianas. El asunto radica en que no nos corresponde jugar a ser Dios decidiendo cuándo se le terminó el tiempo a alguien.

Mientras que en el judaísmo y en el cristianismo la eutanasia activa se considera claramente un asesinato, el estatus de la eutanasia pasiva es menos claro. Muchas disciplinas religiosas creen que, sea cual sea el motivo o los medios, la eutanasia directa es moralmente inaceptable. Estas mismas tradiciones generalmente consideran que es legítimo descontinuar los procedimientos médicos que son engorrosos, peligrosos, extraordinarios o desproporcionados con el resultado esperado. En el así llamado modo pasivo, uno no tiene la voluntad de causar la muerte—uno la acepta como inevitable. Los cuidados básicos no deben ser negados.

Ambos hemos acompañado a muchas familias que han tenido que enfrentarse a la muerte de uno de sus miembros. Muchas veces hay que tomar una decisión en cuanto a si permitir medidas heroicas. Aun cuando las familias hayan tomado esta decisión anticipadamente, en el momento en que el familiar presenta un paro cardíaco aparecen cambios de parecer e incluso de decisiones. Hemos conocido pacientes que se extinguen poco a poco, perdiendo la dignidad en el proceso de agonía y hemos acompañado a familias que tienen que sufrir el deterioro de su ser amado.

La compasión y el horror naturalmente nos llevan a todos a debatir la sabiduría de las enseñanzas religiosas que prohíben la eutanasia activa. Vemos el malestar de sus parientes queridos desgarrados frente a la decisión entre la vida o la muerte inmediata o el sufrimiento. Nos preocupamos por la imprecisión inherente de los seres humanos que están tratando de adivinar el futuro de una enfermedad o que están sujetos a motivaciones erradas al tomar las decisiones. Pero la razón no quita el dolor. Es comprensible el conflicto entre el dolor personal y un valor que conlleva un mayor bien para la humanidad. Sabemos que el papel de este mandamiento es poner los valores en orden de prioridades y ayudarnos a poner en su lugar las abrumadoras emociones temporales que pueden ser contrarias a lo que aceptamos como correcto.

El primer estatuto de Muerte Digna que hubo en los Estados Unidos (el de Oregon) permite que los médicos receten con pleno conocimiento medicamentos a personas que planean quitarse la vida. La ley de Oregon básicamente permite que un paciente al quien dos médicos le hayan pronosticado menos de seis meses de vida pida que el médico le recete una dosis letal de barbitúricos. Según un informe de *Los Angeles Times* (junio 6, 1998), "La ley entonces requiere que los médicos determinen que el paciente no sufre de depresión u otra enfermedad mental y que impongan un período de espera de quince días antes de entregar la receta médica para la adquisición de estas drogas." Puesto que no se le permite al médico administrar o inyectar estas drogas, es debatible si las acciones del médico clasifican como eutanasia activa. Puesto que el paciente que comete el suicidio es declarado "en pleno uso de sus facultades" ciertamente se trata de un acto sobrio y decidido de suicidio—moralmente prohibido por la ley judía y católica.

Los adelantos médicos continuarán poniendo a prueba la distinción entre lo que se *puede* y lo que es *correcto*. En este punto, la guía en cuanto a ética médica va a la zaga de los adelantos médicos. Por ejemplo, existe un debate nacional sobre el asunto de si prohibir los experimentos de clonación humana. Imaginen tener clones almacenados de un DNA ideal para que sea compatible en transplantes de órganos. Como parte de uno de mis proyectos de ciencia en la escuela intermedia hace casi cuarenta años, describí esa posibilidad en el futuro de la medicina. De niña, me parecía una bendición. Ahora adulta, la considero una amenaza a la humanidad de ese clon.

Dios nos dio la imaginación, la creatividad y el ingenio para ser capaces de imaginar tales cosas, y luego hacerlas realidad. Este don viene acompañado de una inmensa responsabilidad. Lamentablemente, tenemos la destreza para pasar de largo consideraciones éticas y morales cuando el poder, el dinero y el ego nos parecen más pertinentes.

Somos Guardianes de Nuestros Hermanos

No se requiere una forma activa de asesinato para ser culpable del sufrimiento o la muerte de alguien. En el libro del Levítico (19:16) se nos dice: "**...no permanecerás impasible mientras que se derrama la sangre de tu hermano...**" dando a entender que debemos ayudar a quien está en dificultades. Esto condena a quienes permanecen impasibles, sin involucrarse o molestarse. El infame caso de la ciudad de Nueva York, el de Kitty Genovese es un ejemplo horrible de hacer caso omiso de este mandamiento. Ella fue atacada varias veces, y finalmente asesinada, en las escalinatas de entrada a su edificio de apartamentos, y nadie acudió a ayudarla, ni siquiera llamaron a la policía. Las ventanas y las persianas se cerraron en silencio, y una joven murió sola.

Cuando los profetas recriminaban a las personas y les advertían sobre el castigo divino inminente, las advertencias estaban dirigidas contra las naciones en general y no contra los individuos. En el mundo bíblico, había una responsabilidad comunitaria. La gente era responsable por las fechorías de sus vecinos. Qué mundo tan diferente el de hoy, en el que a las personas no les importa lo malo que hagan los demás siempre y cuando no les afecte, y en el que no se habla en contra de la inmoralidad si compromete su posición o sus pertenencias.

Según la Biblia, no debemos ser peatones en el gran recorrido de la vida. No debemos permanecer impasibles viendo cómo sufren las personas. En nuestro tiempo, esto significa que debemos hacer oír nuestra voz en asuntos como el calentamiento global, la contaminación, las industrias que tratan a sus trabajadores de forma inhumana, y los atropellos a los derechos humanos, y debemos hacer algo para detenerlos. Los productos que compramos, las compañías en las cuales invertimos, y los servicios que proporcionamos pueden estar implicados. Nuestro apoyo financiero a cualquier industria inapropiada, como la del tabaco, o a cualquier gobierno, estratégico pero corrupto o cruel, no solamente implica aceptación de sus políticas, sino que acaba prestándoles apoyo. No es aceptable decir, "Si nosotros no lo hacemos, otro les enviará las armas." La vida adquiere un significado adicional cuando defendemos ciertas ideas; desafortunadamente, hoy en día muchas personas no defienden nada que no sea su comodidad y sus bienes personales.

Aunque en realidad fueron muy pocos los civiles que mataron judíos en la Alemania nazi, muchos civiles de otros países, como Polonia, ayudaron a los nazis en sus planes contra los judíos. Muchos civiles lituanos ayudaron al régimen nazi a anotarse el más alto "puntaje asesino" en toda Europa. No obstante, muy pocas personas en esos países europeos admitieron estar enterados de las atrocidades. Quienes sabían y no hicieron nada fueron cómplices de una matanza. A penas unos cuantos, conocidos como Gentiles Virtuosos (generalmente Cristianos), sintieron el imperativo moral de hacer lo correcto y tuvieron el valor para llevarlo a cabo. La mayoría de los análisis de estos Gentiles Virtuosos concluyen que fueron educados por padres cariñosos, en hogares religiosos, en donde se enseñaban y se vivían valores profundos. Habiéndoseles enseñado a "honrar a los padres," honraron a Dios y salvaron vidas humanas.

Moisés sirve como modelo bíblico de actuar contra la injusticia. Estaba cómodo en casa del Faraón y podría haberse quedado en el palacio, eligiendo la realeza en vez de la esclavitud. Pero no pudo soportar más cuando vio que un egipcio golpeaba a un israelita (Éxodo 2:12) y sintió la necesidad de intervenir. Mató al egipcio, salvando así la vida del israelita. Por causa de este incidente, tuvo que huir de Egipto. Habiendo sido criado como realeza, con poderes de vida o muerte sobre la multitud, es difícil imaginar qué motivó a Moisés a intervenir. Todos los días de su vida había visto cómo la multitud esclava era maltratada. Tal vez presenciar el maltrato a un solo israelita le mostró un aspecto más humano que le hizo darse cuenta de la tragedia de lo que ocurría. Moisés podría no haber hecho nada. Tenía mucho qué perder y sin embargo no pudo permanecer impasible mientras que se derramaba la sangre de su prójimo.

Al final, una sociedad en la cual los individuos no sientan obligación hacia el otro es una sociedad en la cual todos se sentirán solos y expuestos al peligro. En palabras de Hillel, el sabio judío, "Si no soy para mí, ¿quién lo será?, *pero si solamente soy para mí, ¿qué soy?*" El ministro protestante alemán Martin Niemoeller escribió la frase que se cita a menudo, "Vinieron por los comunistas, pero yo no era comunista así que no objeté. Vinieron por los socialistas, pero yo no era socialista así que no objeté. Vinieron por los sindicalistas, pero yo no era sindicalista, así que no objeté. Vinieron por los judíos, pero yo no era judío, así que no objeté. Luego vinieron por mí, y ya no quedaba quien objetara."

Ah, los Chismes de Otras Épocas...

Según la interpretación rabínica, el Sexto Mandamiento incluye no solamente disponer literalmente de una vida. Según los sabios rabínicos, humillar públicamente a alguien es figurativamente parecido al asesinato. Mientras que el Tercer Mandamiento nos advierte sobre cómo las palabras pueden dañar nuestra relación con Dios, este mandamiento advierte sobre el peligro de las palabras contra las personas. Las palabras tienen el poder de herir o de sanar, según cómo las utilicemos. Si uno retirara de su vocabulario la negatividad, el chisme, la difamación, la hostilidad, el sarcasmo cruel, la ira, el sembrar discordia, el desprecio, las amenazas feas y los insultos, uno automática y dramáticamente mejoraría su propia vida y la de los demás. Las palabras tienen un impacto tremendo sobre las situaciones y las personas—pueden comunicar compasión y ánimo, bendiciones y amor. O, pueden matar espíritus y relaciones.

La Biblia nos dice, **"No andarás difamando a los tuyos…"** (Levítico 19:16). El chismoso es la persona que va por ahí contando historias, compartiendo sin necesidad la vida de personas que preferirían conservar su privacidad. El chisme puede destruir la vida de las personas. El chisme por lo tanto es como un asesinato. Incluso escuchar chismes equivale a permanecer impasible mientras que el prójimo es asesinado.

A pesar de la condena bíblica del chisme, este es una epidemia social. Sabemos que está mal, y sin embargo todo el mundo lo hace hasta cierto punto. Aun la gran Miriam de la Biblia, llamada una profetiza, es castigada con la lepra por chismosear sobre Aarón y Moisés (Números 12:1–13).

Existen por lo menos tres razones por las cuales la gente chismosea:

➤Para sentirse o parecer más importante:

"...Yo era una verdadera chismosa...me encantaba oír chismes y disfrutaba plenamente de repetirlos. Me sentía importante. Ahora he ascendido a un mejor lugar y aunque a veces es difícil, tengo el propósito de permanecer en ese lugar elevado. Nunca realmente supe el daño que hacían los chismes. Mejor dicho, lo sabía, pero no me importaba. Ahora me importa. Debo agradecerle por contar recientemente la historia sobre el hombre, el rabino y la almohada de plumas. Nunca la había oído y me impresionó." (Donna)

La historia que relata Donna se refiere a un antiguo relato rabínico sobre un hombre que contaba chismes sobre su rabino. Después de desquitarse de sus frustraciones con el rabino, se da cuenta del mal que ha cometido y confiesa su culpa al rabino. El rabino accede a perdonarle, pero primero le asigna la tarea de llevar una almohada de plumas hasta la cima de una colina donde sopla el viento y soltar todas las plumas. El hombre siente alivio de poder lograr su perdón con un acto tan simple de retribución y cumple las tareas. Cuando regresa a donde el rabino, ansioso por el perdón, el rabino le asigna solamente otra tarea adicional. Algo irritado, pero ansioso de obtener la absolución, el hombre accede. El rabino le dice que regrese a la colina y recupere todas las plumas. El hombre queda estupefacto, y proclama que la tarea es imposible. El rabino le explica que cada pluma representa alguien que ha escuchado un chisme falso y se ha formado una opinión sobre la víctima del chisme. ¿Cómo puede uno reparar todo el daño?

➤Para mejorar el propio estatus disminuyendo el de otra persona:

"Bien, ¡me pillaron! ¡Me siento avergonzada de mí misma! Dra. Laura, en su programa, que escuché anoche, usted hablaba sobre la forma como los medios de comunicación estaban chismoseando y burlándose de los problemas recientes de la direc-

tora de un programa de televisión quien es bien conocida por hablar todo el tiempo de sus hijos, su esposo y la religión. Estuve totalmente de acuerdo con usted cuando dijo lo injusto y lo vergonzoso que era la forma como era tratada esta persona, como si mereciera que esto le ocurriera por haber hablado felizmente de su vida personal. Y entonces—EUREKA—¡una revelación! De repente me devolví mentalmente un poco en el tiempo cuando me enteré de este asunto y mi reacción inicial había sido, '¡Ja—se lo merece!' Sentí claramente cómo me ponía colorada de la vergüenza ya que al parecer se me había olvidado cuán elementalmente estúpidos y mezquinos son este tipo de pensamientos. Entonces me senté y ¡pasé el resto de la noche reflexionando sobre por qué yo había tenido siquiera el atrevimiento de pensarlos! Pues bien, adivinen qué—no tenía ninguna razón justificable—quizás solamente una mezcla de envidia acerca de alguien que parecía tenerlo todo, y de mi parte una forma descuidada de pensar." (Linda)

➤Por el mero entretenimiento:

"Tengo la mejor historia en relación con el chisme. Mi hermano, que ahora tiene cincuenta y dos años, empezó a contar hace años una historia sobre mi padre. La historia tiene que ver con algo que supuestamente sucedió antes de que papá tuviera veintitrés años. Se la contó a todos los que quisieron escucharla y disfrutó destruyendo a mi padre. Como resultado de todo esto y de más chimes, mis hermanos y mis hermanas no forman parte de mi vida. Ocupo un lugar intermedio en el orden de los hermanos y también he sido blanco de chismes. Aún no he oído los últimos chismes acerca de mí. Lo único que sé es que los chismes en relación con todos los miembros de mi familia destruyeron a mi familia. Nunca tendré una relación con mis hermanos y hermanas. No me quedó otra opción porque cuando me di cuenta cuánto disfrutaban los chismes no solamente mi hermano sino el resto de la familia, tuve que alejarme. No podía formar parte de

esto. El chisme parece ser lo que los une. Sencillamente no lo entiendo.” (Ginny)

A veces los chismosos tratan de trasladar la responsabilidad del chisme a quien lo escucha. Algunas personas empiezan a decir un pedacito jugoso de información con la siguiente advertencia "Sé que es un chisme, pero…” Descalificar el contenido del mensaje tiene el propósito de transferir al oyente la responsabilidad del chisme, si lo acepta. Aclarar que lo que está compartiendo es un chisme no debería aliviar la responsabilidad del chismoso. Este es un ejemplo de percepción distorsionada en el sentido de que admitir algo le quita importancia. No obstante, la ley judía considera al oyente mucho peor que quien distribuye el chisme—¡es por medio de los oyentes que los chismes se pueden transmitir! **"El malo presta atención a los labios mentirosos y el mentiroso da oídos a la lengua maligna”** (Proverbios 17:4).

La ley estadounidense solamente prohíbe la difamación, es decir, publicar a sabiendas información falsa y perjudicial con intención maliciosa. Pero ¡trate de combatir esto en los tribunales! Los honorarios de los abogados, los golpes emocionales, y otras humillaciones públicas son muchas veces peores que el insulto original.

Los titulares están constantemente llenos de historias de acusaciones falsas y no solamente de la prensa amarillista. Algunas se cuentan adrede, otras con información incorrecta, y aun otras por sensacionalismo. Uno rara vez encuentra disculpas o que alguien se retracte en letras del mismo tamaño. A los medios no les importa destrozar la reputación de las personas, ni el impacto que la vergüenza y la deshonra tienen sobre el individuo y su familia, tanto como les importan los niveles de audiencia y los ingresos. Más que todo les importa vender revistas, periódicos o anuncios comerciales y las situaciones engorrosas o demandas son percibidas como el precio del negocio.

Un artículo escrito por Chuck Moss en el *Detroit News* (mayo 21, 1998), titulado "El periodismo es la primera baja del chisme,” menciona tres aspectos lesivos del ambiente contemporáneo de chisme: "La primera baja es la credibilidad del periodismo. Si el chisme, la calumnia, los rumores y las sugerencias maliciosas son parte del proceso, ¿a quién le pide uno la información real?...La segunda baja es el ser humano sujeto del chisme...nadie contaminado con el rumor emerge sin daños. La experiencia marchita el alma y rebaja el espíritu...Finalmente, la baja más importante del chisme institucionalizado es la verdad misma."

Me fastidia que muchos sociólogos contemporáneos desprecien la privacidad, la compasión y los valores y hayan proclamado que el chisme tiene cualidades positivas. En *Los Angeles Times* (mayo 19, 1998) varios de estos investigadores fueron citados y afirmaban que a pesar de la desaprobación social imperante, la importancia del chisme en la sociedad había sido profundamente subestimada. "Contar chismes," afirman, "es un ritual esencial de vinculación para grupos sociales dinámicos y diversos. Forja terrenos comunes, nos permite medir opiniones sin revelar la propia, nos proporciona un mapa de navegación de las relaciones sociales y asienta estructuras de poder." La oración en las iglesias y las sinagogas, y los esfuerzos comunitarios, como *Habitat for Humanity,* lo hacen mejor.

Debra Tannen (*The Argument Culture,* (La cultura del alegato) Random House, 1998) explica que el enfoque del periodismo ha dado un virage del dominio de las políticas públicas hacia "la noción más vaga de carácter en forma de flaquezas e inconsistencias personales. Y en lugar de exponer aspectos concretos de malos manejos, la agresión muchas veces sale a la superficie en un tono burlón y despectivo...una especie rara de actitud malintencionada—veneno sin propósito."

Además de la calumnia directa, la ley prohíbe comunicar información que es verdadera pero perjudicial. De manera acorde, todas esas revistas amarillistas que uno encuentra cerca de la caja registradora del supermercado no son kosher. Imagine cómo se sentiría usted si fuera presentado en una de esas publicaciones con detalles gráficos nada halagadores. Job (30:9–10) se lamentaba: "¡Y ahora vengo yo a ser la copla de ésos, el blanco de sus chismes! Espantados, se mantienen a distancia; sin reparo a la cara me escupen."

Aun si la información fuera la verdad, puede estar fuera de contexto, exagerada producto de la atención prestada, y distorsionada por el intento de describir cosas complejas de forma simplista. Los chismes negativos ampliamente difundidos pueden dejarle al individuo escaso lugar para el remordimiento y el cambio, cuando quienes los rodean están deliciosamente centrados en la información recibida.

Los chismes afectan la forma como vemos a las personas que quizás ni siquiera conozcamos en ese momento. Cuando estamos predispuestos a ver a una persona bajo una luz negativa, esa impresión afecta adversamente nuestro comportamiento hacia esa persona. Esa actitud puede ser justificable cuando la persona tiene un historial peligroso, pero esa es la excepción, no la regla, en casos de calumnia y chismes.

Nuestra reputación es uno de nuestros bienes más preciados. Trabajamos con denuedo para tener una buena reputación. El asesinato del carácter a través del chisme o de otros medios mata el buen nombre por el que alguien ha trabajado. Cuando las personas han perdido su buena reputación, muchas veces es como si estuvieran muertas. Cada vez que contamos un chisme, enviamos palabras letales que tienen el potencial de matar a personas inocentes, y sin embargo, no nos damos cuenta del peligro que conlleva lo que decimos. A nadie le gusta ser el sujeto de chismes y sin embargo contamos chismes sobre los demás. Como escribió sabiamente Shakespeare: "Quien me roba el bolso roba basura. Pero quien me arranca el buen nombre, me despoja de aquello que no lo enriquece a él y a mí deja pobre en verdad."

Aunque lo ideal es no contar ningún chisme, a continuación algunas formas de administrar los chismes en nuestras vidas:

► Deberíamos tratar de comunicar solamente información de primera mano. En los tribunales no se acepta lo que se "oyó decir," uno no transmite chismes de segunda mano. Aun esta información cuando es de primera mano debe tener algún propósito importante, por ejemplo, cuando se trata de advertirle a otra persona sobre el daño que pueda provenir de un socio de negocios o de un futuro cónyuge.

➤Cuando alguien inicia una frase con "Sé que esto es un chisme, pero...," deberíamos decir algo como. "En ese caso, por favor no me cuente." En nuestra experiencia, el cuenta chismes se avergüenza lo suficiente como para obligarlo a pensarlo dos veces antes de hacerlo otra vez. Reconozco que es difícil de hacer. Esta respuesta seguramente generará irritación, insulto, o rabia. Además, no es fácil dejar de "servir mugre," como lo reconoció Tanya, una de mis oyentes, en una carta: *"Ayer, miércoles de ceniza, me preguntaba de qué prescindir durante la Cuaresma. Decidí que en lugar de renunciar a cosas superficiales, como los dulces, haría algo en pro de mi carácter. Estando en el trabajo decidí prescindir del chisme. Cuando un compañero de trabajo me llamó a su despacho, hablamos de lo que estábamos sacrificando. Le dije que había decidido hacer algo más profundo y dejar el chisme. Le pareció una idea maravillosa. En la siguiente frase me dijo en chanza, 'Oye, ¿supiste lo que le pasó a Mary?' Mi respuesta inmediata fue 'No, ¿qué?' Ambos nos reímos y nos reímos. Va a requerir más autocontrol y acondicionamiento del que esperaba inicialmente."*

➤Cuando hablamos de alguien, podemos asumir que lo que decimos le afectará. No tiene sentido culpar a la persona a quien le contamos el chisme pues tan solo están mostrando el mismo respeto por uno del que uno demostró al contar el chisme. La mejor regla es no decirles nunca a los demás lo que uno no tiene el valor de decirle directamente a la persona involucrada.

➤Cuando salimos de una fiesta o reunión, no cuente chismes.
Es común que, camino a casa, las parejas y los amigos cuenten
chismes sobre los anfitriones. Quienes acaban de hacernos
partícipes de su hospitalidad no merecen este tipo de
tratamiento.

➤Nos abstenemos de contar chismes en el sabbath con la
esperanza de que asociar el chisme con una falta de
espiritualidad nos inspirará a abstenernos el resto de la
semana.

➤Concedemos siempre a las personas el beneficio de la
duda. Si una persona ha hecho algo bueno, no especule
sobre sus posibles motivaciones—más bien, acéptelo
por su valor intrínseco. Si alguien al parecer hizo algo
malo, de todos modos merece el beneficio de la duda.
Es mejor asumir que esa persona ha hecho algo sin
querer, por ignorancia, o correctamente (quizás no
entendemos la situación), en vez de asumir que esa
persona es maliciosa.

➤La forma más fácil e inmediata de dejar de hacerles
daño a las personas y de ayudar a crear una sociedad a
la que le importan las personas, es dejar de contar
chismes y llenar el tiempo de conversación con
discusiones sobre el arte, los libros y el teatro, o con
filosofía y demás.

Alguien me envió anónimamente el siguiente poema:

Me llamo Chisme. No respeto la justicia.
Mutilo sin matar. Rompo corazones y arruino vidas.
Soy astuto y malicioso y me fortalezco con el tiempo.
Mientras más me repiten, más me creen.
Florezco en todos los niveles sociales.

Mis víctimas son impotentes. No pueden protegerse de mí
porque no tengo rostro.
Es imposible seguirme. Mientras más lo intenten, más
evasivo soy.
No soy amigo de nadie.
Cuando arruino una reputación, nunca se recupera.
Tumbo gobiernos, arruino matrimonios y destruyo carreras—
ocasiono noches en vela, dolores en el alma e
indigestiones.
Esparzo sospechas y genero tristeza.
Hago que personas inocentes lloren sobre su almohada.
Incluso mi nombre sisea...
Escribo titulares y doy dolores de cabeza.
Antes de repetir un cuento, pregúntese, ¿es verdad? ¿Es justo?
¿Es necesario? Si no, ¡cállelo!

Prácticas Empresariales Desleales

El proverbio "En la guerra y en el amor todo se vale," es una filosofía terrible. Querer conquistar a una chica no le da a nadie el
derecho de hacer lo que sea. Desafortunadamente, esta filosofía
muchas veces se aplica a los negocios en aras de lograr un mayor
éxito o es una razón para justificar la supervivencia. Sea cual sea
la motivación, utilizar métodos como iniciar rumores acerca de
alguien, o incluso intencionalmente hacerlo quedar mal en el trabajo, y por ende disminuir su valor profesional es falto de ética.
Socavar intencionalmente el trabajo de un colega puede resultar
en que esa persona no reciba un ascenso o, peor, que pierda el
empleo. Despojar a alguien de la forma de ganarse el sustento es
comparable con un asesinato.

El gobierno de los Estados Unidos se preocupa por los mono-
polios y por las prácticas empresariales desleales porque el capi-
talismo requiere de competencia para que la economía sea
próspera. En realidad, socavar el negocio de una persona, utilizar

métodos poco éticos para lograr ventajas profesionales constituye un ataque personal contra los dueños, empleados, e incluso los accionistas de la compañía. Podríamos decir también que avisos negativos que no se basan en hechos—criticar al competidor en base a imágenes negativas o insinuaciones—puede considerarse una forma de asesinato. No nos damos cuenta de la naturaleza personal de los ataques cuando se trata de compañías grandes, pero las compañías grandes están compuestas por trabajadores e inversionistas individuales, todos los cuales pueden verse seriamente afectados financieramente. Aunque existen leyes relacionadas con la verdad en los avisos comerciales, especialistas astutos en mercadeo y genios de la publicidad saben cómo manipular las leyes y la percepción de la realidad. Pueden acercarse bastante a esa línea divisoria. Muchas veces se deja de utilizar la publicidad negativa para los negocios y para las campañas políticas porque las personas saben que restarle valor al competidor no refleja el valor real del producto o el candidato, pero sería insensato negar que las percepciones desfavorables no comunican al menos una impresión subliminal.

Uno puede tratar de aumentar su imagen de cualquier forma, pero es falto de ética hacerlo mermando el valor de otro. Cuando los israelitas iban a entrar a Canaán, después de cuarenta años de recorrer el desierto, Dios aclara doce maldiciones (Deuteronomio 27:11–26). Entre estas se encuentra, "**¡Maldito el que mate a traición a su prójimo! Y todo el pueblo responderá 'Amén.'** " La tradición judía aplicaba esto a destruir la reputación de otro. Aunque puede ser posible escapar a la ley humana, si se es lo suficientemente furtivo, no escapará a la de Dios.

Avergonzar a las Personas

La tradición judía enseña que avergonzar a una persona en público es uno de los pecados más graves. Cuando las personas se sienten avergonzadas, se ponen coloradas. Cuando su vergüenza se convierte en humillación, palidecen. La tradición judía analizó este fenómeno y consideró que cuando la gente palidece es porque la sangre se ra del rostro, y por lo tanto es comparable con un derramamiento de sangre. Uno podría argumentar que, a diferencia del chisme, que se lleva a cabo a espaldas de las personas, avergonzar públicamente a alguien es aceptable porque la persona se puede defender. Si el chisme se puede comparar con el robo a una casa cuando no hay nadie en ella, entonces avergonzar en público es como un atraco a mano armada. Las palabras utilizadas son como balas dirigidas al corazón. Muchos hemos estado en situaciones en las cuales el hecho de que la tierra se abriera y nos tragara enteros sería la opción más soñada para escapar de la vergüenza y la humillación a manos de otro.

La ley judía prohíbe insultar en público a las personas bien sea de palabra o acción. De hecho, los sabios dicen, "Quien insulta a sus congéneres en público no tendrá parte en el mundo por venir." Además, debemos abstenernos de decirles a las personas nombres ofensivos, o de contar en su presencia historias sobre algo que los avergüenza. Si alguien ha pecado contra nosotros y necesitamos reprenderlo por esto, no debemos insultarlo en público.

Cuando humillamos a alguien en público, le damos menos oportunidad, motivación y apoyo público para arrepentirse. Una vez que la reputación es destruida, el camino de regreso se hace más difícil por las impresiones negativas perdurables que hemos dejado en los observadores del escarnio público. Considere, e incluso identifíquese con las lastimeras quejas de Job (19:1–2)—"**¿Hasta cuándo atormentaréis el alma y con palabras me acribillaréis? Ya me habéis insultado por diez veces**"—antes de causarle a otro estas heridas.

En conclusión, viva el tipo de vida que se describe en la oración del Rey David en los Salmos (17:3–5), y todo el mundo se alegrará en su existencia:

"Explora mi corazón, vigílame de noche,
pruébame en el crisol,
no encontrarás en mí ningún delito:
Mi boca no ha faltado como hacen los otros,
he guardado siempre tus mandatos…"

Y digamos todos, "Amén."

7

El Séptimo Mandamiento

"No Cometerás Adulterio"

En una carta, una madre compartía conmigo la definición que su pequeña hija hacía del adulterio: *"Mientras que preparábamos el refrigerio para llevar a la escuela, mi hija de seis años y yo charlábamos sobre su clase de educación religiosa a la que empezaría a asistir al día siguiente. Sosteníamos toda una sesión de preguntas y respuestas, en la cual ella preguntaba y yo respondía. Luego, para cambiar las cosas, empecé yo a hacerle preguntas sobre cosas que ella sabía a la vez que dejaba caer con disimulo algunas cosas que quería enseñarle. Una pregunta que le hice fue, '¿Conoces los Diez Mandamientos?' 'Mmmm,' me dijo, pensando un poco. 'No, no creo. ¿Qué son?' Le expliqué que se trataba de las reglas de Dios que debemos aplicar en nuestra vida. Me preguntó, '¿Cuáles son los Diez?' '¡Ajjjj!,' pensé, voy a tener que escudriñar mi memoria, la que perdí durante mi dos embarazos y ahora tendría que tratar de recordar lo que aprendí en los años de escuela. Empecé a recitarlos. Me escuchó y no dijo mucho porque yo se*

los explicaba un poco sobre la marcha. Llegué a 'NO COMETE-
RÁS ADULTERIO' y tan pronto lo dije, ella me preguntó, '¿Qué
quiere decir ese, Mami?' Me mordí un poco el labio y pensé en
cómo iba a abordar ese. Pero organicé mis pensamientos y em-
pecé a tratar de explicarle cuando me interrumpió abruptamente,
sonriendo de oreja a oreja, extremadamente orgullosa de encon-
trar ella misma una respuesta. '¡Espera, ya sé! Quiere decir que
no se puede cortar un árbol adulto.' Pensé que me moría. Fue tan
tierno e inocente—y claro procedí a decirle discretamente lo que
quería decir."

Recuerdo cuando, más o menos a la misma edad de la niña, mi
padre se enojó conmigo por alguna necedad. No recuerdo qué
había hecho, pero recuerdo que papá estaba bastante molesto.
En un ataque de desesperación, dijo algo acerca de dejarme en un
orfanato si no mejoraba. Le dije que no podía hacer eso.

"¿Y por qué no?" repuso indignado.

"Porque," le respondí triunfante, "¡es ilegal!"

"¿Y qué ley lo impide?"

"Cuando los padres dejan a los hijos, ¡eso se llama adulterio!"
le dije.

Recuerdo que mi padre se echó a reír. Aunque no sabía qué era
lo que le resultaba tan gracioso, sentí un gran alivio de que la
tensión aflojara y yo fuera liberada de las consecuencias de mi
falta.

Últimamente, con todo el frenesí de los medios de comunicación sobre los escándalos sexuales, los padres en todo el país se
han visto obligados a abordar el tema con sus hijos, desde que
están muy pequeños. Los niños han sido expuestos a "debates"
sobre los asuntos de si el sexo oral constituye adulterio, si el adulterio es algo tan malo si la persona está haciendo un buen trabajo
y al parecer el cónyuge no tiene quejas. Ciertamente, nadie puede
creer que a los niños no les afecta la aparente indisposición intelectual y espiritual que parece haber recorrido la patria. Los niños
aprenden de todo lo que ven y experimentan. Una falta de con-
senso social sobre el carácter, la fidelidad, la responsabilidad y las

consecuencias les enseña mucho acerca de las crecientes "zonas grises" en las cuales pueden experimentar sin que haya juicios y aparentemente con impunidad.

Jason nos escribió acerca de una clase de liderazgo en su universidad local: *"Una de las discusiones se concentraba en la reducción, y el instructor preguntó a la clase si tuvieran que reducir los Diez Mandamientos, cuáles eliminarían. Quedé horrorizado, pero no sorprendido de que la mayoría, en la cual no me incluí, opinaba que el mandamiento de no cometer adulterio debería ser eliminado. Cuando el instructor preguntó por qué la mayoría opinaba esto, las respuestas fueron típicamente que este mandamiento estaba pasado de moda y que nadie lo obedecía de todos modos, así que ¿para qué conservarlo?*

Me entristeció profundamente que algo tan elemental como no cometer adulterio les pareciera tan insignificante a la mayoría de los estudiantes de la clase. Crecí pensando que este principio indicaba la naturaleza sagrada de las alianzas hechas en el matrimonio. Lo que me produce temor es que estos estudiantes seguramente el día de mañana serán influyentes dirigentes y maestros de las generaciones futuras."

Los clérigos de todas las denominaciones se dan cuenta de que sus congregaciones seguramente no van a ser más cumplidoras de sus compromisos religiosos de lo que ellos les han enseñado. Quizás tenemos que reconocer que el comportamiento y carácter de nuestros líderes y figuras públicas también establecen un modelo al cual nuestra cultura—especialmente nuestros hijos—aspirarán a ascender—o a descender. La presión para dejar atrás los juicios contra toda clase de comportamientos, incluyendo el adulterio, ha perturbado y puesto a prueba profundamente a los clérigos. Aunque tanto la ley católica como judía prohíben que sus clérigos dirijan ceremonias de boda en las cuales uno de los miembros de la pareja es un conocido adúltero no reformado—porque a los adúlteros no se les está permitido casarse—la presencia tan común de este comportamiento y la aceptación social, aparentemente generalizada de este aspecto de la "naturaleza humana" (excepto cuando se trata de las acciones del propio cónyuge), hace que se trate de un asunto extremadamente difícil y sensible de hacer cumplir.

El reverendo William A. Thompson de la Iglesia Episcopal de Todos los Santos, en California, describe este tipo de situación: *"Me da la impresión de que hay demasiadas personas en la Iglesia Episcopal que opinan que—¡el peor pecado!—es opinar que las acciones de cualquiera son equivocadas. No obstante, yo personalmente he asumido una postura firme. Una pareja de mi parroquia se separó debido a un amorío de la esposa. Antes de cualquier divorcio, la esposa se fue a vivir con su amante. Desafortunadamente, había tres hijos. La esposa hizo una cita para hablar conmigo acerca de oficiar su boda con este nuevo tipo. Además de quedarme sin palabras, yo, desde luego, me negué. Entonces, el Día del Padre, los niños estaban en la iglesia con su padre. La esposa (recientemente separada, pero aún no divorciada) vino a la iglesia ese día, se sentó con los niños y trajo consigo a su novio. Esto no lo soporté. A la semana siguiente visité a la mujer y a su amante y les dije cuán inapropiado y equivocado era todo. Ninguno de ellos me comprendió. Dijeron que yo me comportaba de manera desagradable. Luego le escribí una carta a la mujer diciéndole que si asistía a la iglesia no era espiritualmente sano ni apropiado recibir la comunión, dadas las circunstancias. Se enfurecieron y se marcharon a otra Iglesia Episcopal. En esa iglesia, el sacerdote los casó a los seis meses sin siquiera llamarme para enterarse de las circunstancias. Gran colega."*

Nuestra sociedad redefine constantemente la moralidad y generalmente lo hace en dirección descendente, de manera tolerante, exenta de juicios y egocéntrica. Según una historia publicada en el *New York Times* (febrero 3, 1998) hay quienes se dan cuenta de la erosión de los estándares morales en los Estados Unidos. En este artículo, el reverendo Anthony Brankin, un sacerdote católico de Chicago, afirmaba que estaba preocupado por la pérdida del sentimiento culpa y la vergüenza en la cultura estadounidense, la pérdida de las distinciones claras entre lo que está bien y lo que está mal, el desplazamiento hacia el "relativismo moral," aun en la Iglesia Católica. El reverendo Brankin dice, "¿Acaso como nación nos hemos corrompido hasta tal punto que siempre y cuando logremos lo que queremos, siempre y cuando los tiempos sean favorables, y el dinero entre a chorros, entonces no nos importa qué diablos ocurre?" En el mismo artículo, el Dr. Steven Klein, un antropólogo, sugirió que el escándalo Clinton no solamente refleja una tendencia de alejarse de la moralidad estricta sino que acelera la tendencia. "Realmente estamos perdiendo los valores fundamentales judeo-cristianos... ¿qué tan bajo está el público dispuesto a establecer la medida de lo aceptable—existe un piso?"

A quienes argumentarían que los comportamientos sexuales privados no son relevantes para el público, hay que decirles que cada vez es más difícil evitar que lo privado se vuelva público. Cuando las vidas privadas promiscuas de nuestros líderes se vuelven públicas, "Convierten el liderazgo en un hazmerreír," dice el rabino Daniel Lapin, el popular presentador de un programa radial de entrevistas en KVI de Seattle. "¿Cuál es hoy en día la amenaza más seria contra los adolescentes? La promiscuidad y los embarazos. ¿Alguien se puede imaginar a Clinton parándose para decirles a nuestros jóvenes que deben ser castos y diciplinados? Es por eso que él asume la postura de que hoy en día el cigarrillo es la amenaza más grande contra los jóvenes. Su posición como líder del país está comprometida" (Insight, marzo 2, 1998).

Hoy en día, claramente existe una reticencia a condenar el adulterio. "Nos hemos convertido en una sociedad que cada vez es más reacia a emitir juicios sobre comportamientos sexuales," dice David Blankenhorn, presidente del Instituto Americano de Valores, en Citizen's Issues Alert (enero 27, 1998). En esta misma publicación, Richard Land, presidente de la Comisión sobre Libertad Ética y Religiosa de la Convención Bautista del Sur, dice que la actitud de la sociedad hacia el sexo es el resultado directo de la revolución sexual de los años sesenta. "La revolución lobotomizó hasta tal punto nuestra moralidad en el frente sexual que las personas están ciegas ante la infidelidad. Las personas rehúsan juzgar lo sexualmente impropio dado que muchos de ellos son culpables de acciones similares."

Las estadísticas que revelan las encuentas sobre el porcentaje de personas que han cometido adulterio no son muy confiables, porque las personas mienten acerca del tema. En el *New York Times* (junio 9, 1997), un sociólogo aparece diciendo, "Las cifras indican que la gran mayoría de los americanos piensa que el adulterio es, escueta y sencillamente, algo malo—quizás un 80 por ciento de ellos. Pero lo interesante es que más personas piensan que el adulterio está mal de las que han sido fieles. Las personas piensan que el adulterio es malo de la forma como piensan que es bueno ser delgado, y sin embargo carecen de la voluntad para mantenerse sin unos kilos de más" Quizás la explicación para esta discrepancia es que demasiadas personas no quieren reconocer que aceptan un comportamiento inmoral o pecaminoso, tampoco quieren ser traicionados, pero quieren dejar la puerta abierta para el beneficio de sus propios deseos.

Tristemente, según un estudio de 1994 de la Universidad de Michigan, "la infidelidad es ciertamente la causa principal del divorcio." Apoyando esa conclusión, el Dr. Frank Pittman, un experto reconocido internacionalmente en sexualidad y matrimonio y autor de un libro sobre la infidelidad, reporta en ese mismo artículo del *New York Times* que en treinta y siete años de ejercer como terapeuta, se ha encontrado solamente dos casos de primeros matrimonios que acaban en divorcio en los cuales no hubiera adulterio de por medio.

La Cultura del Adulterio

No hay duda de que nuestra cultura dota de exhuberancia al adulterio, lo defiende e incluso lo promueve. Como describía Katie Roiphe en una iluminador artículo en la revista del *New York Times* (octubre 12, 1997), "...nos hemos vuelto más tolerantes del adulterio, por lo menos en lo que se refiere a las mujeres. Las revistas de mujeres prácticamente lo recomiendan a sus lectoras como una actividad divertida y saludable, como comprar un lápiz labial de un tono nuevo, o irse de vacaciones al Caribe. En *Elle* leemos que 'un amorío puede servir de estimulación sexual, un escape de una relación desgastada, una forma de acceder a algo mejor.' *Harper's Bazaar* se queda sin aire del entusiasmo para contarnos sobre mujeres cuyos 'matrimonios mejoraron gracias a sus infidelidades. Ya que logran su dosis de arrobamiento en otro lugar, estas esposas no tienen la tendencia a quejarse, ni a rezongar ni encontrarle fallas al marido.' Si una mujer tiene un amorío adúltero, ella está, según *Harper's Bazaar,* 'afirmando su feminidad.' "

Ms. Roiphe continuaba analizando los dobles estándares de los amoríos. Kelly Flinn, la mujer piloto de combate de veinte años quien tuvo relaciones sexuales con el esposo de otra militar, y la princesa Diana, con sus múltiples amoríos, fueron percibidas como "víctimas" del amor, de la necesidad emocional y del deseo, mientras que los hombres eran percibidos como cerdos oportunistas y manipuladores. Raoul Felder, un destacado abogado de divorcios que tiene a cuestas cuatro decenios de observar a las personas que han cometido adulterio, dice en el artículo de Ms. Roiphe que "A las mujeres las motivan las mismas fuerzas que a los hombres—soledad, hostilidad, aburrimiento, la necesidad de sentirse más jóvenes y atractivas, la necesidad de ser adoradas."

En la revista *Woman's Day* (noviembre 1, 1997), Barbara Bartocci lamenta la cantidad de contribuciones que hace Hollywood en pro de convertir el adulterio en una fuente de humor barato—*That Old Feeling,* (Ese viejo sentimiento) de Bette Midler—o hilaridad romántica—*Four Weddings and a Funeral* (Cuatro bodas y un funeral), o un pellizco al corazón—*The English Patient* (El paciente inglés). "Cuando dotamos al adulterio de un cariz romántico o lo utilizamos como una herramienta barata para provocar risas—como si la herida y la traición dieran risa—¿qué clase de valores estamos enseñando? Las personas aprenden los valores que la sociedad acepta, y los sociólogos nos dicen que lo que las personas celebran con risa o lo que anhelan despertará imitación y aceptación."

El *Vancouver Sun* (septiembre 19–25, 1997) publicó una foto tomada de la carátula del *TV Times* para una nueva serie de televisión llamada *Riverdale*. En la foto aparece una pareja de casados mirándose de frente mientras que ella está tomada de la mano a escondidas con otro hombre, que está detrás de ella. Debajo del "otro tipo" aparece la siguiente leyenda, "Él la ama…" mientras que debajo de la foto de la pareja aparece, "Pero ella está casada con otro." Hay un dibujo de un corazón que rodea las manos ilícitamente enlazadas y la leyenda que alude a toda la ilustración dice, "…y esa es apenas parte de la diversión de *Riverdale*."

¿Y entonces que debe hacer uno con tanta promoción positiva de una actividad negativa? Una de mis oyentes escribió, *"Es demasiado fácil cuando uno está casado buscar consuelo en otra parte cuando hay problemas en casa. Pasos concretos que di: no leí novelas románticas que me dieran una imagen 'irreal' de la vida y el amor. No veía telenovelas por la misma razón. Evité programas, películas y vídeos que aceptaran el adulterio o lo presentaran como una maravilla. A lo largo de mi vida de casada, he sido lo suficientemente atractiva para recibir miradas interesadas. He cuidado mi forma de vestirme. Recuerdo las palabras de mi papá a sus cuatro hijas con frecuencia, 'No anuncien a menos que tengan algo que vender.' Eso me asustó."*

De todos los impulsos humanos, el sexo es probablemente el más poderoso y difícil de controlar. Puesto que el sexo es "natural," ¿por qué habría el animal humano de intentar controlar su expresión? ¿En qué beneficia al individuo y aquellos que lo rodean, a la sociedad, a la humanidad, a Dios? Este capítulo explora estas preguntas.

Conocerte es Quererte

Muchas veces utilizamos la frase, "él la *conoció* en el sentido bíblico" para referirnos a una pareja que ha sostenido relaciones sexuales. Encontramos la expresión por primera vez en **"Adán conoció a su esposa"** (Génesis 4:1) y más adelante con Rebeca que fue descrita como **"La joven era muy bella y virgen; ningún varón la había conocido"** (Génesis 24:16). El sexo solamente debe ocurrir como un acto sagrado, cuando dos personas realmente se conocen. Implica un acuerdo mutuo de que la unión sexual forma parte de una relación sagrada entre dos personas. Cuando dos personas no comparten este acuerdo, se alejan espiritualmente entre sí y de Dios. Las relaciones de una noche y las parejas que sostienen relaciones puramente físicas niegan la santidad del sexo y demeritan su relación a través de esta actividad. Igualmente, los adolescentes que participan en relaciones sexuales, dada la naturaleza de su edad, son incapaces de comprender el significado de su acto y por lo tanto el sexo difícilmente puede ser sagrado. En tiempos en que los matrimonios entre adolescentes eran comunes, la relación especial entre el sexo y el matrimonio estaba clara. Hoy en día, con las definiciones de compromiso y fidelidad cada vez más flexibles, los adolescentes rara vez piensan que el sexo es significativo o sagrado.

Cuando los animales sostienen relaciones sexuales, el acto es instintivo. El cortejo tiene menos que ver con el romance y los valores compartidos, y todo tiene que ver con la selección de los compañeros más poderosos y sanos para asegurar la continuidad de la especie. Los animales generalmente no son leales a su pareja. Los que son leales no es porque lo eligen; son impulsados por el instinto derivado de imperativos biológicos como la protección de las crías o asegurar una pareja para que haya apareamientos sucesivos.

Cuando acusamos a los humanos de actos sexuales impropios, muchas veces los comparamos con los animales, y ciertamente el libro de la Dra. Helen Fischer, *Anatomy of Love: The Mysteries of Mating, Marriage, and Why We Stray* (Fawcett, 1992) enfoca desde un punto de vista sociobiológico la explicación de la contribución animal al comportamiento adúltero: los machos están interesados en la variedad sexual para distribuir ampliamente su material genético, y la motivación de las hembras para repartirse es una estrategia alterna para adquirir recursos para sostenerse a sí mismas y a las crías. Estoy segura de que eso es exactamente lo que los adúlteros—hombres y mujeres—tienen en mente cuando están engañando a su pareja. Este raciocinio sociobiológico ha sido bien explotado por quienes quieren justificar el adulterio y comprobar que es "natural."

La intimidad sexual compartida entre dos humanos, hechos a imagen de Dios, debería tener un significado más allá de satisfacer los impulsos animales. Los animales no tienen relaciones sexuales, participan en el proceso de procreación instintiva. Los humanos, por otra parte, pueden sentir satisfacción o vergüenza a partir del mismo acto, según el contexto y la pareja.

"Entonces Me casaré contigo para siempre, Me casaré contigo en la justicia y el derecho, en la ternura y el amor, Me casaré contigo en la fidelidad y tú *conocerás* al Señor" (Oseas 2, 21–22). Con estas palabras, el profeta Oseas utiliza la metáfora del matrimonio para describir nuestra relación ideal con Dios, la reunión de dos miembros de una pareja que se entienden el uno al otro porque se conocen. Dios es un misterio para nosotros. En este caso, el intento por conocer conduce a una relación de amor. La idea de conocer a Dios y al cónyuge radica en la habilidad para conocer la naturaleza del compromiso y la energía que se requiere para sustentar la relación. Decimos, "conocerlo es quererlo"—esta clase de conocimiento refleja los elementos que se utilizan en los cimientos de la relación: aprecio, expectativas realistas y aceptación. El conocer relaciones sexuales sagradas y el conocer a Dios son una misma cosa—un prerrequisito para una relación significativa.

La historia de Oseas abarca el dolor del adulterio y el sufrimiento causado por la traición. Dios realmente le ordena a Oseas

que se case con una mujer promiscua, Gomer. Tienen tres hijos.
El libro de Oseas hace un paralelo con el sufrimiento de Dios
causado por la infidelidad de su pueblo hacia Él—y demostrado
en su deshonestidad, asesinatos, juramentos falsos, robos y adulterios. El libro concluye con esperanzas compasivas para ambas
relaciones—la de Oseas y Gomer, y la de los israelitas con Dios.
El punto significativo en Oseas es el paralelo entre nuestra fidelidad mutua con nuestra fidelidad hacia Dios. Lo que hacemos
contra nuestro cónyuge adquiere mayor relevancia.

Sexo Santo y No Santo

La Biblia hace una distinción entre el sexo santo y no santo. El
sexo santo es aquel que tiene lugar entre el esposo y la esposa en
cumplimiento de su relación marital. El sexo no santo es todo lo
demás. La Biblia presenta las relaciones sexuales de un hombre y
una mujer, casados entre sí, como el ideal. Al otro lado del espec-
tro están las relaciones sexuales inapropiadas como el adulterio y
el incesto, que están prohibidos por la ley y conllevan un castigo.

"Ningún hombre ni ninguna mujer israelita serán promiscuos"
(Deuteronomio 23:18). Según algunos estudiosos de la Biblia,
este pasaje incluye toda forma de relaciones sexuales premarita-
les. Otros lo interpretan como refiriéndose a la prostitución. La
hija de cualquier sacerdote que practique la prostitución será ejecutada (Levítico 21:9), pero este castigo no está estipulado para
otras meretrices. Parecería, por lo tanto, que estos comportamientos sexuales, si bien son desagradables a Dios, son tolera-
dos, o al menos no son castigados.

Si lo Rompe, Es Suyo

"Si un hombre encuentra a una joven virgen y sin compromiso de
matrimonio la obliga a acostarse con él y son sorprendidos, el
hombre debe pagar al padre de la joven cincuenta monedas de

plata, se casará con ella por haberla deshonrado y no podrá divorciarse de ella en toda su vida" (Deuteronomio 22:28–29). Este versículo deja en claro que las relaciones sexuales obligan a un hombre a casarse con la mujer. En la Biblia, la sexualidad y la obligación están íntimamente conectadas.

En algunas tradiciones judías, todas las relaciones sexuales no maritales son definidas como "prostitución." En su sentido técnico, la Biblia mira la prostitución como "relaciones sexuales de las cuales no se desprende ningún compromiso o relación perdurable. Generalmente es de naturaleza indiscriminada" *(The Interpreter's Dictionary of the Bible,* 1986, vol. 3).

El Matrimonio Santifica el Sexo

Generalmente el matrimonio es llamado santo matrimonio, reconociendo que la relación entre esas dos personas es sagrada. En la tradición católica el matrimonio representa una alianza sagrada que no puede ser rota, excepto mediante una nulidad religiosa específica, mientras que el judaísmo y otras tradiciones cristianas permiten el divorcio mediando alguna motivación seria como la infidelidad, el maltrato físico, el abuso sexual de niños, las adicciones, el fraude, y la negación a sostener relaciones sexuales. Solamente porque el divorcio esté permitido no se puede concluir que no es necesario tomar en serio el matrimonio. En hebreo la palabra para "desposado" es *kiddushin;* se relaciona con la palabra *kadosh*—traducida comúnmente como "santo" que también se define como "apartado para un propósito especial virtuoso." El uso de la palabra *kiddushin* refleja la idea de que la pareja en matrimonio es apartada para un propósito santo especial. El matrimonio no es solamente un contrato entre dos personas, sino una alianza sagrada, muy por el estilo de la alianza de Dios con su pueblo. El matrimonio es el paso dos, después del desposorio, y se llama *nisuin* que quiere decir "elevar"—elevarse ambos a un plano sagrado.

A través de la institución del matrimonio, santificamos la necesidad de tener compañía humana: "...No es bueno que el hombre esté solo... Por eso el hombre deja a su padre y a su madre y se une a su mujer, y son los dos una sola carne" (Génesis 2:18.24). El matrimonio también es la institución a través de la cual cumplimos el mandamiento bíblico de procrear la humanidad: "Sed fecundos y multiplicaos" (Génesis 1:28).

¿Qué es el Adulterio?

Hoy en día el adulterio se define como el acto sexual voluntario entre una persona casada y otra que no sea su cónyuge legítimo. En la sociedad polígama de la Biblia, el adulterio es definido como una relación sexual entre un hombre (casado o sin casarse) y una mujer casada con otro. En los tiempos bíblicos, la mayoría de las sociedades permitían que los hombres se casaran con más de una mujer. Piense en Jacob, que se casó con las hermanas Lía y Raquel, e incluso tuvieron hijos legítimos a través de Bihlá y Zilpa, sus esclavas (la Biblia más adelante prohíbe casarse con la hermana de la ex esposa cuando la ex esposa todavía vive; Levítico 18:18). Incluso después de los Diez Mandamientos, ¡la Biblia nos dice que los reyes israelitas no deben tener demasiadas esposas (Deuteronomio 17:17)!

En el mundo posbíblico, los rabinos interpretaron, "Y te presentarás a los Kohanim, los levitas, y al juez en funciones, y los consultarás para que ellos decidan la sentencia...Cuidarás de ajustarte en todo a las instrucciones que te hayan dado. Seguirás puntualmente la ley que te hayan enseñado y la sentencia que hayan pronunciado, sin apartarte a derecha o a izquierda de lo que te hayan dicho" (Deuteronomio 17:9–11) como un mandato de interpretar las escrituras para su generación según las condiciones sociales en desarrollo, utilizando los principios establecidos en la Biblia. Aunque la Biblia limita la definición del adulterio al estatus de casada de una mujer, los rabinos subsecuentemente prohibieron la poligamia y criticaron fuertemente las relaciones sexuales entre cualquier pareja no constituida por marido y mujer. El proceso gradual en el judaísmo de desincentivar la poligamia y prohibirla fue motivado por el deseo de crear un ambiente de hogar estable y saludable. Al establecer que todas las esposas tenían que ser tratadas de la misma forma en todo, incluyendo la alimentación, el vestuario, los muebles, los regalos y las relaciones sociales, los primeros rabinos hicieron que fuera financiera y emocionalmente muy costoso casarse con más de una mujer. Con razón la tradición judía afirma, "Mientras más esposas, más problemas." No obstante, de todos modos se encuentran comunidades judías polígamas dentro de culturas polígamas, como en Marruecos.

En el periodo del Nuevo Testamento, parece que la definición de adulterio fue ampliada de diversas formas. **"Pero Yo os digo que todo el que se separe de su mujer, excepto en caso de concubinato, la expone a cometer adulterio y el que se casa con una mujer divorciada comete adulterio"** (Mateo 5:32), extiende la definición de adulterio al incluir "nuevos matrimonios" después del divorcio (salvo por casos de infidelidad); y segundo, **"Jesús les dijo, 'El que se separe de su mujer y se case con otra, comete adulterio contra la primera; y si la mujer se separa de su marido y se casa con otro comete adulterio'"** (Marcos 10:11–12), sugiere que apartar al cónyuge para casarse nuevamente es adúltero tanto para el hombre como para la mujer.

"Pues Yo os digo que todo el que mira a una mujer con mal deseo ya ha cometido con ella adulterio en su corazón" (Mateo 5:28), es otro argumento que hace una extensión a la regla para abarcar como equivalentes los pensamientos y las acciones, muy probablemente porque los pensamientos probablemente preceden las acciones. Mientras que la ley y la tradición judía promueven la modestia y el evitar concentrarse excesivamente en estos sentimientos naturales, no decreta ningún castigo por los pensamientos pecaminosos.

En los tiempos bíblicos, el adulterio era una ofensa tan grave que se hacía lo que toda persona traicionada deseaba hacer con su cónyuge adúltero o adúltera—eran ejecutados, junto con el otro partícipe en el adulterio (Deuteronomio 22:22). Como hemos discutido en los capítulos anteriores, la tradición legal judía posbíblica era cautelosa en la aplicación de la pena de muerte. Por lo tanto, al igual que en todos los casos de pena capital, para poder ejecutar al adúltero es necesario que se le hubiera hecho al acusado de adulterio una advertencia previa al momento de cometer el crimen. Puesto que las invitaciones abiertas a fiestas de adulterios no eran muy comunes, este tipo de sanción era casi inexistente. No obstante, los adúlteros podían ser obligados a divorciarse de sus cónyuges (la mujer adúltera prescindía de cualquier compensación económica estipulada en el acuerdo prematrimonial—*ketubah)* y le quedaba prohibido casarse con su pareja de adulterio. Con esta norma, los rabinos obligaban a los individuos que sentían lujuria por otra persona a pensarlo dos veces antes de consumar el acto.

Hoy en día, las personas también recurren a compensaciones legales. Según un informe del *Washington Post* (abril 2, 1998), un marido traicionado demandó exitosamente a su mejor amigo y vecino por 60.000 dólares por haber sostenido relaciones sexuales con su esposa. "La maldad de que un hombre entrara a mi casa, tuviera relaciones sexuales con mi esposa mientras que yo dormía arriba y los hijos dormían arriba. Lo demandé para exigir algo de responsabilidad. Nunca jamás escuché unas disculpas."

La mayoría de los estados han eliminado la alienación del afecto como base para compensar por el perjuicio, según la teoría de que en las cortes en realidad no se debería estar juzgando la moralidad de la persona. Este caso ocurrió en uno de los estados que eliminó la alienación como base para demandar, pero permitió este caso sobre la base de "ocasionar dolor emocional de manera intencional y negligente." En 1997, un jurado de Carolina del Norte ordenó a una mujer pagar un millón de dólares a la esposa de un hombre con quien había tenido un amorío mientras era su empleada. El jurado estuvo de acuerdo en que la mujer, al seducir al hombre y alejarlo de su esposa, había destruido un matrimonio de diecisiete años. Aun si las cortes no están encargadas de legislar la moralidad o emitir juicios sobre ésta, sí responden al daño evidente causado a los individuos y las familias y que, a medida que se extiende en la sociedad, socava las bases de la misma.

¿Por Qué Está Mal el Adulterio?

En el caso de los padres, *honrarlos* es un mandato divino (el Quinto Mandamiento) a través de acciones concretas. No existe un mandamiento semejante para el caso de los esposos. Con el Séptimo Mandamiento se establece una regla concreta para honrar la institución del matrimonio. El adulterio procede del término *adulterar,* que quiere decir contaminar o volver impuro. Nos volvemos impuros (espiritualmente, no como la impureza ritual de la Biblia) cuando violamos las promesas del matrimonio: **"No te acostarás con la mujer de tu prójimo: te quedarías impuro"** (Levítico 18:20).

Existe una serie de preocupaciones bíblicas con respecto al adulterio, que todavía están vigentes. Una es el asunto práctico relacionado con la capacidad de los hijos de honrar a los padres. Si una mujer tiene un hijo mientras que sostiene una relación adúltera, ¿a quién tiene el hijo la obligación de honrar? También existe el problema del posible incesto. Si la relación paterna es incierta, el niño podría acabar casándose con un pariente con el que esté prohibido hacerlo según las reglas del incesto. Aunque esto puede parecer remoto, hay casos documentados de parejas que se enamoraron e incluso se casaron y resultó ser que fueron ambos concebidos por inseminación artificial con semen del mismo donante.

El adulterio también es una forma de robo. El adúltero externo, el que irrumpe en un matrimonio, roba el afecto de un cónyuge por el otro. A veces el adúltero externo dirá que está satisfaciendo las necesidades emocionales o sexuales que el cónyuge no puede satisfacer. Al final, la relación externa es tan sólo una distracción que priva al cónyuge y a la familia de la atención y del amor que merecen.

Una de mis oyentes me escribió acerca de las racionalizaciones de la otra mujer: *"Trabajo en una oficina de ventas. Uno de los representantes de ventas es guapo y tiene una gran personalidad. Observé cómo mi compañera de trabajo se le insinuaba y cómo él se sentía halagado. No pudo resistirse al sexo fácil en una habitación de hotel, lejos de su hogar y su esposa. La esposa descubrió el adulterio y le ha pedido un divorcio, aunque está esperando su primer hijo. Me molestó la falta de compasión de mi compañera de trabajo por la esposa. Le dije que ella era parcialmente responsable por la destrucción de esta familia. Su reacción fue que puesto que lo de ella apenas fueron 'unas cuantas noches aisladas' con él, y él no dejó a su esposa por ella, ella no era en absoluto responsable por arruinarle el matrimonio. Supongo que algunas personas pueden racionalizar cualquier cosa que hacen para evitar admitir que hicieron algo inmoral."*

Más importante aún, el adulterio afecta la estabilidad de la familia, socavando la confianza del marido y la esposa y amenazando la integridad de la unidad familiar. Al sucumbir a los afanes temporales de la carne, el futuro de la familia es incierto. Como me escribió una de mis oyentes: *"Al cabo de trece años de matrimonio, los almuerzos de mi esposo con una mujer que había conocido acabaron en una habitación de hotel. Tan sólo por la gracia de Dios él entró en razón y no 'llegó hasta el final.' Encontré una tarjeta, y después de interrogarlo, reconoció lo que había estado haciendo los dos meses anteriores. Acabó de inmediato con el amorío y acudimos a consejería. Han pasado dos años y tengo que decirles a todos los futuros asistentes a almuerzos inocentes que NO HA PASADO UN SOLO DÍA sin que yo pague el precio del egoísmo de mi esposo. Su ego necesitaba la gratificación y nuestro matrimonio NUNCA volverá a ser el mismo. Me entristece pensar que quizás nunca pueda volver a confiar en el hombre con quien me uní bajo la alianza del matrimonio, de todos modos he decidido tratar de resolver las cosas por el bien*

de los hijos. Espero que pueda confiar en él de nuevo algún día.
Nuestras vidas no serán nunca otra vez iguales debido al primer
(así llamado) almuerzo inocente."

Los amoríos muchas veces producen hijos ilegítimos. He recibido innumerables llamadas a mi programa radial de esposos y amantes en los cuales hubo como resultado un hijo. Es desgarrador escuchar acerca del caos que se genera debido a la división de recursos monetarios, de tiempo y de amor. La rivalidad normal entre hermanos bajo un solo techo puede tomar dimensiones absurdas que alcanza a niños que viven bajo otro techo desconocido. No es inusual que estos niños se inicien sexualmente más pronto y que tengan hijos cuando todavía son menores de edad, en parte debido al ejemplo de los padres, y en parte debido a la necesidad de establecer un vínculo estable que, desde luego, está ausente en el padre o la madre que tienen dos familias. Además, estos niños en hogares donde la madre está sola tienen un mayor riesgo de pobreza, fracaso académico y social, criminalidad, violencia y muerte *(City Journal,* invierno, 1998).

Finalmente, Proverbios 6:22 advierte claramente que el comportamiento adúltero **"destruye su propia alma."**

Las Secuelas del Adulterio

Según la Dra. Lana Staneli, autora de un libro sobre triángulos maritales, "Los que acaban su matrimonio para casarse con otro, el 80 por ciento lo lamenta después. Quienes sí se casan con su amante, solo un 10 por ciento, más o menos el 60 por ciento acaba divorciado otra vez. El 25 o 30 por ciento restante permanecen casados, solamente la mitad es feliz. Tener un amorío es una invitación a una tragedia y a una cantidad terrible de dolor" *(NET News Now,* Washington D.C., enero 22, 1997).

En el *Washington Post* (abril 16, 1996), apareció un artículo acerca de un grupo de apoyo para las "otras mujeres" que estaban de luto por la muerte de sus amantes casados. La premisa del artículo es que estas mujeres, a quienes las esposas excluyeron de los hospitales y los funerales, no tuvieron la oportunidad de llorar su pérdida. Utilizando las palabras de Gina, una de mis oyentes, acerca de este artículo: *"Se nos anima a compadecernos de ellas cuando claramente hicieron algo MALO. A lo largo de este artículo, las mujeres calificaban sus relaciones de ilegítimas, pero no de destructoras del matrimonio del hombre ni de la familia. El único punto interesante del artículo era que a la que iba a ser líder del grupo ¡le estaba costando trabajo encontrar quién participara!"* Después de que el escándalo cediera tras leer sobre este asunto, nos golpeó la tristeza y el aislamiento de las personas que se roban trozos de la vida de otros.

Otras Prohibiciones Sexuales

La Biblia es clara en que el sexo extramarital (el adulterio) es la clase más impía de relación sexual entre un hombre y una mujer, pero el sexo prematrimonial y el sexo no matrimonial (cuando no hay intenciones de matrimonio) también son versiones impías del sexo. En estos casos, no existe una prohibición bíblica de relaciones sexuales, pero el judaísmo tradicional no condona las relaciones sexuales fuera de la institución del matrimonio. Es decepcionante que para cumplir las convenciones de la sociedad moderna y en un intento por no alienar de la Torá, la sinagoga y la comunidad a los judíos no casados, algunos rabinos conservadores y reformistas están dispuestos a crear nuevas definiciones de compromiso, con reglas para las llamadas relaciones sexuales "éticas" fuera del matrimonio. Creo que los líderes religiosos deberían establecer estándares, no adaptarse a los deseos comunes.

Las relaciones sexuales que fueron prohibidas a lo largo de la historia fueron definidas por relaciones de consanguinidad cercana o de matrimonio. Entre los antiguos egipcios y ciertas casas reales europeas, el incesto se consideraba una forma de preservar líneas de sangre superiores. El incesto se empezó a evitar después por sus implicaciones genéticas. Las definiciones de incesto han variado enormemente a lo largo de la historia. En la mayoría de los casos, la prohibición se extiende a la madre y al hijo, al padre y a la hija, y a todos los hijos de los mismos padres. En muchas sociedades, los tabúes se extienden y abarcan matrimonios entre tíos y sobrinas, tías y sobrinos, primos en primer grado, y, ocasionalmente, primos en segundo grado. Hoy en día, muchos estados prohíben el matrimonio entre primos hermanos. La prohibición bíblica en relación con el incesto es muy extensiva. Contrario al pensamiento popular, las prohibiciones tienen más que ver con la integridad de la familia que con anomalías genéticas.

En Levítico (20:10–21) hay una larga lista de uniones sexuales específicamente prohibidas que incluyen a hermanos, nietos, medios hermanos, tías, parientes políticos, parientes hombres, animales, etcétera. Estas leyes del incesto van mucho más allá de la preocupación por la consanguinidad entre padres e hijos y entre hermanos. La relación prohibida entre un hombre y su nuera o su madrastra no están prohibidas por temor a los defectos genéticos. De hecho, la mayoría de las relaciones prohibidas no son relaciones donde hay consanguinidad (como con una tía política o una ex nuera). La prohibición más interesante es aquella de no casarse con la hermana de la mujer de la cual un hombre se ha divorciado. He recibido muchas llamadas por parte de hombres que han salido con una mujer, para después decirme que se enamoraron de la hermana. Siempre les he aconsejado alejarse de las vidas de ambas, antes de dañar la relación entre las hermanas. El criterio para prohibir una relación matrimonial, es si da pie a múltiples relaciones, especialmente para los hijos.

Los castigos bíblicos contra el incesto no son tan claros como en el caso del adulterio. Si bien la Biblia decretaba la ejecución como castigo al incesto con la suegra (Levítico 20:14), luego dice, **"Si un hombre toma a su hermana, la hija de su padre o la hija de su madre, y ve su desnudez y ella ve la desnudez de él, es una ignominia y serán separados a la vista de todos los miembros de su pueblo..."** (Levítico 20:17), dando a entender alguna especie de excomunión o castigo divino. La Biblia distingue entre las formas de incesto más graves (con hijos) y menos graves (con parientes más lejanos), aplicando un rango de castigos desde la lapidación hasta el castigo con látigo.

Racionalizar el Comportamiento

Las intenciones de Dios para nosotros son claras: que llevemos vidas santas, santificando nuestros deseos y apetitos humanos de formas que eleven su significado por encima del que corresponde a animales y a lo mundano. Según la sabiduría popular, "del dicho al hecho, hay mucho trecho." Muchos de los chistes corrientes en los que Moisés enviado de regreso a renegociar con Dios los Diez Mandamientos, aluden a la eliminación del mandato sobre el adulterio. Nuestras pasiones sexuales son probablemente las más difíciles de domar. Si nos permitimos serenarnos un momento, el impulso de matar a la persona que nos acaba de hacer un gesto grosero seguramente cede. Es poco lo que podemos hacer para serenarnos cuando alguien con quien tenemos que interactuar frecuentemente nos provoca una intensa excitación sexual. Los dolores de la pasión sexual reprimida infestan nuestra psiquis de manera más grave que las bacterias devoradoras de la carne. Buscamos formas de convertir el adulterio en algo bello y especial para que deje de ser un pecado.

Podemos buscar en la Biblia algunos ejemplos de cómo las personas tratan de racionalizar las relaciones extramaritales. Los comienzos de la humanidad son borrosos. Adán y Eva tuvieron dos hijos, Caín y Abel. Existe la pregunta de con quién estos tuvieron relaciones sexuales para propagar la humanidad. Eva, su madre, era la única mujer. Los rabinos no se sentían a gusto con la idea del incesto entre la madre y el hijo, aunque en ese momento no existían los mandamientos (excepto por el fruto de "ese" árbol), y sugería que quizás hubo otros hermanos y hermanas que no quedaron registrados en la historia con quienes Caín y Abel produjeron hijos.

Los primeros recuentos bíblicos sobre la familia en el génesis no presentan otras relaciones sexuales de tan cuestionable carácter hasta que no aparecen Lot y sus hijas. Después de la destrucción de Sodoma, Lot, el sobrino de Abraham, escapa a una cueva con sus dos hijas. Temiendo que todo el mundo había quedado destruido con la destrucción de Sodoma y Gomorra, las hijas de Lot diseñan un plan para perpetuar la raza humana con su padre. Aunque esto tiene lugar antes de Levítico y las leyes sobre las relaciones incestuosas prohibidas, es claro que debe haber algún tipo de tabú sobre estas relaciones porque, para que el plan funciones, las hijas recurren a emborrachar a su padre. Los lectores del texto saben que se trata de algo que está mal, porque las hijas tienen que conspirar para seducir a su padre. Consideran su comportamiento aceptable con base en su percepción del mundo. Su preocupación con el futuro de la humanidad las hace sacrificar las implicaciones morales del incesto. Si, después de un desastre nuclear, solamente quedan un hermano y una hermana, estarían obligados a "fructificar" para repoblar el mundo. Este caso improbable de incesto permitido es relevante porque no habría alternativas para la supervivencia de la humanidad.

Muchas personas intentan validar el adulterio con la creencia de que es permisible en aras de un bien mayor. Las personas buscan innumerables razones para poder olvidarse de las implicaciones morales de sus actos; por ejemplo:

➤ "Amo a mi esposa y a mis hijos y no quiero divorciarme, así que es mejor que tenga este amorío por el bien de mi familia."

➤ "Mi esposo no me satisface sexualmente, así que está bien encontrar satisfacción sexual en lugar de divorciarme de él."

➤ "Creo que mi esposo es infiel, así que no tiene nada de malo que yo tenga un amorío."

➤ "Yo no estaba buscando un amorío—simplemente ocurrió."

➤ "Somos almas gemelas."

➤ "Tengo necesidades que mi esposo no satisface."

➤ "Cuando me casé pensé que estaba enamorado—pero lo que ahora siento es lo verdadero."

➤ "He estado bajo mucha presión."

➤ "Ella/él me entiende de verdad."

Todas estas razones son intentos de transformar un acto inmoral en un comportamiento aceptable. Varios siglos atrás, un comentarista rabínico anticipó una razón particular para el adulterio: "Algunos despistados patriotas o políticos quizás traten de convencer al público de que es el deber de todos los hombres impregnar tantas mujeres como sea posible para aumentar la población del país, y que en su caso hacerlo no es un pecado, sino un acto de patriotismo."

Diga "No" al Adulterio

Los Angeles Times (marzo 1, 1998) publicó unas definiciones interesantes de adulterio propuestas por sus lectores. Una definición: "El adulterio es cuando usted tiene una relación íntima con alguien que no es su cónyuge—y quisiera que su cónyuge no tuviera este tipo de relación con otra persona que no fuera usted." A la mayoría de las personas les duele que su pareja tenga una relación sentimental e íntima con otra persona. Me escandaliza el rampante adulterio cibernético en la Internet. Hay personas que pasan horas en la computadora, compartiendo y haciendo bromas con completos extraños, cuyas motivaciones, identidad, e incluso género es en última instancia desconocido. El dolor que esta alienación del afecto y la atención le causan al cónyuge es considerable. Nadie sabe cómo competir con una fantasía. Se trata de un comportamiento perturbado, absorto en sí mismo y destructivo.

Otra forma de adulterio es la obsesión con la pornografía, bien sea impresa o en vídeo. Algunas personas, generalmente hombres, pasan una cantidad inconcebible de tiempo masturbándose frente a fotos o vídeos. Esta forma de sexualidad es poco santa, está desprovista de verdadero sentimiento, de la relación con otra persona y de cualquier elemento divino.

La mayoría de las personas fantasea de vez en cuando acerca de ciertas relaciones. Estas pueden incluir relaciones incestuosas, prematrimoniales, extramaritales y no maritales. Aunque es casi imposible detener las fantasías, uno si puede evitar participar en estas relaciones. La forma más fácil de evitar el adulterio es no ponerse en una posición que podria llevar al cumplimiento de esas fantasías.

El potencial del adulterio se agranda cuando la persona se pone en situaciones que propician la indiscreción. Rick, uno de mis oyentes, me escribió acerca de este asunto: *"También quería comentar sobre la forma como las personas deberían manejar las tentaciones. Como cristiano, me han enseñado a hacer lo que hizo Jesús cuando ayunó durante cuarenta días, al cabo de los cuales Satanás vino a tentarlo. Me enseñaron, cuando esto sucede, a hacer lo que Él hizo y citar al demonio los versículos bíblicos pertinentes. El Nuevo Testamento dice 'resiste al demonio y él huirá de ti.' Eso funciona para casi todas las tentaciones, excepto para una, la tentación sexual. Proverbios está lleno de consejos acerca del asunto tanto para judíos como para cristianos…si uno lo condensa en una frase diría algo como: "¡Cuando tenga una tentación sexual, corra como un desesperado, no mire atrás, siga corriendo!"*

Lo maravilloso del sexo es que también es una liberación, un alivio, y un oasis del dolor y las preocupaciones. La mala noticia es que a veces esta forma de "escape" no debe ser utilizada. David, uno de mis oyentes, me escribió sobre el tema: *"Cuando nació nuestro segundo hijo, hubo varias complicaciones con el embarazo y el parto que dejaron a mi esposa incapaz y/o poco deseosa de tener relaciones sexuales durante dos años. Durante ese tiempo, le agradecí a Dios el nacimiento exitoso de nuestra segunda hija y oré para que mi esposa recuperara su buena salud. Existió la tentación pero la idea de traicionar fue superada por el recuerdo de lo que mi esposa había padecido, y el regalo de la vida de nuestra hija. Dra. Laura, me enciende cuando las personas se quejan acerca de la ausencia de sexo en su vida de casados. Como hombre sano y sexualmente activo de treinta años, ¡yo quería tener relaciones sexuales! Le podría contar provocadoras historias de cómo fui tentado, así como sobre los horrendos detalles del dolor físico de mi esposa, pero eso no viene al caso. Aun hoy, seis años después, nuestra vida sexual no es tan activa como lo era antes pero hay mucho amor, dedicación y, lo más importante, una nueva hija cuya vida es cultivada con amor. Creo que crecemos según los retos que encaramos en la vida. Espero cada reto con ilusión sabiendo que Dios me ha honrado con una buena vida. Mi esposa es una mujer hermosa a quien honro, respeto y amo. Guardo nuestra relación como un tesoro. Juntos le hicimos frente al fuego amenazante y regresamos un poco mayores, pero con más corazón, más espíritu, y más amor verdadero."*

Kerry, una mujer de unos treinta años, acaba de terminar una relación al cabo de un año y medio. Me escribió acerca de su "solución a ese dolor" y cómo se mantuvo en el camino recto: *"En mi estupidez característica, busqué darle la vuelta al dolor mediante un coqueteo peligroso y estúpido. Esta vez con un hombre casado. Una maravillosa distracción para todo el dolor. A continuación lo inusual ¡lo corté de raíz antes de que fuera demasiado tarde! Me siento tan orgullosa de mi misma que no me soporto. Él se portó de maravilla frente a mi decisión. Le dije: Me haces sentir especial, atractiva, sexy y femenina. En el transcurso de nuestras conversaciones de las semanas pasadas, te he tomado un gran cariño; quizás incluso estoy peligrosamente encariñada. He estado pensando mucho en esto y lo que pasa es lo siguiente. Según yo lo veo, no hay manera alguna en que yo salga ganando de un amorío contigo. Estás rodeado de una esposa y una familia. Yo estoy sola y estoy pasando por un mal momento. Nuestra integridad vale más que un orgasmo. Desde luego que a mí no me*

afectaría tanto como a ti, pe se trata de una cuestión de concien-
cia. (Si, Dra. Laura, ¡leí su libro, How Could You Do That?!
(¿Cómo pudo hacer eso?)) *No quiero ser grandilocuente, pero*
Marco Aurelio decía que no debíamos estimar nada que, a pesar
de su ventaja aparente, exigiría poner en peligro nuestro mundo.
Esa declaración es válida hoy en día tanto como hace unos cuan-
tos miles de años. Hónrame honrando a tu familia y el compro-
miso que tienes con ellos. Carl Jung decía que hay una magia que
emana de una mujer de principios elevados que de todos modos
expresa sus pasiones. Prefiero aspirar a ese tipo de magia más
bien que al tipo inmediato de magia en la cual me he regodeado
últimamente. Mi necesidad de gratificación no puede seguirse lo-
grando a expensas de mi dignidad. Las racionalizaciones me fa-
llan dramáticamente."

Recibo muchas llamadas de cónyuges ansiosos, que dudan de
sí mismos debido a la presión que están ejerciendo sobre ellos sus
parejas para que toleren comportamientos inadecuados con
"amigos" o colegas del sexo opuesto, como:

➤ Almuerzos o cenas frecuentes.

➤ Conversaciones telefónicas privadas.

➤ Largos trayectos en auto.

➤ Intercambios de correos electrónicos.

➤ Regalos frecuentes e íntimos.

➤ Paseos fuera de la ciudad.

➤ Conversaciones sobre problemas o intimidades maritales.

➤ Socializar solos y traer consigo a los hijos.

Estas son apenas algunas de las exigencias descaradas que
hacen los cónyuges que declaran que, si sus parejas no aceptan
estas condiciones es porque son celosas, insensibles o dominan-

tes. Mi punto central en estas llamadas es el siguiente: Cuando uno ama a alguien no se comporta de una forma que le cause dolor, temor, duda o inseguridad para su vida, su mente y su corazón.

Bastardos—Las Implicaciones para Nuestros Hijos

El término *bastardo* se aplica generalmente a un niño que nació por fuera del matrimonio, pero en la tradición judía se define como los hijos de las dos relaciones prohibidas de las que hemos hablado: el adulterio y el incesto. Esto tiene sentido cuando recordamos que a un bastardo también se le dice hijo ilegítimo (ilegal), queriendo decir los hijos de una relación prohibida por la ley. Al bastardo, al cual la Biblia se refiere como *mamzer,* se le prohíbe, con contadas excepciones, casarse dentro de la comunidad. Aunque parezca injusto castigar a un hijo por los pecados de los padres, el estatus del *mamzer* sirve para recordar las tremendas implicaciones del incesto y el adulterio sobre la vida de un hijo. Considérelo como un intento divino de disuadir. No se trata meramente de dar un castigo ejemplarizante. Claramente, el *mamzer* sufre por el ambiente familiar poco sano que es inevitablemente en estas relaciones. Esto preocupa a familias cuyos hijos se enamoran de *mamzers.* ¿Un hijo así será capaz de comprometerse en una relación o de dar un buen ejemplo a partir de lo que aprendio en su cosa, cuando tenga sus propios hijos? Cuando los adultos incurren en estas acciones egoístas, harían bien en tener muy presentes los efectos perdurables que sus acciones pueden tener sobre los hijos.

Me llama la atención el creciente número de llamadas que recibo por parte de personas que han tenido hijos por fuera del matrimonio y que me cuentan cuántas vidas se han vuelto extremadamente complicadas por causa de su indiscreción. Estos hijos, cuando tienen la oportunidad de conocer a sus padres y de visitarlos, muchas veces llegan a hogares donde existen hijos nuevos. Me cuentan lo triste que es ser visitantes en la casa de su propio papá. Expresan celos por los nuevos hijos de la nueva esposa. Se sienten menos importantes, menos conectados, menos deseados, y menos amados.

He recibido muchas llamadas de esposas justo cuando se acaban de dar cuenta de que su esposo tuvo un hijo con otra mujer o bien antes de conocerlas a ellas, o cuando estaban comprometidos, o en algún momento cuando ya estaban casados. Estas mujeres se sienten desgarradas entre la compasión por el hijo, quien desea tener una conexión con su padre, y el sentido de estar a la defensiva para proteger a la familia que han establecido. No quieren que sus propios hijos se sientan abandonados por esta atención y recursos divididos. Y, se preocupan por las implicaciones morales para sus hijos—la forma como repercutirá en su comportamiento y sus valores el saber que su padre cometió adulterio.

Los hombres llaman frustrados porque un solo acto o un breve amorío desencadenaron vergüenza, obligación financiera, y dudas morales. Es sorprendente cuántas conversaciones he sostenido con hombres que se imaginaron que la pasión desprovista de emoción real era un anticonceptivo válido.

Hasta el momento, he dado la impresión de que solamente los hombres cometen adulterio. Desde luego que esto no es así. He recibido llamadas desesperadas de mujeres que se han dado cuenta que están embarazadas cuando ya volvieron con sus esposos. A veces la situación es que en el mismo lapso de tiempo tuvieron relaciones con el novio y el esposo, haciendo que la paternidad del hijo que esperan dependa de una prueba de ADN. Hay ocasiones en que les he recomendado, a la mujer o al hombre que me llamaron, que no se molesten en averiguarlo—que se limiten a continuar con su vida de unión y que crien al bebé como si fuera de los dos. Creo que lo mejor para el niño es contar con un hogar estable y unido—sin que lo visiten otras figuras paternas. Les he dicho a muchos de estos esposos que consideren este nacimiento el producto de la inseminación artificial, o una forma de adopción. Muchos esposos, ansiosos por conservar sus familias, y que todavía aman a sus esposas, han expresado su disposición a aceptar este reto.

Un acto simple, natural y placentero como la relación sexual, cuando no se lleva a cabo dentro de la alianza matrimonial, puede representar una verdadera tragedia con implicaciones para muchas personas. Respetar y mantener el carácter sagrado del sexo dentro de la alianza no solamente eleva la experiencia sino que evita generaciones de dolor.

Los Votos Matrimoniales de Fidelidad son en las Buenas y en las Malas

En su discurso para la graduación en 1997 en la Universidad de Stroudsburg, el senador de los Estados Unidos Rick Santorum contó una historia muy diferente a los habituales discursos de graduación sobre el éxito y la felicidad. Esta es la historia: Un predicador bautista en Carolina del Sur abrigaba como su más caro sueño en la vida dirigir una universidad de Biblia. Trabajó toda la vida para ese fin y finalmente lo logró. Cuando cumplía su más anhelado sueño y vocación, su esposa se enfermó de Alzheimer. Su salud se deterioró hasta un punto en que ya él no podía cuidarla y conservar su trabajo de tiempo completo al mismo tiempo. El predicador tomó una decisión—sacrificar su puesto como presidente de la universidad de Biblia. Sus colegas no lo podían creer. "¿Qué estás haciendo?" le preguntaron. "¡Tu esposa ni siquiera te reconoce!" El hombre respondió, "Quizás ella no sepa quien soy yo, pero yo sí sé quién es ella. Ella es la mujer con quien me comprometí a estar hasta que la muerte nos separe."

El sexo no solamente une a un hombre y a una mujer en una relación espiritual, sino que los acerca a Dios en la medida en que participan de un acto creativo. Por ende, cuando la santidad del matrimonio o de la familia es quebrantada, los únicos que se alejan no son el esposo y la esposa, ya que muchas veces se crea distancia con otros miembros de la familia; y todos los involucrados se alejan de Dios. No es accidental que a lo largo de la Biblia, la idea de adulterio entre las personas sea vista en paralelo con el alejamiento entre un pueblo y Dios. Es el pecado del adulterio el que viene a simbolizar la fe quebrantada entre Dios y las personas. **"¿Por qué he de perdonarte? Tus hijos me han abandonado, juran por dioses que no existen. Los he saciado, y se han hecho adúlteros…"** (Jeremías 5:7).

Preservar la fe mutuamente y con Dios es lo que nos separa del resto del mundo animal.

8

El Octavo Mandamiento

"No Robarás"

Las personas pasan mucho tiempo redefiniendo qué constituye el robo para poder expandir su zona de bienestar a medida que se afianzan en un mundo de necesidades, antojos, pertenencias, luchas de poder, fama, fortuna, deseos, envidia, pérdidas, heridas, codicia y personalidades antisociales. Surgen preguntas como, "¿Cuando se roba a una empresa o al gobierno, y no a las personas, de todos modos es robar?" o, "¿Se roba si ellos ni siquiera se darían cuenta de lo que falta porque tienen tanto?" o "¿Se roba cuando no es justo que yo no tenga lo que tantos otros tienen?" o "¿Se roba si pienso reponerlo con el tiempo–antes de que se den cuenta o de que lo necesiten?" Las respuestas a estas preguntas no dependen de las circunstancias normales.

Debby, una de mis oyentes, está de acuerdo: *Es curioso como en los Estados Unidos todo es negociable. Soy maestra de escuela elemental. Recientemente un estudiante y yo conversábamos sobre ciertas leyes judías. Le pregunté por qué no se nos permitía*

*robar. Me dio toda una cantidad de razones—porque alguien le
robará a uno, porque la gente se enojará, porque entonces las
personas no podrán confiar en nadie. Le dije que le faltaba un
punto crucial. La razón por la cual no robamos es sencillamente
una: PORQUE DIOS DIJO QUE NO LO HICIÉRAMOS. Fin
de las razones."*

Si bien a ciertas personas puede parecerles que quienes siguen
los mandamientos a veces están sobrecargados y esclavizados
por una fuerza externa, considere que aceptar un mandamiento
lo libera de la lucha con sus impulsos interiores más primitivos
hacia el egoísmo. Si usted acepta como suyo el sistema de valores
divinos, elimina de su vida la angustia plagada de dudas que requiere presentar como bueno lo que usted sabe que está mal.
Prontamente la paz reemplaza en su psiquis a la lucha interior.

¿Eso convierte a una persona en un mero robot? Claro que no.
El libre albedrío entra en juego a la hora de elegir cualquier forma
de vida. Si necesita o quiere algo, es su esfuerzo constructivo y
creativo lo que se requiere para encontrar una manera justa de
obtener estas cosas.

¿Por Qué Tanto Alboroto por las "Cosas"?

Los mandamientos hasta este punto han versado sobre asuntos
de autoridad divina, de la vida y de la muerte, de honrar a la familia, el tiempo sagrado, etcétera. De repente la perspectiva cambia: pasa de tratar sobre el espíritu y las relaciones santas a tratar
de las cosas. Dios consideró que las cosas tenían suficiente importancia para incluir el respeto por la propiedad como uno de
los Diez Mandamientos.

Cuando hablábamos de no asesinar (capítulo 6), el punto principal era que los seres humanos somos todos hijos de Dios, que
estamos hechos a imagen de Dios, que dentro de cada persona
habita un espíritu dado por Dios y que el cuerpo humano debe
ser respetado en virtud del espíritu que hay dentro de él. Así como
Dios les dio a los humanos vida, cuerpo y espíritu, les dio tam-

bién la tierra y todo lo que en ella hay. Cuando un ser humano adquiere legítimamente alguna "cosa," por regalo, herencia, trabajo, compra, trueque o creación personal, esta se vuelve una parte inanimada de sí mismo, muy parecido a como su cuerpo es parte de sí mismo. En este mandamiento, Dios espera que nosotros respetemos la propiedad de la persona en razón al espíritu humano que es su propietario. Robar se vuelve una ofensa contra el espíritu humano que es dueño de la propiedad, así como contra Dios, debido al mandamiento de no robar.

Casi todos los intentos de justificar el robo provienen de la idea de que otras personas existen tan solo como fuentes potenciales de explotación y ganancia—para servirle a uno. Nuestras tradiciones religiosas nos recuerdan que debemos amar al prójimo como a nosotros mismos, que debemos servirnos mutuamente a través de las leyes de Dios.

Pagar el Precio

La Biblia no está interesada en excusas para el abuso o en pusilánimes argumentos legales. Cuando se trata de criminales, la Biblia conserva el orden social a través del mandato, **"Sigue estrictamente la justicia"** (Deuteronomio 16:20). En el libro del Éxodo (22:3) se nos dice que si **"Se le encuentra vivo en casa lo robado...restituirá el doble."** Un castigo muy apropiado. La justicia en su sentido más puro. Si alguien me roba veinte dólares, debe pagarme los veinte, más otros veinte. Lo que quiso quitarme, se le quita a esa persona.

Cualquiera que haya sufrido un robo en su casa, o que haya sido atracado con una arma de fuego, conoce la dolorosa sensación de violación, vulnerabilidad y pérdida. La Biblia trata de compensar a la victima por la violación emocional que ocurrió y de hacerle sentir al ladrón exactamente la pérdida que quiso perpetrar. ¿Se imaginan si a todo ladrón callejero convicto, o ladrón de autos o ladrón de casas se le obligara a reponer lo robado en su totalidad o el doble a sus víctimas? Desafortunadamente, el sistema de justicia penal generalmente castiga a quien comete el crimen por sus acciones contra el estado, y en general no le exige reparación.

Hacerse Responsable

Si uno roba algo y luego se siente culpable por el crimen, ¿el castigo es el mismo? En este caso, la Biblia nos dice, **"Si un hombre o una mujer causa un perjuicio a otro, ofendiendo así al Señor, esa persona es culpable; confesará su pecado y resarcirá a la persona perjudicada el daño causado, más una quinta parte"** (Números 5:5–7). Así que si el ladrón se entrega se le cobra solamente una penalización del 20 por ciento adicional a la devolución de lo robado, en lugar del 100 por ciento exigido cuando la persona no lo admite.

Con su confesión les ha ahorrado a la comunidad y a la víctima la batalla legal y ha aclarado el asunto de una forma en la que todo el mundo se siente tranquilo y no lleno de una vaga desconfianza hacia todos los vecinos y extraños. Además, admitir la culpa puede ser el primer paso hacia el arrepentimiento auténtico. Al corregir y buscar el perdón, el ladrón comienza su recorrido de regreso a Dios y a la comunidad. Al disminuir la penalidad si se admiten los hechos y se asume la responsabilidad, la Biblia le proporciona al ladrón un incentivo y una oportunidad para enmendar su vida.

El Crimen no Paga, Pero el Criminal Sí

¿La sanción por recoger sin pensar un billete de cinco dólares que se le cayó a alguien debería ser igual a la que se le aplica a quien planeó un atraco a mano armada a un blanco? La Biblia considera que hay una diferencia entre las diferentes clases de robo según el grado de esfuerzo y planeación. Por ejemplo, **"Si alguno roba un buey o una oveja y los mata o vende, restituirá cinco bueyes por cada buey y cuatro ovejas por cada oveja"** (Éxodo

21:37). Uno podría argumentar que los animales de la manada eran esenciales para la supervivencia en el mundo antiguo, así como los ladrones de caballos eran ahorcados en el oeste porque los caballos eran esenciales para la supervivencia. Bien sea como fuentes de alimento, de trueque, regalos para cerrar tratos o sacrificios a Dios, esta clase de animales eran la medida de la prosperidad. El acto de robar es agravado cuando el ladrón vende o mata el animal, porque al agregarle la muerte al robo, está continuando su acto de maldad y llevando la situación a un punto irreversible. Debe ser castigado por cada paso en la dirección equivocada.

¿Por qué es diferente robar una oveja que una vaca? Una tradición judía explica que mientras más el ladrón conspiró y premeditó, más alta será la multa. Una cosa es que un ladrón se lleve una oveja y la esconda, pero hacer lo mismo con una vaca requiere todavia más planeación y engaño. El punto crucial es que la justicia bíblica parece reconocer el grado de comportamiento intencional y reaccionar de manera proporcional.

Greg, uno de mis oyentes, me escribió acerca de cómo hizo que su hijo siguiera exactamente estos pasos bíblicos: *"Mi hijo Daniel, el mayor, ahora en el penúltimo año de secundaria, cuando estaba en octavo grado vio una pequeña bolsa de galletas en el escritorio de la profesora. Sé que no fue por estar desnutrido que se llevó la bolsa de galletas porque se come su desayuno—pero en todo caso, decidió comer un refrigerio a media mañana. Recibí una llamada telefónica del rector quien trataba de presentarme este robo al son de 'Sé que es solamente una bolsa de galletas' y empezó a reir. Le dije que no lo tomara a la ligera y que le aplicara la ley a Daniel. Llámelo por su nombre: robar.*

Daniel fue suspendido por un día. Saqué tiempo del trabajo al día siguiente para supervisar ese día. Mi esposa tuvo la idea de que le organizáramos un día de trabajo a Daniel. Quitó las malezas del jardin, limpió el patio, trasladó tierra, lavó autos, etcétera, hasta que sus cinco hermanos regresaron de la escuela.

Daniel pensaba que había terminado sus faenas del día. Ahora

*en cuanto a la restitución, le dije que trajera su mesada de su ha-
bitación y que se subiera al auto. Fuimos al supermercado más
cercano y compramos harina, azúcar, mantequilla, pacanas y mi-
niaturas de chocolate. Daniel hizo cinco docenas de galletas. Al
día siguiente almorcé temprano y fui a la escuela, a su aula, y
llamé a Daniel y a la profesora para que salieran al corredor. Daniel se disculpó con la profesora. Yo le había dicho que también
debía pedir disculpas a sus compañeros de clase, y que si necesitaba ayuda, yo entraría con él a la clase y lo presentaría. Daniel
agarró rápidamente las galletas, entró al aula y dijo 'Quiero pedir
disculpas a todo el curso porque yo fui el que le robó las galletas
del escritorio a la señorita XXX. Hice galletas para todos.'*

*La clase rompió en aplausos. Caminé por el corredor flotando
sobre el piso hasta que llegué al estacionamiento. Más tarde ese
día, Daniel me dijo que más de uno de sus amigos le había dicho
que había sido chévere que dijera la verdad y compartiera con la
clase. Dra. L., a veces me siento como un verdadero idiota, haciendo cosas de este estilo. Pero cómo podemos pedirles a nuestros hijos que sean responsables y retribuyan por sus acciones si
no les mostramos cómo. Paga lo que debes más…"*

Compensaciones que No se Basan en la Capacidad de Pago

Ni siquiera la pobreza del ladrón es excusa para robar o para no
compensar a la víctima. Si un ladrón no podía pagar lo robado,
era vendido como esclavo para compensar a la víctima (Éxodo
2:22). No obstante, la Biblia presenta un enfoque justo en caso
de un castigo semejante. A la vez que exige justicia, la Biblia también es compasiva. Según la tradición judía antigua, el ladrón
solamente podía ser vendido para pagar la propiedad y no para
pagar multas. Independientemente de la magnitud del robo, seis
años era lo máximo que podía ser obligado a trabajar para pagar.
Se esperaba que en esos seis años aprendiera a conocer a su víctima, no como el responsable de su pobreza, sino como un empleador justo, que contribuyera a su rejuvenecimiento espiritual.

En el ambiente judicial contemporáneo, rara vez escuchamos que los jueces exijan a los criminales hacer restituciones en dinero, bienes o servicios. Aunque el tiempo de servicio público puede servirle a la comunidad en general, no refleja una justicia concreta hacia las pérdidas de la víctima. Enfrentar tiempo de cárcel es una forma de justicia frente a la comunidad y a la víctima, pero las liberaciones tempranas, la libertad condicional, y el tiempo ahorrado por buen comportamiento no requieren la restitución como condición para la liberación.

El Robo de Vidas

Algunos comentaristas rabínicos interpretan este mandamiento como una prohibición contra el secuestro, porque existe otro mandado que prohíbe el robo, **"No oprimas ni explotes a tu prójimo; no retengas lo ajeno"** (Levítico 19:13), que claramente se relaciona con la propiedad. Ya fuera comerciantes de esclavos, soldados en busca de placer sexual, o pandillas que secuestraban a líderes destacados y luego pedían un rescate, el secuestro era muy común en el mundo antiguo. **"El que robe una persona, la haya vendido o la retenga todavía consigo, morirá".** (Éxodo 21:15). Esta pena de muerte obligatoria apunta hacia la oposición fundamental de la Biblia contra la esclavitud. La ley Bíblica o rabínica reconocía la realidad de la esclavitud como institución, mientras que funcionaba claramente para limitarla y exigir que los esclavos fueran tratados de manera humanitaria: **"Si un esclavo se escapa y se refugia en tu casa, no lo entregarás a tu amo. Se quedará contigo entre los tuyos, en el lugar que él elija y en la ciudad que más le guste; no le molestarás"** (Deuteronomio 23:16–17); **"Si uno salta de un golpe un ojo a su esclavo o a su esclava, le dará la libertad en compensación del ojo perdido. Si le rompe un diente, le dará la libertad en compensación del diente perdido"** (Éxodo, 21:26–27).

El judaísmo es una religión que enseña que todas las personas fueron creadas a imagen de Dios. Es una religión cuyo tema central es la libertad de la servidumbre (el Éxodo). También es una religión que, haciendo énfasis en la compasión y la justicia como exige Dios a todas las personas, siempre ha estado a la vanguardia de la defensa de la libertad en forma de derechos civiles. La abolición de cualquier tipo de opresión resuena dentro de todo el pensamiento judío. Ciertamente, la historia judía está llena de milenios de ataques contra su existencia, a través de campañas agresivas de guerra, pogroms, antisemitismo y el Holocausto. El pueblo judío entiende filosóficamente, así como personalmente, la bendición que constituye la libertad.

Que el asunto de robarse personas por placer o ganancia económica está vivo en este mundo de hoy es evidenciado por las innumerables historias de horror, incluyendo una que apareció en *60 Minutes,* en 1997, sobre el comercio de esclavas, en este caso muchachas de las Filipinas que eran utilizadas como empleadas domésticas o prostitutas en los países del Oriente Medio. El *Los Angeles Times* de abril 2, 1998, traía un artículo sobre la acompañante de un prominente diplomático tailandés que había sido encausada por retener a dos inmigrantes ilegales de Tailandia como sirvientas durante más de seis años en su casa. Se informaba que había "obligado a las inmigrantes, ambas mujeres, a trabajar dieciocho horas al día en su casa y en su restaurante, reteniendo su salario, negándoles atención médica y dental urgente, censurando su correspondencia, y amenazando con hacer daño a sus familias en Tailandia si trataban de escapar."

Estas acciones no son solamente una afrenta a las leyes nacionales e internacionales. Estas acciones son una afrenta a Dios, quien espera que valoremos a nuestro prójimo como a nosotros mismos y que no robemos el divino regalo de la libertad.

Una de las versiones más horrendas del crimen del secuestro, y a pesar de ello muy común, ocurre cuando los padres roban a sus hijos para quitárselos al otro cónyuge después de una separación o un divorcio. Esto se hace generalmente por venganza. A los niños a menudo se les lava el cerebro para que piensen que uno de sus padres murió o que no los amaba. A veces, el padre o la madre resentidos, llenos de rencor y sintiéndose injustamente tratados, llegan al extremo de matar a los niños para que no le correspondan al otro.

En mi opinión, una forma moderna y legalizada de robo de niños es la creciente tendencia de las cortes a conceder el deseo del padre o la madre que tiene la custodia de alejar a los hijos del que no la tiene. Esta decisión limita severamente el contacto entre el padre y sus hijos, puesto que generalmente la que tiene la custodia es la madre. Si ella deseara casarse con alguien que quiere irse a vivir a otra parte, o tomar un trabajo en un lugar distante, o mudarse para recuperar "el ánimo," muchas cortes lo justifican, a pesar del hecho evidente de que no es lo mejor para el niño. He hablado con muchas de estas mujeres y les he dicho que, a menos que el padre fuera peligroso o destructivo, era inmoral separar a los hijos de él. La mayoría de estas mujeres argumenta que tienen derecho a rehacer su vida. Lo que estas mujeres y las cortes que las apoyan parecen desconocer es el derecho de sus hijos a tener padre y madre.

Las Excusas

La primera excusa que aparece en la Biblia ocurrió cuando Adán trató de evadir sus problemas en el Jardín del Edén. No solamente Adán culpó a Eva por su decisión de comer del Árbol del Conocimiento, culpó a Dios por haber hecho a Eva—insinuando que si Dios nunca hubiera hecho a Eva, no habría pecado: "**La mujer que me diste por compañera me dio del árbol y comí**" (Génesis 3:12). Cuando Dios enfrenta a Eva, ella también trata de pasar el balón: "**La serpiente me engañó y comí**" (Génesis 3:13). Dios ni siquiera se molesta en preguntarle a la serpiente su excusa; pasa al asunto de las "maldiciones" y de cambiar las reglas básicas para la vida de todos; presenta las consecuencias de sus acciones, a pesar de sus intentos de pasarle la responsabilidad a otro.

La capacidad humana de racionalizar comportamientos les

permite a las personas aplacar su conciencia intentando disminuir la aparente gravedad de la acción. Al racionalizar, las personas se encuentran engañándose y llegando a pensar que sus acciones no tienen nada de malo. Cuando se trata de robar, las personas encuentran muchas racionalizaciones para convertir su comportamiento en algo tolerable, si no aceptable:

➤Yo no sabía que era robado.

"Pero su señoría, ¡yo no sabía que era robado! Cuando compré por cien dólares el equipo de sonido nuevo que vale mil dólares en la tienda pensé que era una liquidación auténtica. No, su señoría, a mí no me pareció extraño que el vendedor lo sacara de una furgoneta."

Cada día en nuestro sistema judicial hay personas que esgrimen este tipo de defensa aduciendo ignorancia al recibir una propiedad robada. Las cortes deben decidir si el individuo recibió la propiedad robada a sabiendas de que lo era. En el caso descrito, es obvio que hay algo extraño. Si bien en el sistema judicial estadounidense al estado le corresponde buscar las pruebas para demostrar que la persona sabía que el objeto era robado, la tradición judía le adjudica una mayor responsabilidad al comprador.

Cuando uno compra algo, debe hacer lo posible por establecer que no es robado. Incluso la sospecha debería ser suficiente para desistir de la compra. ¿Pero cómo dejar pasar la ganga? Un ejemplo rabínico es la prohibición de comprar una cabra de un pastor que trabaja para otra persona, porque puede estarla vendiendo sin conocimiento de su empleador para quedarse con el dinero. Una ley judía estipula que está prohibido comprar algo de un ladrón conocido incluso si este asegura que no es robado. La ley está diseñada, no solamente para evitar comprar propiedad robada—en ese caso uno sería cómplice de un robo—lo cual es un crimen tan grande como el robo mismo. Si el ladrón no encontrara compradores para los bienes robados, en última instancia no robaría. Cuando uno compra algo que por cualquier razón sospecha que puede ser robado, promueve la causa del mal y contribuye a que los robos se repitan.

Para corregir esta situación, si uno se da cuenta de que tiene o que posiblemente compró objetos robados, en cuanto pueda debe regresarlos a la víctima. Cuando no pueda, debe entregarlos a las autoridades competentes.

Mike, uno de mis oyentes, todavía sufre por haber conservado propiedad robada: *"Cuando tenía unos once años, estaba en una tienda de juguetes con mi hermano de trece años. Admiraba un auto super especial de Matchbox. Realmente quería ese auto. Mi hermano se me acercó y me dijo, '¿Por qué no lo compras?"*

Le dije que no tenía dinero. Mi hermano continuó, 'Yo te lo consigo.'

Pensé, '¡Wow!,' qué gesto tan lindo de mi hermano comprarme el juguete. Casi me muero cuando, cerciorándose de que nadie lo viera, abrió la vitrina donde estaba exhibido el auto, lo retiró y se lo metió en el bolsillo.

Me quedé espantado. Todavía siento lo que sentí en el corazón en ese momento. Salimos, lo sacó del bolsillo y me lo dio. Todavía me duele haber participado en ese robo. Nunca jugué con el auto. Todavía lo tengo. Lamento nunca haberlo devuelto a la tienda antes de que cerrara definitivamente."

➤ **"El que lo encuentra…"**

"Si ves el buey o la oveja de tu prójimo que se han extraviado, no te desentiendas de ellos; llévaselos a tu hermano" (Deuteronomio 22:1). Hasta este punto hemos hablado sobre formas activas de robar, casos en los cuales el individuo se apropia de algo. Este versículo bíblico requiere que devolvamos cualquier objeto perdido a su auténtico dueño. La regla "el que se lo encuentra se lo queda" no es representativa de los valores bíblicos. Y para que no vayamos a pensar que la palabra "hermano" limita este requisito a quien nos cae bien, la Biblia nos dice todavía más, **"Si encuentras el buey de tu enemigo o su asno perdido, llévaselo"**

(Éxodo 23:4). Debemos devolver objetos perdidos incluso si pertenecen a personas a las que no queremos, e incluso a personas que pensamos son despreciables. No se nos permite hacer distinciones entre personas valiosas y no valiosas porque, dado el potencial beneficio financiero, tendremos la tentación de clasificar prácticamente a todo el mundo como no merecedor.

Todos los días las personas toman y conservan lo que no les pertenece. Si el objeto está de verdad perdido y no hay forma de establecer la identidad del dueño, entonces en realidad es permisible conservarlo. En nuestra sociedad, la mayoría de lo que se apropia es validado por racionalizaciones en las cuales las personas *sienten* que merecen el objeto. La capacidad humana para racionalizar adquiere su máxima expresión en las razones que las personas inventan para declarar su propiedad legítima.

Mike, uno de mis oyentes, me escribió acerca de un roce que tuvo con un personaje tipo *"el que lo encuentra..."*: *"Cuando tenía catorce años estaba con mi papá en una tienda por departamentos. Caminábamos y me susurra, 'Mike, ves ese dinero en el piso, ve y tráelo.' Esto parecía lo suficientemente simple. Caminé hasta el lugar y me agaché a recoger dos billetes de 20 dólares, doblados varias veces. Compramos y salimos.*

'Papá, ¿no deberíamos haber dejado el dinero con alguien de la tienda por si una persona vuelve por él?'

'Mike,' respondió Papá, 'el que encuentra se lo queda. Vi a la niña a la que se le cayeron y cuando estábamos comprando lo nuestro ella regresó a buscarlo. Nos salimos justo a tiempo.'

Tomó 20 dólares para él y me dio a mí los otros 20. Me sentí horrible."

Por fortuna, no todos los papás son como el de Mike. Esta historia extraordinaria la escribió Harvey: *"Después de llenar el tanque de gasolina de mi camión, fui a pagar en efectivo. El dependiente me dio el vuelto, que conté mientras salía. Me di cuenta de que me había dado 5 dólares de más, así que regresé y le pedí que rectificara su error. Se sorprendió mucho con lo que yo habí hecho y con mi respuesta.*

Me dio las gracias y anotó que esto ya le había ocurrido una vez antes. Ese cliente, recordaba el dependiente, era un poco mayor. Pero su auto era un furgón y tenía las mismas marcas en el costado que el mío. Había sido mi padre el de la historia. Había sucedido casi veinte años atrás.

Tuve la suerte de trabajar al lado de mi padre durante muchos años. Esta es apenas una de las lecciones que aprendí a través de su ejemplo."

➤ **"Yo no me lo robé—¡fue un error tonto de ellos!"**

Francamente, es sorprendente cuántas personas creen que tienen el derecho de poseer algo que en realidad no les pertenece, sencillamente porque lo tienen en ese momento en sus manos. Para muchas personas, esta manera de pensar valida el quedarse con los 10 dólares adicionales que les da el cajero por error, o no pagar la pasta que la camarera olvidó incluir en la cuenta, o no pagar las clases de piano porque el departamento de contabilidad no envía la cuenta de cobro.

Una de las historias preferidas del rabino Vogel es acerca de una mujer que compró unas lámparas que estaban en descuento en una gran tienda por departamentos y las devolvió a la misma cadena, en un almacén diferente tan solo para recibir un reembolso por el valor original, generándole una ganancia del 20 por ciento. En lugar de corregir el error, quería regresar a la primera tienda, comprar otras lámparas en descuento, ¡y regresarlas de nuevo a la otra tienda! Podría haberse ganado la vida haciendo esto, pero estaba mal. Estaba robando.

Tristemente, Donna, una de mis oyentes, representa ese gran grupo de personas cuyas frustraciones personales, sentido egocéntrico de derechos innatos, y falta de compasión los lleva a justificar robar con base en las incompetencias de los demás: *"¿Es robar si un dependiente no sabe cuál es la diferencia entre un pepino cohombro y un calabacín y le cobra a uno según el precio del calabacín, que es inferior? Uno lo sabe, pero se queda callado. ¿Es robar? No. Es estupidez. Es su trabajo distinguirlos y si no está bien entrenada entonces no debería ser contratada. He hecho reir a muchas personas cuando les cuento que ahorré un par de dólares gracias a la estupidez de las personas. ¿Lo devolvería? No. No me lo robé, ella me lo regaló. Yo no hice nada ilegal, y de hecho, ella tampoco. Ella sencillamente es ignorante y estúpida."*

Aunque quizás no sea ilegal, ciertamente es inmoral conocer el precio justo de una compra y no pagarlo, independientemente del cociente intelectual del dependiente.

➤ **"¡Es justo, teniendo en cuenta todos los problemas y la mala suerte que he tenido!"**

El raciocinio lo utilizan las personas que creen que un error a su favor está diseñado para compensar todos los anteriores errores de cobro que estuvieron a favor de la tienda. Estas personas tienden a creer que está bien aprovecharse de los demás porque de ellos se han aprovechado en el pasado. Incluidas en esta categoría están las personas que falsifican información en su declaración de impuestos. Para algunos, se trata simplemente del deseo de conservar todo el dinero posible, pero muchos otros que le hacen trampa al gobierno proclaman "El gobierno desperdicia mucho dinero" o "Yo doy más de lo que debería." Estas personas creen que la cantidad que están dispuestas a pagar al gobierno es justa y cualquier otra cosa es injusta. Son los defensores de la teoría de que la justicia se crea en la mente de cada quien. No intente esgrimir esta defensa ante la administración de impuestos.

Molly, una de mis oyentes, no quería probar esa defensa con la compañía de seguros. Muchas personas se sienten estafadas por el requisito de pagar una prima por el seguro de salud, casa o propiedad en general. Esta mentalidad muchas veces lleva a desear algo a cambio. No en el caso de Molly: *"Hace un mes perdí mi anillo de boda y a raíz de eso presenté el caso a nuestra compañía de seguros. El anillo valía entre cinco y seis mil dólares y estaba cubierto por el seguro que tenemos sobre la casa. Después de que entregué el formulario, encontré el anillo. Y, Dra. Laura, consideré la posibilidad de no informarlo a la compañía de seguros y hacerme de una ganancia de esa forma. Podría haber comprado un gran televisor, viajar, o comprar más joyas. Pero gracias a su permanente sermoneo todos los días en la radio, no lo hice. Llamé a la compañía de seguros y les dije que había encontrado el anillo y que quería cancelar el cobro del seguro. Decidí que si quería comprar un televisor, irme de viaje, etcétera... QUERÍA GANÁRMELO, NO ROBARLO. Me siento bien de haber hecho lo correcto, pero la tentación estuvo presente y fue fuerte."*

Ciertamente, las tentaciones son fuertes. Si uno de verdad cree en la santidad del sistema de valores, el debate interno no dura mucho.

Jamini, una de mis oyentes, se dio cuenta de que el asunto no era simplemente de que "no la pillaran," sino que era un asunto de carácter y conciencia: *"Ocasionalmente en las noches tengo en un trabajo adicional de tiempo parcial en una empresa de ingeniería. Les hago cuidadoso seguimiento a mis pagos porque trabajo distintas cantidades de horas. Mi último cheque tenía 100 dólares de más. Me di cuenta inmediatamente que me habían acreditado el doble por un solo día de trabajo. También me di cuenta de que no había forma en que nadie se diera cuenta excepto yo, porque es una empresa muy grande.*

Jugué en mi mente con la idea de conservar el dinero, pero sabía que no podía ya que mi 'conciencia Dra. Laura' (que antes no había descubierto) entró en operación. Así que llamé a mi supervisor y ella le informó al departamento de pagos del error, y el dinero será descontado de mi próximo pago.

Mi supervisor me dijo, '¿Sabe? Si no hubiera dicho nada, nadie se habría dado cuenta.' Pero yo sí lo habría sabido."

➤ "¡Me lo merezco porque no lo tengo!"

No hace mucho tiempo, un vehículo blindado se estrelló en un puente sobre la autopista y cayó a la calle de un barrio no muy próspero. La puerta del vehículo se abrió con el impacto. El dinero voló por las calles. Los adultos y los niños corrían por todas partes recogiendo los billetes nuevos. Cuando la policía llegó, todo el dinero que se había regado por la calle había desaparecido. Nadie devolvió dinero a la policía. Cuando los entrevistó un periódico local, varios residentes respondieron que había sido "un regalo de Dios." Puesto que su vida era difícil, muchas de estas personas sentían que se merecían el dinero que les habían dado. Se trata de un comportamiento despreciable, y es robar, y está mal moral y legalmente.

Recuerdo a un hombre joven que me llamó hace unos veinte años. El tema de mi programa radial, que en ese entonces se transmitía tarde en la noche, era, "¿Qué cosas ilegales o malas haría si supiera que no lo van a pillar?" Este hombre llamó y me informó que estaba robando partes de motocicletas de una tienda local. Cuando le pregunté por qué las robaba, me dijo que porque quería construir su propia motocicleta y no tenía dinero para comprar las partes. Lo felicité por su capacidad de construir una moto desde cero, y le sugerí que devolviera las partes a la tienda y buscara un trabajo donde pudiera mostrarle al dueño sus destrezas mecánicas. Incluso en el teléfono, me di cuenta de que se sentía entusiasmado, ya que nunca habia considerado que había una forma correcta y justa de conseguir lo que necesitaba y quería.

Hay quienes colocarían las leyes de Dios en un lugar de subordinación a las circunstancias, que podrían y deberían enfrentarse de manera honorable. Melanie me escribió, *"Robar nunca es correcto. Viví en otro país en una comunidad muy abandonada del tercer mundo en donde las personas sentían que tenían razones para robar de cualquiera que tuviera más que ellos. La monja que vivía en la comunidad siempre decía que ella no sabía qué*

haría si ella fuera así de pobre—y que no los juzgaba por robar.
Puesto que podía comprender un aspecto de su argumento (siem-
pre es fácil ser virtuoso cuando uno tiene suficiente qué comer y
ropa para ponerse), espero que mis valores soporten ese tipo de
pruebas y tribulaciones."

En verdad, bajo regímenes déspotas o corruptos, cuando los
recursos simplemente no están disponibles, y si no hay alternativa, robar comida puede ser una necesidad. Debemos recordar
que la vida de todos es igualmente importante. Robar alimento,
techo o medicamentos de otros que también los necesitan nunca
es admisible.

Preguntamos a clérigos, "¿Existen algunas circunstancias en
las cuales su tradición religiosa condone el robo?" El pastor Den-
nos Gundersen de la Iglesia Comunitaria de la Gracia, en Tulsa,
Oklahoma, escribió: *"Absolutamente ninguna. Las personas*
más pobres que he conocido siempre lograron encontrar ayuda
para cubrir sus necesidades cuando realmente la buscaron, o bien
a través de obras caritativas u ofreciéndose para hacer cualquier
trabajo."

Ronald Chapman, un estudioso de la Biblia, de cuarenta años,
que profesa la fe bautista, nos escribió, *"El enfoque bíblico es dar*
a los pobres una oportunidad de proveer sus propias necesidades
y no simplemente darles lo que quieren. En el Antiguo Testa-
mento, el granjero no debía cosechar toda la siembra, sino que
debía dejar los bordes y esquinas del sembrado para que los po-
bres cosecharan esa parte. Los pobres de todos modos tenían que
salir a trabajar para proveer sus necesidades (cuota de trabajo).
De esta forma, los pobres tendrían la dignidad que da el trabajo.
El sustento de los pobres a corto plazo (el bienestar) es también
un concepto bíblico."

El Sr. Chapman se refiere en parte a Deuteronomio 24:19–21:
"Cuando hagas la recolección en tu campo, si olvidas en él una
gavilla, no vuelvas a buscarla. Déjala para el emigrante, el huér-
fano, la viuda, para que el Señor, tu Dios, te bendiga en tus em-
presas. Cuando sacudas tus olivos, no vuelvas al rebusco de

aceitunas: déjalas para el emigrante, el huérfano y la viuda.
Cuando vendimies tu viña, no vuelvas a la rebusca; déjalo para el
emigrante, el huérfano y la viuda..." Más que la caridad corriente, este mandamiento reconoce el sentido de propiedad, con
su inherente orgullo de propietario derivado del esfuerzo, pero
recordando que la propiedad también es un regalo de Dios para
compartir con los necesitados.

Esta mentalidad apropiada se ha filtrado a lo largo de los tiempos. El programa educativo de las Naciones Unidas habla sobre
no darles a las personas el pez, sino enseñarlas a pescar para que
puedan experimentar la dignidad de poder hacerse cargo de sí
mismos.

A algunas personas les resulta inconcebible que la gente elija
hacer algo que está mal o que es ilegal. Puesto que quieren mantener su fantasía de que las personas son "esencialmente buenas
a menos que algo externo las obligue a no serlo," entonces buscan motivos económicos y psicológicos en lugar de aceptar el
hecho de que las personas elijen hacer el mal.

La pobreza no crea el mal. El prefacio al importante libro de
Marvin Olasky, *The Tragedy of American Compasión* (La tragedia de la compasión en América), Regnery, 1992, indica que
"...los problemas de la clase oprimida no son causados por la
pobreza. Algunos son agravados por la pobreza, pero la pobreza
ha sido una condición de la gran mayoría de las comunidades
humanas desde los albores de la historia, y en general han sido
comunidades de familias estables, niños que reciben amor y cuidado y con bajas tasas de criminalidad."

Ciertamente, hay suficientes historias acerca de "personas pobres de carácter" para ayudar a concluir que el problema es claramente de valores, no económico. Por ejemplo, en agosto 21,
1997, un periódico en Gainsville, Florida, publicó una historia
acerca de Betty Mann y sus tres hijos. No tenían casa y vivían en
un refugio. El artículo decía, "Pero eso no impidió que su hijo de
ocho años devolviera una billetera que encontró en un supermercado local. 'Siempre les he dicho que si encuentran algo que no

les pertenece, deben devolverlo,' " dijo la Sra. Mann al regresar al Hogar San Francisco en el centro de Gainsville.

"Aunque su familia atraviesa una terrible estrechez económica, Mann dijo que nunca consideró quedarse con la billetera. No fue educada en esa forma y no es así como está educando a sus hijos."

Otra historia, publicada en septiembre 14, 1997, en el *Courier-Islander* de Canadá, contaba cómo una mujer había ido al banco para cobrar un cheque de subsidio correspondiente a un hijo y había retirado 200 dólares del cajero automático. La mujer se marchó del cajero automático del banco y olvidó el dinero sobre la angosta repisa. Otra mujer, desempleada, pasó, notó el dinero, y buscó en una caneca de basura que había cerca para ver si encontraba algún documento de identidad que le ayudara a encontrar a la persona. Encontró la colilla del cheque, luego esperó unos diez minutos para ver si alguien regresaba por el dinero. Cuando nadie lo hizo, primero les preguntó a los ejecutivos del banco si alguien había llamado. Cuando le respondieron que no, entregó el dinero a la policía. Al día siguiente, el banco llamó para decir que la mujer había recuperado el dinero y que ofrecía una recompensa.

La mujer, Betty Craig, rechazó la recompensa. El gerente del banco le suspendió todos los cobros de servicio de su cuenta "por siempre" en señal de respeto por el carácter de la Sra. Craig.

"Nunca consideré quedarme con ese dinero," dijo Craig, desempleada y quien busca trabajo. "Sabía que me enfermaría físicamente si me hubiera pasado a mí. Me alegra haberla hecho feliz."

Y finalmente, este testimonio de otra de mis oyentes: *"El domingo pasado me encontré en la situación de no tener dónde quedarme. Sobra decir que mi situación financiera en este momento es algo apretada. Anoche pasé por un restaurante donde compré comida desde el auto. Al pagar el pedido lo hice con un billete de dólares. Me entregaron el vuelto correspondiente a un billete de 20 dólares. Adelanté para recibir el pedido y al ir a guardar el dinero me di cuenta de que tenía más de 15 dólares. En este punto, me enfrenté a un dilema. Sin duda que me vendría bien el dinero adicional, y al fin de cuentas, no había sido error mío, ¿verdad? No. Salí del estacionamiento—quiero que sepa, Dra. Laura, que podía oírla en mi cabeza, oía su cantaleta. Luego vi a la cajera en mi memoria. No era muy joven. Seguramente tenía hijos y seguramente se ganaba la mitad de mi escaso salario. Una caja con un faltante de 15 dólares podría representarle un verdadero problema. Me di la vuelta y regresé—estacioné el auto y me acerqué a su ventanilla. Se veía nerviosa, seguramente pensaba que yo regresaba con alguna queja. Cuando le entregué los 15 dólares y le dije 'Creo que me dio cambio de más,' ella no sabía qué hacer. Una vez que se disipó su cara de incredulidad, vino una mirada de gran alivio, y finalmente pudo murmurar 'Gracias.' Quiero que sepa que la expresión de su rostro valía 15 mil para mí. Me siento mejor acerca de todo en mi vida después de eso. No puedo describirle la sensación que tuve."*

En ese caso, la mujer que tenía problemas inmediatos descubrió que un acto bondadoso no modificaba sus dificultades, pero sí tenía ciertamente el poder de cambiar su actitud hacia ellas, y seguramente le abrió las puertas del entendimiento para saber cómo resolver sus problemas. La bondad abre puertas interiores.

En última instancia, Dios nos enseña que los que tienen y los que no tienen las mismas responsabilidades ante la ley: **"No haréis injusticias en los juicios; ni beneficiarás al débil ni favorecerás al poderoso: juzgarás con justicia a tu prójimo"** (Levítico 19:15).

➤ **"¡No le hace daño a nadie!"**

Este es el raciocinio preferido de quienes roban en grandes tiendas por departamentos o grandes corporaciones como las compañías telefónicas y los bancos. Se dicen, una cosa es robar

del propietario de la tienda de la esquina, pero para los negocios que tienen ganancias multimillonarias la pérdida es insignificante. "Pierden una mayor cantidad de dinero cada hora
debido a errores de contabilidad," "Si es un almacén grande no le
estoy quitando dinero a nadie," o "Es tan solo el costo de hacer
negocios."

La misma actitud se aplica a las personas que cobran seguros
inválidos de diversos tipos. Sienten que no están demandando a
un individuo sino a la compañía de seguros, que tiene grandes
utilidades. Nunca pensarían en hacerle daño al "pequeño propietario." Estos casos se arreglan muchas veces por fuera de los tribunales porque es más barato que pagar los costos legales y
porque la publicidad negativa puede afectar a las compañías.

El único problema con este raciocinio ¡es que está mal! Esta
clase de robo tiene un impacto sobre las tarifas de seguros y de
servicios médicos que todos pagamos. También ejerce una presión sobre el costo de la mercancía en los almacenes. Ningún gerente de una tienda por departamentos va a decir, "Supongo que
lo que haremos es substraer el costo de la mercancía robada de
nuestras ganancias anuales." Las compañías de seguros y las pro-
veedoras de seguros médicos, los grandes almacenes e incluso las
pequeñas compañías que deben encargar los cobros fraudulentos
a empresas especializadas incluyen esos costos en sus presupues-
tos operativos. Todos pagamos mayores precios por causa de
aquellas personas que dicen que no le están haciendo daño a
nadie.

➤ "¡Sólo lo tomé prestado!"

Muchas personas creen que pueden designar algo como un
préstamo a largo plazo, como una pieza de arte prestada a un
museo. El único problema es la falta de permiso del dueño.
Cuando les hablamos a los niños del significado de este mandamiento, es muy fácil darle relevancia diciéndoles que tomar cualquier cosa prestada sin permiso del dueño es lo mismo que robar.

"Tomar prestados" 10 dólares de la cartera de mamá, o la camiseta del hermano mayor para llevarla puesta a la escuela, no son simples asuntos de cortesía—hasta que el dueño no sea notificado, es robar.

"Nunca des por descontado que solamente porque vives en la misma casa con alguien, cuentas con el derecho de tomar o utilizar sus cosas personales. Este comportamiento generalmente lleva a tomarse libertades con otras personas que no viven en la casa." Esta recomendación provino de Joseph, uno de mis oyentes.

➤ **"¡Se lo merece!"**

Tomar prestado implica el uso personal de un objeto con el conocimiento y consentimiento del propietario. Pero ¿y qué si la hermana utilizó el saco favorito de su hermano porque estaba enojada con él? La meta al tomar prestado el saco no era ni conservarlo ni usarlo. La tradición judía es clara en este caso, pues tomar algo incluso si es solamente para enfadar a esa persona constituye un robo.

Tasha, una de mis oyentes, escribió acerca de robar por venganza: *"Yo solía robarle a mi madre porque me parecía que se lo merecía. Entonces mi hermana empezó a robarme a mí. Supongo que me lo merecía. Ahora que tengo veintitrés años opino un poco diferente."*

➤ **"¡En realidad no he tomado ninguna *cosa*!"**

Esta es una de las racionalizaciones más populares. En esta categoría están las personas que mienten acerca de la edad de sus hijos para conseguir descuentos en boletos de cine, parques y toda clase de entretenimiento. También incluye a las personas que mienten acerca de su propia edad para conseguir descuentos semejantes. "¿Y qué importa si no soy muy claro en cuanto a la edad que tengo?" Estas personas piensan que han utilizado medios legítimos para ahorrar dinero. El único problema es que han mentido, y al hacerlo, le han quitado dinero a un negocio al que legítimamente le pertenece.

Incluidas en esta categoría también se encuentran las personas que utilizan decodificadores piratas para captar la señal de televisión por suscripción, piden prestados a los amigos los programas de computadora que están amparados por derechos de autor, hacen llamadas telefónicas de larga distancia desde una cabina telefónica sin pagar. En cada caso, una compañía ha sido defraudada de un ingreso al que tiene derecho. Aunque la compañía sea grande o pequeña, se trata de una actividad ilegal.

Los estudiantes muchas veces argumentan que está bien hacer trampa en exámenes porque no se le hace daño a nadie. Pero hacer trampa en un examen es lo mismo que robarse la nota.

En abril de 1997, *Sports Illustrated* publicó un informe especial que investigaba el siguiente asunto: "Le ofrecen una sustancia prohibida que mejora el rendimiento con dos garantías: (1) No lo pillarán. (2) Usted ganará. Pregunta: ¿La utilizaría? Esta pregunta se les hizo a casi doscientos atletas estadounidenses Olímpicos o aspirantes a los Juegos Olímpicos. Más de la mitad respondió "sí."

Estos resultados demuestran claramente que muchos ahora consideran que ganar es más importante que competir con espíritu deportivo, carácter y rectitud. Hay que comparar lo anterior con el atleta cristiano de la película *Chariots of Fire*, quien no quiso competir durante el sabbath por la medalla de oro. Hay que compararlo con la historia que nos contó Rob: *"Soy un jugador competitivo y un gran aficionado al tenis; así que naturalmente veo los partidos de Wimbledon. En los cuartos de final, Mal Washington, de los Estados Unidos, jugaba contra Alex Radulescu, el jugador Alemán nacido en Rumania. A los 4–4 en el quinto set que estaba reñido y era el definitivo, el Sr. Washington respondió con un impresionante revés por encima de la cabeza que a él le pareció—y las grabaciones de televisión aparentemente lo corroboraban—cayó sobre la línea lateral. El juez de línea* grító el *"afuera"* y el *Sr. Washington protestó. Su apelación ante el árbitro cayó en oídos sordos pues este argumentaba que no podía desechar la llamada de "afuera." El Sr. Radulescu, quien más cerca estaba de la pelota cuando esta cayó al piso, hizo algo maravilloso. Se acercó al árbitro y le dijo que, puesto que estaba seguro de que la bola había sido buena, le cedía el punto a su oponente. Recuerde, ¡se trataba de un empate 4–4 en el set final!*

Me impresionó que este jugador pusiera su moral por encima de su provecho personal, y creí que los comentaristas lo alabarían.

Por el contrario, esto fue lo que dijo John McEnroe, analista para la cadena NBC, sobre el incidente: 'Radulescu obviamente mostró su falta de experiencia en el circuito profesional al conceder un punto que no tenía que conceder, uno que seguramente le costó el juego.'

Su oponente, Washington, dijo, 'Para mí fue quizás el despliegue más grande de espíritu deportivo que he visto jamás en un atleta. Pienso que solamente uno de los jugadores de la competencia lo habría hecho, y fue él.' "

➤ **"¡Lo hice por una buena razón!"**

Una de las preferidas. Esta racionalización va incluso más allá de convertir el robo en algo aceptable—pretende elevarlo. El fin justifica los medios. A menos que se trate de los planes para la guerra biológica de Irak, las drogas ilegales, o un arma que va a ser utilizada en un asesinato, todas las cosas que son ilegales o que resultarán en muertes inocentes, no es posible elevar el robo a una categoría superior de propósito.

La tradición judía rechaza la idea de que robar puede servir un propósito superior al legislar que una *mitzvá* (un mandato divino) no puede ser llevado a cabo mediante un artículo robado. Por ejemplo, el mandato de encender velas en Januká no puede cumplirse con un menorá de Januká (candelabro de ocho brazos que se utiliza para esta celebración) robado.

➤ **"Todo el mundo lo hace."**

Y finalmente el ganador del premio a la racionalización más
infantil. A los adultos que utilizan esta racionalización les resulta
difícil exponerla en público porque suena tan ridícula como lo es.
Estos pecados son silenciosos porque generalmente a las personas les da mucha vergüenza admitirlos y ciertamente ¡no que-
rrían que "los demás" visitaran sus casas sin supervisión!
    La versión más aterradora de esta excusa es la mentalidad de la
pandilla y la multitud. Es cierto que los grupos más grandes de
personas son capaces de maldades peores que las que la mayoría
de los individuos cometería independientemente. La multitud au-
toriza a cada individuo a obrar (y acepta que lo haga) con mayor
bajeza de lo que al individuo aislado le permitiría su consciencia.
Las emociones, las pasiones, y la impulsividad tienen por lo general más rango de acción dentro de una multitud.

➤ **"Todo se vale en el amor, la guerra y los negocios."**

Si uno no puede confiar en el dueño de la tienda de la esquina
para que sea honrado con uno, ¿en quién se puede confiar? La
Biblia no se adhiere a la idea de que "en los negocios todo se
vale." Dado que el comercio es la espina dorsal de la sociedad, se
necesitan leyes para asegurar la confianza entre los compradores
y los vendedores. **"Cuando vendáis o compréis alguna cosa a
vuestro prójimo, nadie engañe a su hermano"** (Levítico 25:14).
Con base en este versículo, los rabinos establecieron una regla de
que el vendedor no puede cobrar más de una sexta parte por encima del precio del mercado, ni el comprador puede pagar menos
de una sexta parte por debajo del valor en el mercado, a menos
que la otra parte sepa que está vendiendo un objeto por encima
del valor comercial o, en el segundo caso pagando un objeto por
debajo del valor comercial. Lo que es inusual de esta ley es la
protección dada al mercader para no ser engañado. La Biblia se
ocupa de que quien compre pueda comprar por lo justo y que los

vendedores reciban una ganancia justa. Al establecer parámetros para el comportamiento justo, se obvian asuntos de desconfianza y el negocio honrado puede florecer.

En este espíritu, aplaudimos a Chris Webber, jugador profesional de baloncesto. Según el *Detroit News* (noviembre 10, 1996), Webber cortó sus vínculos con Nike porque rehusaron bajar el precio de sus zapatos de baloncesto en el modelo de zapatos que llevaban el nombre de Webber. "¿Cómo puedo cobrar ese precio por mis zapatos cuando hablo con tantos muchachos en las zonas más pobres de la ciudad?" Nike pagaba 5 dólares por la manufactura de los zapatos en el extranjero y el precio al público de los mismos zapatos era de 140 dólares. A Webber "no le gustaba la idea de que Nike tuviera como mercado objetivo a los muchachos de las zonas pobres con la idea de iniciar una tendencia de compra en los barrios más solventes de los suburbios." El bienestar de los muchachos estaba por encima de la utilidad.

¿Es posible robar a las personas mediante la palabra? ¡Claro! Al darle intencionalmente al competidor una información falsa, se puede perder dinero. La publicidad falsa o engañosa es otra forma de robar.

Los rabinos también establecieron como regla que está prohibido preguntarle precios a un comerciante si uno no está interesado en comprar porque, cuando le preguntan un precio, el comerciante se llena de ilusión por la venta. Dado que el cliente parece listo para efectuar la compra, el comerciante ya está pensando en poder pagar el arriendo y comprar ropa para sus hijos. Pensando que el cliente tiene intenciones serias, el comerciante pasa largo rato tratando de lograr la venta. Si la realidad es que el cliente nunca tuvo la intención de comprar, le ha robado al comerciante parte de su valioso tiempo y lo ha llenado falsamente de esperanzas de vender. Según esta ley, es aceptable comparar precios y analizar vitrinas siempre y cuando el cliente manifieste claramente su intención.

Para los miembros de diversas denominaciones cristianas, Jesús no fue menos exigente en cuanto a las responsabilidades de

las personas a quienes sirven. "**Acudieron también unos publica-
nos a bautizarse y le dijeron: 'Maestro ¿qué tenemos que hacer
nosotros? Y les contestó, 'No intimidéis a nadie, no denunciéis
falsamente y contentaos con vuestra paga'** " (Lucas 3:12–14).

➤"**Pagaré cuando pueda.**"

Cuando una persona se vuelve empleadora de otros, bien sea
porque contrata un jardinero, o un ama de llaves, hay obligaciones especiales. Lo más sobresaliente es el requisito de pagarle
cumplidamente a la persona contratada. "**No retengas el salario
del jornalero hasta la mañana siguiente**" (Levítico 19:13). No
nos corresponde asumir que el jardinero o el profesor de música
pueden esperar una semana para recibir su paga. Cuando contra-
tamos a alguien mediante un contrato escrito o verbal, estamos
obligados a pagarle a esa persona tan pronto termine el trabajo y
pase una cuenta de cobro. Si eso redunda en que no podemos
comprar ropa nueva, o costearnos unas vacaciones largamente
anticipadas, tenemos que aceptar que una vez que nos convertimos en empleadores nuestra primera obligación es pagarles a
quienes trabajan para nosotros.

Básicamente, se trata de una forma de deuda, y está prohibido
renegar de las deudas—"**ni os engañaréis unos a otros**" (Levítico
19:11)—por ninguna clase de mentira—"**Ni mentiréis unos a
otros**" (Levítico 19:11)—ni está permitido ningún otro tipo de
argucia. Recibo muchas llamadas de personas cuyos parientes
piden dinero prestado y luego, sintiendo un derecho ilícito, deciden no pagar. Además, hay personas que despojan a los demás de
su herencia porque sienten que tienen un derecho sentimental.

Todo lo anterior es robar.

➤"**Yo trabajo acá—me lo he ganado.**"

Los empleados también tienen obligaciones hacia sus empleadores. La principal de todas es la confianza. Cuando un emplea-

dor contrata a un empleado, bien sea en un negocio o para ayudar en casa, es esencial que sea merecedor de confianza. Aparte de robar mediante fraudes, hay otras formas de robar a los empleadores. A muchos empleados les parece que no tiene nada de malo llevarse a casa suministros de oficina. Las libretas, los esferos, las carpetas y las lámparas no forman parte de las cosas para regalar a los empleados. Se pueden llevar a casa como elementos de trabajo de oficina, de lo contrario se consideran propiedad de la oficina.

Jugar en la computadora, navegar en la Internet, o incluso hacer lecturas personales en el horario de la compañía cuando hay trabajo por hacer, constituye claramente un robo. Los empleadores les pagan a los empleados para trabajar, no solamente para fingir que lo hacen.

No está permitido entregar sin autorización los servicios o el producto de un empleador. Bien sea que se trate de una mesera que les regala la comida a su familia o a sus amigos, o el asistente del teatro que deja pasar gratis a las personas, de esta manera se está tomando ilícitamente un dinero que es del empleador.

Según el rabino Yisroel Miller, de la Congregación Poale Zedeck en Pittsburg, " *'No robar' abarca el robo de elementos de oficina, hacer llamadas personales desde la oficina, y en general perder el tiempo en el trabajo. También incluye robarles a otros su tiempo—como hacerlos esperar llegando sin consideración tarde a las citas. También incluye* genevat daat *(robar a la mente), es decir, engañar a la gente y traicionar su confianza.*"

Tristemente, según un gran estudio del que se informaba en *USA Today* (abril 4, 1997), "Casi la mitad, el 48 por ciento, de los trabajadores estadounidenses admite haber obrado de manera poco ética o ilegal en el pasado año. Estas acciones incluyen una o más de una lista de veinticinco acciones, incluyendo hacer trampa en los reportes de gastos, discriminar a los compañeros de trabajo, pagar sobornos o aceptarlos, falsificar firmas en secreto, intercambiar sexo por ventas, o hacerse los de la vista gorda cuando se violan leyes ambientales." La encuesta de 1,324 trabajadores elegidos al azar no indagaba acciones poco éticas o ilegales por cuestión de codicia, venganza y ambición. En ese sentido, prestaba apoyo a la industria de fabricar excusas con base en "circunstancias y condición psíquica" pidiéndoles a los participantes que anotaran solamente las violaciones que atribuían a la "presión" (por ejemplo, largas horas de trabajo, inestabilidad laboral, deudas personales, preocupaciones familiares). Fascinante.

➤ **"No es mucho."**

Algunas personas justifican robar diciendo que las cosas no son grandes o que realmente no valen mucho. Según John, uno de mis oyentes, el tamaño no importa: *"Me decía a mí mismo cosas como 'ah, es cosa de poca importancia,' 'no le hace daño a nadie,' 'es realmente algo pequeño.' Pero después de convertirme hace unos años al cristianismo, me di cuenta de que cuando se trata de la honestidad, uno no puede sentarse sobre la cerca. O bien es honesto o no lo es. Tan solo porque en algunas formas de robo no hay una víctima claramente identificable, como por ejemplo cuando se copian programas de computadora, de todos modos es ilegal, y por lo tanto está mal para quien dice seguir las enseñanzas de la Biblia que atañen a la honestidad."*

"Las cosas pequeñas cuentan. **'El que es infiel en lo poco lo es también en lo mucho, y el que es injusto en lo poco lo es también en lo mucho'** *(Lucas 16:10)."*

La Biblia prohíbe robar aun el objeto más pequeño. Si lo que se roba es tan pequeño que no tiene valor, por ejemplo, una astilla de una cerca para utilizar de palillo de dientes, no está legalmente prohibido, pero aún así no debe hacerse. Si todo el mundo se llevara las astillas, la cerca se acabaría.

➤ **"No lo pude evitar."**

Esta racionalización forma parte de la nueva cultura (desarrollada en los últimos veinte años) de la psicochácharra y de las excusas. Los conceptos y técnicas terapéuticos salieron del consultorio y entraron a las corrientes principales. Está muy bien ir a gozar de un ambiente libre de juicios durante la terapia psicológica en la cual el individuo se siente cómodo adentrándose en asociaciones interpretativas para poder comprender sus motivos y sus acciones. Pero las cosas no funcionan cuando estas técnicas y conceptos terapéuticos llegan a influenciar el ambiente dominante de una sociedad hasta el punto en que se elimina el sentido de responsabilidad.

"La ex tesorera de la Iglesia Episcopal culpó ayer a la presión laboral y a la discriminación de género por la malversación de 2.3 millones de dólares de la iglesia entre 1990 y 1995. Ellen F. Cooke dijo que un psiquiatra que la evaluó atribuyó su comportamiento a 'una enorme presión de trabajo.' " Resulta ser, según informó el *Harrisburg Patriot News,* mayo 2, 1995, que el dinero fue utilizado para gastos personales, una casa, una finca, pagos de colegios, joyas y viajes. Nos resulta ofensivo que el comportamiento pecaminoso se presente como un mal momento en el estado de ánimo. Las personas, incluso quienes tienen "condiciones mentales," generalmente distinguen el bien del mal. La mayoría de las personas que están bajo una gran presión, se dan un baño caliente, meditan u oran; no roban los bienes de los demás.

➤Miscelánea.

En esta categoría ponemos a las personas que justifican un tipo de robo aduciendo su moralidad en otros ámbitos. Tom, otro oyente, escribió acerca de esta excusa: *"Uf, me encantaban esos caramelos de maní que había en unos baldes en la tienda de víveres. Cada vez que iba de compras, me llevaba unos 2 o 3. Deshonesto quién, ¿yo? Tiene toda la razón. Era deshonesto, y no cumplía los mandamientos porque mi raciocinio era que puesto que yo no hacía trampa en mi declaración de impuestos ni le robaba a su madre ni tenía negocios fraudulentos, entonces estaba bien calificado en el departamento de la honestidad. Tuve que aprender que esta clase de derechos y justificaciones me perseguirían durante mucho tiempo. Fue necesario llegar al punto en que un administrador de la tienda me recordara el cuarto paso de Alcohólicos Anónimos, es decir que tomara conciencia del hombre deshonesto en que me había convertido en muchos aspectos de mi vida. Ahora me acerco al balde de los dulces, tomo dos o tres caramelos de maní, los pongo en una bolsa y los pago como hace el resto de la humanidad. Y, si me como uno antes de avanzar en la fila, le digo al cajero e incluso en ocasiones he entregado la bolsa plástica vacía."*

Robar Más que Dinero

➤Robar ideas

Hay quienes plagian los escritos de otras personas para hacer películas con la trama y las ideas de personajes que son ajenas, sin darles crédito ni ofrecerles compensación. Hay quienes sostienen conversaciones casuales con personas creativas y luego utilizan sus ideas para proyectos creativos sin compensarlas ni darles el crédito. Muchas veces utilizan como excusa: "Bien, soy yo quien asumió los riesgos financieros." No importa. Es robar.

➤Robar la inocencia de alguien.

Una de las formas más trágicas de robo es el de la inocencia. Aunque el pasaje bíblico, **"Si uno seduce a una mujer soltera y tiene con ella relación carnal..."** (Éxodo 22:14) se refiere específicamente al caso en que un hombre tiene relaciones sexuales con una mujer virgen, y tiene que proporcionarle, si ella y su padre están de acuerdo, un contrato de matrimonio o, si no están de acuerdo, entonces una remuneración financiera. Los comentaristas rabínicos han denominado esto un "robo del corazón." Es la responsabilidad de los adultos en nuestra cultura proporcionar ambientes seguros para los niños. Cuando un adulto coloca a un niño en un ambiente que lesiona su condición infantil, entonces es culpable de robarle algo a ese niño.

Desafortunadamente, existen en nuestra sociedad innumerables ejemplos de que este tipo de robo de la inocencia no solamente ocurre regularmente sino que es apoyado por la sociedad. En el caso de aprovecharse sexualmente de un niño, aun si el niño consiente al acto sexual, cualquier adulto que tenga relaciones sexuales con un menor (lo que se conoce como violación estatutaria) despoja al niño o a la niña de su condición de tal al hacerlo partícipe de un acto adulto. He recibido muchas llamadas de padres que simplemente toleran esta nueva tendencia hacia la intimidad sexual adolescente. La sociedad prácticamente ha elevado la bandera blanca de la rendición en este terreno. Parte de la tolerancia se debe al mal comportamiento de los padres con las drogas y el sexo cuando fueron adolescentes. Debido a su sentimiento de culpa, sienten que no tienen derecho a juzgar o dictar. Es muy triste que no puedan ver más allá de su propia vergüenza y falso sentido de hipocresía para así poder salvar a sus hijos de la vergüenza y pérdida que ellos padecieron. Les he explicado a muchos padres que la hipocresía tiene que ver con sus comportamientos actuales y no con los anteriores, de los cuales aprendieron.

Permitirles a los hijos ver películas y programas de televisión poco adecuados que presentan violencia, sexo y otros comportamientos que no son indicados para su edad es otra forma de robar la inocencia de un niño. Demasiados padres claudican en su responsabilidad de monitorear la exposición de sus hijos a los medios (la televisión, el cine, los juegos de vídeo, etcétera) porque simplemente no quieren ser el salmón que nada contra la corriente social; o están demasiado ocupados con sus propias obsesiones, con el dinero y el sexo, o se han vuelto cínicos en cuanto a tratar de proteger a sus hijos de un permanente bombardeo pernicioso. No solamente es importante ejercer una vigilancia, sino que es importante luchar contra los medios. Trate de encontrar un programa de televisión que no esté plagado de sexo o de connotaciones sexuales. He llegado al punto de temer más las películas clasificadas como aptas para adolescentes que las de adultos. La clasificación de sólo para adultos por lo menos es clara y la tengo delante. Demasiado material no indicado se esconde detrás de las clasificaciones para mayores de doce años.

También siento que la obsesión de los adultos con la auto gratificación y la satisfacción personal ("*Tenemos que trabajar* por el futuro de nuestro hijo"), combinado con el desprecio social por las necesidades de los niños ("Los ratos que pasamos con él/ ella antes de que se acueste son preciosos"), ha resultado en la institucionalización de los primeros cuidados. Que a los niños los cuide un extraño prácticamente desde cuando nacen les roba la experiencia temprana y necesaria de tener padres amorosos que están pendientes de ellos y les roba la inocencia.

Entrenamiento en Honestidad

El punto crucial es, si usted no lo ha comprado, no se lo ha ganado, no se lo han regalado, o lo ha heredado, pertenece a otra persona y es allí donde debe quedarse. Significa que las cosas que le llegan por accidente, como ropa ajena que le llega de la lavandería por error, no debe ser utilizada y debe ser devuelta. También significa que un artesano debe devolver lo que le quedó de los materiales que se le entregaron para hacer un trabajo. Significa además que usted no debe manipular, insistir excesivamente o presionar a las personas para hacerlas sentir culpables de modo que prescindan de lo que usted quiere pero que les pertenece a los otros. Significa que usted debe devolver todas las pertenencias que le han sido entregadas para que las cuide, aun si se ha apegado mucho a ellas.

Los padres deben estar atentos, y enseñarles a sus hijos desde pequeños, para que la santidad de la propiedad se vuelva para ellos algo instintivo. Los niños sin darse mucha cuenta se apropian de dulces y de pequeños tesoros, sintiendo que la alegría y apego que el objeto despierta en ellos les da el derecho. Los padres son delegados de Dios para el desarrollo del carácter moral de sus hijos. A veces me han impresionado y a veces me han escandalizado, los métodos de los padres para curar a sus hijos de la tendencia a robar. Algunos de mis oyentes han querido llamar a la policía para que asuste a su hijo de cinco años y así enseñarle una lección. (He vetado ese sistema). Otros han hecho que sus hijos devuelvan lo robado y pidan disculpas personalmente y/o por escrito (apoyo este sistema).

Ninguna de estas técnicas funciona cuando los padres son ejemplos vivientes de deshonestidad. La familia de Doreen les había enseñado a sus hijos que podían decidir a quién hacerle trampa y cuándo: *"La única clase de robo que hacemos es en el cine y nunca lo consideré un robo. Al fin de cuentas, de todos modos pagamos por los niños—solamente que no pagamos la cantidad ridícula que piden ellos. Uno de los nuestros tiene trece años y sí, lo consideramos un niño y por eso mentimos para que entre pagando menos. Eso no significa que sea lo correcto, pero sabemos que solamente durará un tiempo—hasta que de verdad tenga apariencia de adolescente—que todavía no es el caso."* Cuando a los niños se les enseña que son la máxima autoridad para decidir contra quien, cuándo y por qué pueden incumplir uno de los mandamientos, esto aumenta la probabilidad de que amplíen lo aparentemente "ridículo" a lo claramente peligroso. Muchos padres se han quejado de esta verdad solamente cuando el chico o la chica se roba el auto de la familia, o roba dinero porque ha racionalizado que le pertenece. Como me dijo una vez un joven al aire en el programa, *"No me sentía tan mal robándole a mi madre—crecí presenciando su deshonestidad—así que, ¿qué derecho tenía de decir que lo que yo hacía estaba mal?"*

Duke, otro oyente, me escribió acerca del reconocimiento por parte de su familia de lo que estaba bien y lo que estaba mal. *"Mi esposa llevaba a los niños al cine, les compraba dulces del supermercado para que comieran durante la película. Supongo que los cines tienen reglas en cuanto a estos refrigerios, pero no lo sé con seguridad y me ha dado vergüenza preguntar—pero siempre me sentí mal por comprar dulces fuera del cine para ahorrar dinero. Una vez que íbamos al cine, participé en la compra de los dulces, pero les dije a los niños que no lo dejaran ver ya que iba contra las reglas.*

Uno de mis hijos me dijo, 'Y si no está permitido, ¿por qué lo estamos haciendo?' Y debo decirle que ni mi esposa ni yo hemos vuelto a hacerlo."

Caso cerrado.

9

El Noveno Mandamiento

"No dirás falso testimonio contra tu prójimo"

"Tejemos una gran telaraña, y *todo el mundo engaña.*" era el titular de un artículo en el *New York Times* (junio 7, 1996) que afirma que "99 por ciento de las personas confiesa regularmento no decir la verdad. El 20 por ciento reconoce que no puede pasar un día sin decir mentiras piadosas conscientes y premeditadas." ¿Quizás están mintiendo incluso las personas que dicen que no mienten regularmente?

El informe sugiere que, como sociedad, nos hemos alejado demasiado del tiempo en que "la palabra de un hombre era total garantía" y hemos llegado a conformar una sociedad en la cual "las personas aceptan más que nunca las exageraciones, las falsificaciones, los inventos, las verdades a medias, las falacias, las tergiversaciones, los subterfugios, las maquinaciones, la ambigüedad, las evasiones, el prevaricato, la doblez y las verdades coloreadas y barnizadas." Ciertamente que esa aceptación ha modificado el paisaje moral de este país en todo, desde la desaparición de cortesías sociales comunes hasta el predominio de los programas de televisión y radio vulgares, que se ensañan contra las personas irrespetando los valores sexuales tradicionales y las costumbres matrimoniales y exhiben un creciente cinismo hacia la bondad.

Las personas *cuentan con que* los políticos, los abogados, los cabildantes, los periodistas, los presentadores de programas y cualquier otra figura pública mentirá si esto sirve a sus propósitos. Se da por descontado que, si algo no constituye una mentira frontal, entonces es una verdad parcial, una versión, un contexto y una distorsión. ¿Por qué como sociedad somos tan complacientes con esta realidad? Probablemente porque baja el estándar contra el cuál debemos medimos a nosotros mismos, y es difícil pelear contra un mal resistente y penetrante que envuelve a todos a nuestro alrededor.

Lo que la mayoría de las personas recuerda de sus primeros días de escuela acerca de George Washington es que fue el primer presidente de la nación y que era reacio a mentir. Cuando aprendimos el mito, concebido por un ex predicador llamado Mason Weems para humanizar la "aburrida" imagen de Washington (*U.S. News and World Report,* marzo 2, 1998) de que cuando George, de pequeño, fue pillado por su padre haciendo algo que no debía, asumió inmediatamente la responsabilidad diciendo, "No puedo decir mentiras, Pa; sabes que no puedo mentir. Yo sí corté el cerezo con mi hacha." Desde entonces, este feliz mito se convirtió en estandarte en la vida de generaciones de niños. La honestidad y la grandeza eran un paquete inseparable.

Mentir forma parte de una tendencia más extensa que celebra:

➤La individualidad (si me sirve a *mí,* es bueno).

➤La libertad de expresión (bien alejada del concepto de la libertad de criticar al gobierno sin temor y más cercana al concepto de permitir cualquier expresión por destructiva que sea).

➤El entretenimiento (los comentaristas en los medios de comunicación dicen que es la responsabilidad del lector/ oyente decidir qué es verdad y no aceptar lo que oyen o leen por lo que parece).

➤Libertad empresarial (las promesas exageradas de los anunciantes son defendidas como necesarias en un mercado competitivo).

➤Las bendiciones de un estado libre (en que los derechos se valoran por encima de las responsabilidades).

Toda esta "libertad" no incrementa la confianza entre las personas. Una encuesta Harris, de febrero de 1990, sobre la generación 2001—que se basaba en un estudio de la primera clase en graduarse en el nuevo milenio—se adentraba en el asunto de la confianza y las generaciones. Al comparar la integridad moral y la honestidad de su generación con las anteriores, los estudiantes de la generación 2001 decían confiar más en las personas mayores que en sus contemporáneos. Se inclinan más a confiar en la generación de sus abuelos (79 por ciento), seguido por la generación de sus padres (68 por ciento). Al considerar su propia generación, el nivel de confianza cae a un nivel del 25 por ciento.

Nuestros hijos observan cómo el mundo es cada vez más pérfido. El Salmo 12:1-2 se dirige a esta clase de mundo: **"Auxilio, Señor, que ya no hay hombres fieles, la lealtad ya no existe entre los hombres; sólo mentiras dice el uno al otro, labios aduladores, doblez de corazón."** ¿Cómo podemos esperar que haya amistades perdurables, relaciones de negocios honorables, fidelidad en el matrimonio, y cohesión en las familias y las comunidades cuando no podemos confiar los unos en los otros? La respuesta es que no podemos. Todos presenciamos cómo se descompone la confianza mutua y las consecuencias que acarrea. Las personas se rejuntan en lugar de casarse porque, siempre y cuando resulte satisfactorio, no pueden ver que hay una diferencia en el resultado de hacer una alianza ante Dios y decidir cohabitar. Las personas no parecen conscientes de que la falta de fe y compromiso y la veracidad en los votos empobrece a los individuos emocionalmente, a los niños psicológica y económicamente y a la sociedad funcionalmente.

¿Por Qué Dios le Da Tanta Importancia a la Mentira?

"Hay seis cosas que detesta el Señor...la lengua mentirosa..." (Proverbios 6:16–17) y "El Señor aborrece los labios mentirosos" (Proverbios 12:22) indican claramente que Dios considera la mentira un mal grave. Puesto que mentir tiene que ver solamente con las palabras, uno se pregunta por qué es tan trascendental. Uno de los mayores atributos de Dios es la justicia, y la verdad es un prerrequisito para la justicia. Solamente cuando tenemos una idea clara de cómo son las cosas podemos discernir cómo comportarnos de manera apropiada. Si no tenemos una imagen clara o verdadera de cómo son realmente las cosas, seguramente nos comportaremos de una forma que en última instancia es injusta.

En algunos aspectos, mentir es más serio que robar. El ladrón se lleva cosas materiales, mientras que el mentiroso crea injusticia y miseria. El mentiroso también se destruye espiritualmente disminuyendo en sí mismo el brillo divino que lo elevó por encima del reino animal mediante el reconocimiento de que su creación se efectuó para el bien de su prójimo y de Dios.

"Juro Decir la Verdad, Toda la Verdad..."

El Noveno Mandamiento prohíbe específicamente mentir bajo juramento en una corte. Cuando una persona conscientemente bajo juramento da un falso testimonio en la corte, esto se llama perjurio. Aunque Dios define las transgresiones y exige castigos, Dios también dictó que las cortes y los jueces administraran justicia de formas muy concretas. Por ejemplo, para condenar a alguien se requiere más de un testigo, especialmente en casos de crímenes capitales (**"Un sólo testigo no basta para probar la culpabilidad de un hombre en cualquier clase de falta o delito que sea. La sentencia se apoyará en la declaración de dos o tres testigos, cualquiera que sea el delito,"** Deuteronomio 19:15), probablemente en parte para asegurar contra el perjurio intencional y evitar que conclusiones equivocadas lleven a convicciones injustas.

La verdad del asunto es que se juzga a muy pocas de las personas que mienten en las cortes. En el sistema judicial estadounidense, un criterio de perjurio es que el testimonio falso debe estar relacionado con un asunto de gran importancia que afecta el resultado de un caso. En los casos criminales, cuando los asuntos son mucho más graves y las condenas dan lugar a prisión y no a compensación financiera, es natural que el perjurio se convierta en un asunto más serio. Pero es común que las personas mientan en las cortes civiles. Larry Goldman, un abogado criminalista de Nueva York, le dijo al *Sacramento Bee* (enero 27, 1998) que "Como cuestión práctica, existe una rampante cantidad de perjurio en el litigio civil. Ambas partes cometen perjurio."

Aunque la Biblia promete justicia perfecta en este tipo de situaciones (**"El testigo falso no quedará impune, quien profiere mentiras no escapará,"** Proverbios 19:5), debemos confiar en que si bien en las cortes la justicia perfecta no siempre es posible, sí lo será en la Corte Divina de apelaciones finales.

No hay nada más que ver el programa de televisión *People's Court,* para darse cuenta cómo las personas pueden jurar en televisión nacional decir solamente la verdad y luego proceder a decir una flagrante mentira. Es sorprendente cómo las personas pueden mentir sin vergüenza aparente en la televisión nacional.

Parecería que la emoción momentánea de aparecer en televisión y la recompensa de unos cuantos cientos de dólares se han vuelto más sagrados que el honor, la dignidad y la verdad.

Prácticamente cada caso tenía un demandante y un defensor que contaban historias contradictorias. A veces era solamente cuestión de percepción, pero en otras ocasiones sabemos que el uno y/o el otro estaban mintiendo—generalmente por venganza y deseo de ganar. Sencillamente no sabemos cuál miente sobre qué—sobre todo cuando ambos ganan al aparentar algo (aun si requiere auto engaño). Le correspondía al juez Wagner, y más tarde a la juez Judy, decidir quién estaba diciendo la verdad. Tan sólo nos resta guardar la esperanza que, contando con poderes superiores de deducción y tal vez algún poder de intuición especialmente sintonizado, puedan establecer quién miente.

Todo esto nos conduce al aspecto más problemático de cuando los jueces y los jurados intentan descubrir la verdad: Si una persona ha hecho algo malo y es lo suficientemente hábil para engañar con su actuación, puede ganar el caso y salirse con la suya en cuanto al crimen cometido. En el programa televisivo *Law & Order*, muchas veces un testigo dice la verdad, lo cual llevaría a la condena del malo, y luego, para disminuir su credibilidad, es engañado y atacado por un abogado defensor astuto. En lugar de "que gane el mejor," a veces el asunto es "que gane la mejor mentira."

"¿Jura Usted Decir Toda la Verdad...?"

"¿Jura decir la verdad, toda la verdad y solamente la verdad, con la ayuda de Dios?" Con una respuesta afirmativa a estas palabras, un individuo pasa al estrado del testigo para participar en el proceso judicial y determinar el destino no solamente del acusado sino de quienes seguramente han sufrido a manos suyas. Para al ateo declarado que se para ante el juez, de todos modos subsiste la afirmación que promete "castigo y penalización por perjurio."

Aunque el voto se hace en público y ante Dios, algunas personas se sienten justificadas para mentir. Tal vez es la falta de evidentes rayos y centellas procedentes del cielo en respuesta a las mentiras en el tribunal, lo que les permite a las personas imaginar que pueden salirse con la suya. Sus motivaciones incluyen:

➤Protegerse a sí mismos (testigos que temen por su vida si dicen la verdad, así como aquellos que no quieren estar implicados).

➤Hostilidad de parte de personas que tienen asuntos "filosóficos" que resolver con el país y con el sistema judicial (el cual, irónicamente, les ofrece muchos tipos de protección que no aprecian).

➤Lealtades mal concebidas, desde querer sentirse importantes por "saber algo" que realmente desconocen, hasta las personas que quieren que se haga justicia "no importa cómo."

Por otro lado, hay historias sobre cómo después de intensos preparativos para el juicio, los clientes han pasado al estrado de los testigos y han cambiado totalmente sus testimonios porque, después de poner las manos sobre la Biblia, y jurar decir la verdad, no fueron capaces de mentir.

La Justicia Debe Ser Justa

Un gran impedimento para que exista una sociedad libre es que haya un sistema judicial deshonesto. Aunque hay numerosos ejemplos de jueces que "han sido comprados" (**"No aceptarás sobornos, porque el soborno ciega incluso a los que tienen la vista clara y pervierte las palabras de los justos,"** Éxodo 23:6), tenemos un sistema judicial que es gobernado por la Constitución, que permite apelaciones, y que protege al acusado. Los estadounidenses tienden a asumir que cualquier deficiencia del sistema no es en general producto de la corrupción sino que se debe a que los jueces y jurados son demasiado maleables, o a que

hay prejuicio racial, o no hay suficiente preocupación por los derechos de las víctimas ("**No vayas tras la multitud para hacer el
mal ni declares en un pleito inclinándote a la mayoría, violando
la justicia. Tampoco favorecerás al débil en su pleito...**" Éxodo
23:2–3). Tenemos que estar agradecidos porque hay muchos países que no son gobernados bajo los mismos principios democrá-
ticos o donde la corrupción ha hecho imposible el acceso a una
verdadera justicia. Es increíble que podamos sentirnos orgullosos de nuestro sistema judicial a pesar de la tendencia de las personas a mentir en los juicios.

"...Si el Testigo Había Declarado en Falso Contra su Hermano... No Tendréis Compasión..." (Deuteronomio 19:19–21)

La Biblia afirma que un castigo para el perjurio es: "**Harán con él
lo mismo que él pensaba hacer con su hermano**" (Deuteronomio
19:19). La tradición legal judía interpretaba esto de la siguiente
manera: que cualquier castigo que el acusado fuera a recibir basado en el testimonio del falso testigo sería el mismo castigo apli-
cado al testigo falso.

¿Alguna Vez son Inocentes los "Espectadores"?

Abstenerse de no presentar verdades relevantes o evidencia, aunque técnicamente no es una forma de perjurio, sí es definitivamente una perversión de la justicia. Según la Biblia: "**Si alguno es
citado a declarar como testigo sobre algo que ha visto u oído y se
niega a declarar, peca y debe cargar con su culpa**" (Levítico 5:1).
Excusas populares por el estilo de, "Me ocupo de mis cosas," o
"No quiero meterme en eso," no absuelven a las personas de sus
obligaciones, ni ante la justicia, ni ante Dios. Somos los guardia-
nes de nuestros hermanos. Aparte de Dios, somos lo único que
tenemos.

El Verdadero Peligro de las Mentiras

Técnicamente, este mandamiento tiene que ver con el testimonio en los estrados judiciales y con el impacto sobre el sistema de justicia, pero claramente en la vida cotidiana hay repercusiones enormes por no decir la verdad. Mientras que a muchos no nos preocupan los falsos testimonios en los tribunales, sí deberíamos preocuparnos por las ramificaciones de las mentiras cotidianas que decimos.

El marido que le dice a su esposa que está trabajando hasta tarde mientras que está bebiendo con sus amigotes ha dicho una mentira que le hace daño a su matrimonio, su alma y su capacidad de enfrentar la realidad de su problema con la bebida. Sin la confianza no hay pegamento para una relación y en última instancia no hay seguridad para la intimidad.

A veces se dicen mentiras sobre los demás por venganza, como en el caso de acusaciones falsas de abuso infantil en ciertas batallas por la custodia legal de los hijos. Según un estudio del gobierno canadiense sobre estas falsas acusaciones, publicado en *The Calgary* (mayo 10, 1998), las estadísticas mostraban que dos de cada tres quejas de abuso infantil eran falsas. La devastación de la vida del padre o la madre inocentes, la destrucción de la relación padre/madre-hijos, así como la confusión y la humillación que experimenta el niño atrapado en el medio, son despreciables y a veces irreversibles.

A veces las personas dicen mentiras para protegerse de las consecuencias merecidas. Como me escribió Jacqueline, una de mis oyentes: *"En lugar de enfrentar el problema, preferiría evadirlo. me encuentro incapaz/poco inclinada a decir la verdad por miedo al rechazo, etcétera. Este fenómeno ocurre casi automáticamente, ya que me resulta más natural no decir la verdad que decirla. En esto incluyo el esconder una verdad o abstenerme de decirla cuando es necesario hacerlo."*

En el caso del niño que es acusado por sus padres de jugar con fósforos, dice una mentira cuando argumenta que nunca vio los fósforos quemados que sus padres encontraron. Al igual que el niño que miente sobre los fósforos, generalmente mentimos para encubrir la culpa. Estas mentiras no son permisibles porque le permiten al individuo evadir la responsabilidad y la posibilidad de un cambio y un crecimiento saludable.

Algunas mentiras se dicen para atraer atención. Un reciente y doloroso escándalo en Los Ángeles tenía que ver con un trabajador en la rama la salud que confesó haber matado por compasión a varios pacientes mayores en un conocido hospital. Una vez que la investigación iba bien adelantada, se retractó. Se especuló acerca de su deseo de sentirse importante, lo cual era posible por la atención prestada por los medios de comunicación, una forma enfermiza y triste de llamar la atención.

Hay quienes mienten para provecho personal y por conveniencia. Elizabeth escribió: *"Mi batalla se centraba en si debía ser honesta o no con mi empleador acerca de que no planeaba regresar al trabajo después de dar a luz. Puesto que no pensaba regresar al trabajo, no me parecía justo tomarme los cuatro meses de licencia remunerada ya que los beneficios se basaban en mi regreso al trabajo. Dado que mi esposo trabaja independiente, los beneficios, si los pagara él, serían costosos. Los 'amigos' a quienes les consulté me aconsejaron que sacara los cuatro meses ya que 'todo el mundo lo hace.' Le pregunté incluso a un abogado amigo. ¡También opinaba que yo debía mentir! ¿Adivine qué? Me pregunté qué diría la Dra. Schlessinger. Cuando la respuesta que imaginé es que yo estaría haciéndole trampa a mi empleador y que la decisión de cometer un fraude no era un buen paso ni para mí ni para mi familia, la decisión fue fácil. Informaré honesta y justamente—como yo quisiera ser tratada si fuera yo quien tuviera un empleado."*

La conciencia no siempre nos obliga a decir la verdad; a veces la Corte Suprema tiene que intervenir. En enero de 1998, la Corte Suprema sentenció que un empleado a quien se le indague sobre posibles malos manejos solamente tiene dos opciones legales: decir la verdad o no decir nada. Esta sentencia desencadenó

sanciones para cinco empleados del gobierno federal quienes ne-
garon acusaciones que después resultaron ser ciertas. El Departamento de Justicia instó a la corte a que sentenciara que en la
Constitución no aparece ningún "derecho a mentir." En una opinión unánime breve escrita por el magistrado William H. Rehn-
quist, "Un ciudadano puede declinar responder a la pregunta, o
responderla honestamente, pero no puede impunemente a sabiendas y voluntariamente responder una falsedad."

Los actuales escándalos en torno a los llamados "recuerdos
recobrados" de abusos sexuales en la infancia son temas sensibles desde el punto de vista emocional y sociopolítico. El asunto
de si los abusos sexuales olvidados sufridos en la niñez pueden
ser recordados mediante terapia ha sido amargamente refutado
desde que surgieron los primeros casos en los Estados Unidos
unos decenios atrás. Muchos padres acusados dicen que sus vidas
familiares fueron arruinadas por las acusaciones falsas, provenientes de fantasías implantadas en la mente de los hijos adultos
por terapeutas inescrupulosos, incompetentes o desorientados.
"Los recuerdos falsos pueden ser sembrados en las mentes de los
pacientes por psiquiatras y no hay evidencias de que los recuerdos puedan ser 'bloqueados,' " concluyó un informe hecho por
el *Royal College of Psychiatrists* en Inglaterra y publicado en el
British Journal of Psychiatry (mayo 1998). El informe dice, "No
existen evidencias de represión y recuperación de verificados sucesos severamente traumáticos. También hay en la literatura es-
pecializada una llamativa ausencia de casos bien corroborados a
través de la psicoterapia de este tipo de recuerdos reprimidos.
Dada la cantidad de abusos sexuales en la infancia, aun si tan
solo una pequeña proporción son reprimidos y apenas unos
cuantos posteriormente recuperados, debería haber un número
significativo de casos corroborados. De hecho, no existe ninguno."

Cuando las vidas de las personas se han vuelto dolorosas o
problemáticas, es natural que busquen explicaciones y solucio-
nes. Es también natural que, en este estado de desesperación y

dependencia, serían sensibles y vulnerables a las influencias. Al leer muchas de la retractaciones, como aquellas publicadas en el boletín de la *False Memory Syndrome Foundation,* la mayoría de las mujeres admitió que no se sentía realmente cómoda con la conclusión de que había habido abuso, se habían sentido intimidadas por la seguridad del terapeuta y que muchas veces habían sido presionadas por los llamados grupos de apoyo; pero también reconocieron que habían sentido cierto alivio al encontrar una "razón" a sus problemas.

Durante mis años de consulta privada tiempo atrás, fui testigo de la devastación de una familia por causa de las falsas acusaciones de abuso infantil. Una mujer adulta, que tenía problemas, entró a terapia. La terapeuta le informó que seguramente había sido víctima de abuso. La mujer, joven y vulnerable, que dependía de la autoridad de la terapeuta, acusó a su padre de abuso sexual y cortó toda relación con su familia. A través del departamento de policía, el padre se sometió a dos pruebas con el detector de mentiras, las cuales pasó de manera inequívoca. Nada fue suficiente para que la terapeuta cuestionara y revaluara su "diagnóstico." La familia quedó virtualmente destrozada, al igual que la reputación del padre en su comunidad.

Básicamente, pecar va de la mano con mentir. Pocos pecados se cometen sin que quien los cometa derive algún consuelo de pensar que, si lo pillan, tiene la posibilidad de escabullirse con mentiras. Contrariamente, mientras más uno se familiariza y se siente a gusto con una mentira, más fácil es mentir y extenderse a otros malos comportamientos.

Las batallas interiores para conservar la sinceridad y la veracidad no siempre son recompensadas con un triunfo o con una adquisición. Un compromiso con la honestidad sí le reportará una buena reputación con el vecino y con Dios. Puede tardar un tiempo, pero cuando de verdad se importante, usted será la persona a quien le crean.

Las Mentiras Matan

En una escala más apocalíptica, "La amplia masa de una nación... caerá más fácilmente víctima de una gran mentira que de una pequeña." Estas palabras, escritas por Adolfo Hitler, son testamento vivo a la idea de que mientras más grande la mentira, más verosímil será. Hitler fue capaz de convencer al pueblo alemán de que los judíos eran los responsables no solamente de su derrota en la Primera Guerra Mundial, sino también de las dificultades sociales y económicas de la época. Al hacer una diferenciación permanente entre la raza aria "superior" y los demás, convenció a muchos alemanes de su destino manifiesto. Qué ironía que los alemanes, quienes representaban la más sofisticada cultura en literatura, ciencia, y las artes en su generación, fueran engañados hasta el punto de creer mediante la ciencia de la eugenesia que los judíos y otras razas no arias eran inferiores. Diga una mentira lo suficientemente grande, y las personas la creerán.

Es una triste ironía que la teoría de Hitler todavía es puesta a prueba. Un grupo de llamados revisionistas históricos, así como varios periódicos y líderes palestinos, expresan la opinión de que el Holocausto fue un engaño, perpetuado por el pueblo judío para ganarse la simpatía del mundo. El testimonio de los testigos y sobrevivientes, los documentos alemanes, y las evidencias fílmicas y escritas de los nazis, todas son inventadas—según estos revisionistas—para exagerar lo sucedido. El odio gana longevidad a través de las mentiras.

La Verdad Divina

Luchamos por la verdad porque es una cualidad divina: **"el Dios fiel, en Él no hay maldad; es justo y recto"** (Deuteronomio 32:4). Dios no les miente a las personas. De hecho, cuando está a punto de emitir un juicio sobre Sodoma y Gomorra, Él se aparta del engaño: **"¿Ocultaré Yo a Abraham lo que voy a hacer...?"** (Génesis 18:17).

La idea de que Dios es el Dios de la verdad se ve reflejada por los judíos y los cristianos que responden en oración con la palabra "Amén." Esta palabra puede quizás derivarse del hebreo *emunah,* queriendo decir fe, o como un acrónimo para el *melech ne'eman.* ("Dios, rey confiable"); Dios es presentado como un ser veraz. La palabra de Dios es la verdad; esto es indiscutiblemente demostrado cuando Dios le promete a Abraham que durante muchas generaciones futuras, cuando su pueblo sea esclavizado, Dios lo liberará.

¿Se Miente en la Biblia en Alguna Ocasión?

¿Es absoluta la regla contra la mentira o existen ocasiones en las cuales es legítimo mentir? Hay una serie de ejemplos bíblicos en donde al parecer se acepta la mentira. Generalmente caben en dos categorías: para proteger vidas o en aras de la paz.

La primera vez que Abraham habla en la Biblia, es para decirle a su esposa, Sara, una mentira. Debido a la hambruna, Abraham fue a Egipto. Cuando ya se acercan a Egipto, Abraham se empieza a preocupar de que el Faraón quiera a su encantadora esposa, Sarah y, sabiendo que ella está casada con Abraham, lo mande a matar. Por lo tanto le dice, **"Mira, tú eres una mujer muy hermosa. Tan pronto te vean los egipcios, dirán: Es su mujer; a mí me matarán y a ti te dejarán con vida. Por favor, de que eres mi hermana, para que se me trate bien gracias a ti, y en atención a ti respeten mi vida"** (Génesis 12:10–13).

Las enseñanzas judías generalmente han sostenido que, incluso bajo presión extrema, ningún hombre puede intencionalmente matar o cometer un crimen sexual contra una persona inocente. Recuerde, no obstante, que este episodio ocurre mucho antes de que el Séptimo Mandamiento sea dictado en el Sinaí. Al "mentir," Sara y Abraham conspiran para conservar su vida y tener la oportunidad de adelantar camino en el recorrido divino.

En una circunstancia más obvia en la que se permite mentir, y en uno de los pronunciamientos más fuertes de amistad, Jonatán se enfrenta a la difícil decisión de si ayudar a su amigo (el futuro rey de Israel y el progenitor del Mesías), David. Hacerlo requiere decirle una mentira a su padre, el rey Saúl, quien ha desarrollado una extrema paranoia y celos patológicos por causa de la popularidad de David con el pueblo y con la tropa. Jonatán tiene que decirle una mentira a su padre para determinar si, en efecto, el rey Saúl piensa matar a David. Cuando el rey Saúl pregunta dónde está David, Jonatán le dice **"David me pidió con insistencia permiso para ir a Belén"** (I Samuel 20:28), sabiendo muy bien que David se escondía en un campo cercano. El rey Saúl se enoja. Su deseo es matar a David. La mentira de Jonatán es validada y él envía al futuro rey de Israel a un lugar seguro. Claramente, para prevenir un asesinato, es permisible decir una mentira y es un requisito.

En otra historia bíblica, Dios de hecho le dice al profeta Samuel que mienta. Cuando Dios le informó a Samuel que Él lo enviaba para encontrar otro rey (Dios había rechazado como reyes al rey Saúl y a sus herederos), él responde, **"¿Cómo voy a ir? Cuando se entere Saúl me matará."** A lo cual Dios aconseja, **"'Lleva contigo una ternera, y dirás: He venido a ofrecer un sacrificio al Señor'"** (1 Samuel 16:2). A pesar del hecho de que Samuel no vino "a ofrecer un sacrificio al Señor," Dios le dio permiso de decir esto. De los propios labios del Señor sabemos que es permisible decir una mentira cuando se trata de salvar una vida.

Una historia bíblica todavía más dramática hace énfasis en la *necesidad* de salvar una vida. Aparece en Éxodo (1:15–22). El Faraón, habiéndose puesto nervioso de que los israelitas eran cada vez más numerosos, les ordenó a dos parteras que trabajaban para los hebreos que mataran a todos los recién nacidos bajo su cuidado. No obstante, **"las parteras temieron a Dios y no hicieron lo que les había mandado el rey de Egipto, sino que dejaban vivir también a los niños"** (Éxodo 1:17). Estas parteras eligieron desobedecer una ley inmoral. Al ser descubiertas, dijeron, **"las mujeres hebreas no son como las egipcias: son robustas,** y antes que la partera llegue, ya han dado a luz" (Éxodo 1:19). No solamente no se sometieron al plan para asesinar inocentes, se dieron cuenta de que no tenían que decir la verdad acerca de los asesinatos pues pondrían en peligro a inocentes. Fueron valientes y rectas, y sus armas contra la brutalidad inhumana fueron la resistencia y la mentira.

Personas Merecedoras de Confianza

En la tradición legal judía, hay ciertas personas como los aficionados a los juegos de azar y los "usureros" a quienes no se les permite servir como testigos, pues se asume que las personas que hacen esto para ganarse la vida no merecen confianza porque sus profesiones promueven interacciones deshonestas.

"No me he reunido nunca con los impostores, ni he ido jamás con los hipócritas; odio las bandas de los delincuentes, no me junto nunca con los criminales" (Salmos 26:4–5). Asociarse y socializar con personas que tienden a no decir la verdad lo único que logra es motivar en nosotros el mismo tipo de comportamiento.

Es importante que nos rodeemos de amigos y asociados en quienes confiemos de modo que nuestros manejos personales y negocios reflejen nuestros valores. Ocurre a veces que las personas interpretan nuestros valores según las personas con quienes nos asociamos. También es cierto que nuestra necesidad de ser incluidos, valorados, deseados y de sentimos importantes puede llevarnos a adoptar, o al menos a aceptar pasivamente, los manejos malvados de otros. También es cierto que elegimos amigos y grupos con base en aspectos sanos o poco sanos en nosotros mismos.

Los padres muchas veces se quejan de que su hijo no se estaría portando mal, o metiéndose en problemas si no fuera por causa de otros niños malos. Es difícil para ellos aceptar que su hijo eligió un grupo específicamente por la necesidad de sentirse aceptado.

Ser Honrado al Parecer no Siempre Tiene Recompensa

La verdad es que no siempre se recibe una recompensa por ser honrado. "Johnny, dime la verdad y no te castigaré." Con frases como estas tratamos de inculcar en los hijos lo importante que es la confianza. En la medida en que los niños se enfrentan a las implicaciones de la confianza, a la larga deben desarrollar una motivación interna que sobrepase la gratificación externa. Un ejemplo perfecto es el estudiante de secundaria a quien se le ha enseñado que la honestidad siempre es recompensada y que se acerca a su maestro para informarle que le ha dado una nota más alta de la que merecía. Cuando el maestro califica de nuevo y pone sobre el examen la nota inferior que refleja la realidad y felicita al estudiante por su honestidad, el muchacho responde boquiabierto, "¿Cómo así, me quedo con esa nota? ¡Pero si le dije la verdad!" Él esperaba que el maestro lo premiara por su honestidad conservándole la nota más alta.

Aunque es bueno concederles a los niños pequeños beneficios en premio por su honestidad, también deben aprender que muchas veces hay un precio que pagar. Debemos enseñarles a nuestros hijos que la recompensa por decir la verdad es poder mirarnos en el espejo y vivir con nosotros mismos. Deben aprender que la honestidad hace que los demás se encariñen con nosotros, ayuda a mantener la confianza en la sociedad, y puede inspirar a otros a hacer lo mismo.

Dave, uno de mis oyentes, escribió sobre la lección que Michelle, su hija, aprendió sobre el "alto precio" que uno puede llegar a pagar por ser honrado: *"A mi hija le faltaban apenas algunos días para graduarse de secundaria. Por esos días, el club de oratoria y debate viajó para participar en un concurso. En el concurso, los muchachos bebieron. El entrenador del grupo se enteró del hecho a la mañana siguiente, y reunió a los muchachos para preguntarles, '¿Quiénes de ustedes bebieron?' A pesar de que al menos unos quince participaron, solamente Michelle y otro muchacho admitieron haberlo hecho.*

El entrenador castigó con dureza a los dos estudiantes 'honra-
dos,' informando a la administración de la escuela y vetándolos
de participar en la ceremonia de graduación, arriesgando que
fueran expulsados sin recibir su diploma. Michelle era LA
MEJOR ESTUDIANTE DE LA CLASE y el discurso de gradua-
ción escrito por ella fue presentado por su mejor amiga, quien fue
advertida severamente por la administración escolar en contra de
hacer cualquier pronunciamiento sobre el tratamiento que reci-
bieron dos muchachos que SE REHUSARON A MENTIR.

Michelle procedió al cabo de unos años a graduarse con hono-
res y distinciones de la Universidad de Stanford, obtuvo una
maestría de la Universidad de Oxford, una beca Marshall, y un
doctorado de la Universidad de Carolina del Norte en Chapel
Hill. El otoño que viene ingresa a la escuela de leyes de la Univer-
sidad de Yale, TODAVÍA detesta las MENTIRAS.

Estoy seguro de que el 'precio' que en 1989 pagó por su hones-
tidad afianzó su resolución de no haber pagado ese precio por
nada. Sobra decir que me siento muy orgulloso de ser el padre de
Michelle."

No hay que enseñarles a los niños que la honradez es una herramienta para evitar la responsabilidad, las consecuencias o los
castigos. Pero, si no le suman la mentira a la infracción, ese comportamiento debe ser cálidamente reconocido.

Muchas religiones y escuelas militares tienen un sistema de ho-
nores, en el cual los estudiantes prometen no incumplir las reglas
e informar sobre las infracciones de otros. Los oficiales en Anápo-
lis, recuperándose de una serie de detenciones de los cadetes en la
primavera de 1996 por acusaciones que iban desde el consumo
de drogas hasta el robo de autos, realizaron una encuesta entre
los estudiantes sobre este tema. Según el *Washington Post* (octubre 31, 1997), "un 41 por ciento aproximadamente dijo que se
había dado cuenta de las mentiras de los cadetes, y menos de la
mitad dijo haber informado sobre la infracción." Un vocero de la
academia dijo que el declive de los valores morales en la cultura
civil en la que habían crecido los cadetes de hoy era responsable

por esta conducta y mentalidad poco honorable. "En una institución civil no se tienen las mismas repercusiones. Pero en el ámbito militar, una mentira puede llevar a la muerte."

Newsweek informaba (junio 6, 1994) que muchos cadetes descubiertos y expulsados en el peor escándalo por trampas en la historia naval afirmaron que a muchos de ellos sus padres les habían enseñado a mentir. Uno de los estudiantes contaba que otros que habían hecho trampa le habían dicho "Miente hasta la muerte." Ese estudiante, Brian Pireo, se rehusó a mentir y fue expulsado por admitir su participación. Después de confesar, le dijo al presidente del Panel de Evaluación del Honor, "Pase lo que pase, me siento mejor de este momento en adelante, tan solo por haber venido acá y haber puesto mi consciencia en paz. Supongo que eso es todo lo que tengo para decir, señor."

Perdió su educación militar y su nombramiento como oficial de la fuerza naval; pero recuperó el alma. Es una buena inversión para el resto de su vida.

¡Si Dice la Verdad lo Demando!

Como resultado de vivir en una sociedad excesivamente inclinada al litigio se ha vuelto difícil dar una recomendación sincera para el empleo. Ya sea que se trate de una referencia negativa pero veraz sobre alguien que es deshonesto o carece de una ética de trabajo recomendable, o una recomendación positiva pero no veraz en el caso de un trabajador poco menos que admirable, esta clase de referencias laborales han dado pie a demandas. Como resultado de estas demandas legales, muchas compañías grandes u organizaciones sin fines de lucro solamente certifican que el empleado trabajó con ellos, cuánto tiempo, y el cargo que ocupó. Es triste cuando no podemos ser honrados con futuros empleadores. Aunque generalmente se acepta que las personas embellezcan las hojas de vida o mientan directamente, ahora es casi imposible establecer si el desempeño laboral descrito en las hojas de vida es real. Con la tendencia actual, los empleadores sufren

por no contar con una evaluación real de los candidatos a un
empleo, y los trabajadores buenos que buscan empleo pierden el
beneficio de las evaluaciones positivas. Abrigamos la esperanza
de que un día la honestidad pueda otra vez desempeñar un papel
en un país que se ha vuelto exitoso gracias a que el buen trabajo
es premiado.

¿Podemos Decir Mentiras Piadosas?

Una caricatura de *Peanuts* (agosto, 1997) formula esta pregunta
de la mejor forma. Charlie Brown le dice a Linus, "Se supone que
escribamos a casa, a nuestros padres y les digamos que la estamos pasando de maravilla en este campamento." Linus responde,
"¿Aunque no estemos pasándola bien? ¿No es eso mentir?"
Charlie Brown le explica que "Pues... es como una mentira piadosa" a lo cual Linus pregunta, "¿Acaso las mentiras tienen sentimientos?"

Si bien quizás estemos acostumbrados a la idea de las mentiras
piadosas, seguramente es cierto que hemos utilizado este concepto como excusa en muchas ocasiones disculpas y evadirnos de
la responsabilidad. Los sabios proporcionan un grandioso ejemplo de las diversas perspectivas sobre cuándo es lícito decir una
mentira piadosa en relación con la costumbre en las bodas de
bailar y cantar haciendo alusiones a la novia. La pregunta: "¿Qué
tan sincero se puede ser sobre la belleza de la novia?"

Una tradición rabínica dice que deberíamos "(Cantar acerca)
de la novia como ella es" (honestamente si es fea), mientras que
otra sugiere que "Sea descrita como una novia bella y agraciada"
(aun si es fea).

Si mentimos por compasión y llamamos bello lo feo, ¿cómo es
posible mentir así cuando la Torá afirma **"No intervengas en fal-
sedades"** (Éxodo 23:7)? Los sabios respondieron, "La actitud del
hombre siempre debe ser agradable hacia las personas."

En realidad, la belleza es subjetiva. Al fin de cuentas, "La belleza depende de los ojos con que se mire." Por lo tanto, toda

novia es bella el día de su boda. Así como todos los bebés son hermosos. La expresión "un rostro que solamente una madre podría amar," refleja el hecho de que no todos los bebés son realmente hermosos. Pregúntele a cualquier padre o madre que tiene en brazos a su recién nacido y le dirá que ese bebé es lo más hermoso del mundo. Aun si el bebé se parece a Cuasimodo, nos guiamos por el principio "Todos los bebés son hermosos."

El lenguaje bíblico en relación con la mentira es que uno debería **"guardar gran distancia con la mentira"** (Éxodo 23:7). Uno debería guardar gran distancia con la mentira—en lo posible— pero hay ciertas circunstancias en las cuales mentir incluye evitar herir los sentimientos de los demás *innecesariamente*. El "valor absoluto" de no mentir es modificado por el deber de la compasión, la bondad y la sociabilidad. La vida social sería imposible si todo el mundo manifestara siempre a los demás la verdad sobre sus pensamientos, sentimientos y percepciones.

Recuerdo claramente el poder de un episodio particular de *La dimensión desconocida* en el cual un hombre malvado planeaba deleitarse en una velada torturando a las personas con su más reciente descubrimiento: un piano mecánico que, cuando tocaba una pieza seleccionada por una determinada persona, obligaba a esa persona a revelar verdades acerca de sí misma y de los demás. Era doloroso ver la humillación que sentía cada persona que sin querer participaba en su propia angustia. No todas las verdades merecen ser reveladas—pueden ser demasiado destructivas. La retribución ocurre cuando el malvado es engañado para que seleccione su propia música—y el piano acaba revelando la superficialidad, envidia e inseguridad detrás de su maldad.

A menudo, cuando una de las personas que me llama quiere decir la verdad porque "La honestidad es la mejor política," y yo detecto, o bien una ingenuidad extraordinaria o un sadismo pernicioso detrás del impulso, pongo a prueba a la persona con, "¿Ah, sí? Toda verdad debe ser expresada. Bien pues usted es fea y estúpida y la gente la odia." Generalmente sigue un largo y profundo silencio. "¿Todavía cree que toda la verdad debe ser expresada?" Cuando quien llama es un ingenuo, responderá que no, el sádico seguirá pensando que la respuesta es afirmativa.

La honestidad significa que todo lo que uno dice debe ser verdad, no que todo lo que es verdad debe decirse. Si este fuera el caso, no podría hacerse un panegírico sin molestar a la familia.

Un ejemplo de cuando Dios dice una mentira piadosa para evitar la discordia familiar, ocurre cuando Dios viene a donde Abraham para decirle que, después de toda una vida sin poder tener hijos, será padre. Le dice a Abraham, **"¿Por qué se ha reído Sara diciéndose: '¿Podrá ser verdad que voy a ser madre siendo tan vieja?'"** (Génesis 18:12). Una lectura cuidadosa del primer comentario de Sara muestra que Dios hizo un ligero cambio al citarla. Sara le había dicho a Dios, **"¿Después de haber envejecido he de conocer el placer, siendo también mi marido viejo?"** ¿Por qué habría Dios de cambiar la parte en que Sara dice que su marido es "demasiado viejo?" Seguramente porque no quería herir ni a Sara ni a Abraham repitiendo algo dicho en un momento de profunda emoción. Sara no tenía la intención de menospreciar a Abraham cuando hizo ese comentario pero, si Abraham se enterara podría herirlo y lastimar la relación. Según la tradición judía en aras de la paz se permite "cambiar" la verdad—de hecho, es incluso una *mitzvá* (una obligación divina de obrar bien).

Muchas de las personas que me llaman expresan preocupación y asombro ante su derecho, obligación, o responsabilidad de comunicar ciertas historias: generalmente trozos de información dichos en un momento, un contexto y un estado emocional que seguramente no será perdurable. Todos hemos dicho cosas para hacer reír, aliviar la tensión, desahogarnos de algo, o en momentos de enfado. Sabemos en el corazón que este estado de ánimo y sentimiento seguramente será pasajero y que el sentimiento general que tenemos hacia la persona o la situación es más bien positivo. ¿A alguno de nosotros le gustaría si cada una de estas expresiones verbales momentáneas fuera informada al sujeto? Claro que no. Sí, no deberíamos haberlo dicho en primer lugar.

Ahora bien, no deberíamos dar esta información y causar dolor y destrucción innecesarios. Debe hacerse uso del criterio y del buen sentido común.

Su Mente No Debe Ser Como la Emisora Radial Sin Censura

Aunque existe la obligación de decir la verdad, usted no tiene la obligación de revelar todos sus pensamientos. El silencio no es un engaño (excepto en un tribunal). Si las personas de verdad esperaran total transparencia en todas las situaciones la vida sería aun más grosera y hostil. Existe el lenguaje de la cortesía. Hay expresiones de amistad que permiten una vida social funcional. La vida social sería imposible si todo el mundo, al preguntársele o sin preguntarle, dijera la verdad—según su punto de vista—a todos los demás. Y ese es el otro asunto, la forma como vemos las cosas es una percepción personal, y no necesariamente una realidad objetiva. El primer pensamiento acerca de decirle algo a otro debería seguir los lineamientos de Proverbios (10:19): **"En el mucho hablar no falta el pecado, el que frena sus labios es prudente."** Las personas de buena voluntad deben medir sus palabras, censurando aquellas que causarían vergüenza o dolor.

Si, por ejemplo, alguien le pregunta, "¿Te parece bonito este sofá?" su respuesta puede estar influenciada por la circunstancia: si está de compras con una amiga quien está pensando en comprar el sofá, o si este ya se encuentra en la sala de su amiga. Si acompaña a la amiga que está evaluando la compra del sofá posiblemente las palabras indicadas no sean "Es el sofá más feo que he visto;" pero es totalmente apropiado decirle, "No me llama mucho la atención" o "No es del todo mi estilo."

Por otro lado, si su amiga ya lo ha comprado y lo tiene en la sala de su casa, aunque no le guste, es perfectamente aceptable decirle, "va muy bien con la sala" (lo cual quizás no constituya un elogio al resto de la decoración de la sala) o "es lindo" (debe haber algo lindo en el sofá, el diseño, el estilo de las patas, o incluso los cojines). Es decir, siempre es posible encontrar algo amable que decir como alternativa a responder de manera negativa, insultante o hiriente.

El problema de llamar "piadosas" a las mentiras es que uno no puede siempre estar seguro de si se trata realmente de una mentira "piadosa," minúscula o inofensiva. No se imagine que es posible calcular con seguridad si una mentira es inofensiva. Dada la visión limitada que tenemos los mortales, aun si se siente seguro de que no haría ningún daño, podemos subestimar o no anticiparnos debidamente a las ramificaciones de esa mentira al parecer insignificante. A lo largo del camino y a la vuelta de la esquina, el tiempo, esa mentira aparentemente pequeña puede causar gran infelicidad o injusticia.

Simplemente no podemos ser objetivos acerca del beneficio o daño de las mentiras primordialmente porque tenemos un interés creado en las mentiras piadosas, y en pensar que el resultado es positivo—y que por lo tanto somos "buenos." Puesto que, en el análisis final, generalmente lo que aflora es que estamos preocupados por nosotros mismos, suponer que lo que nos guía es lo mejor para todos es engañoso e ingenuo.

Mentir Sobre el Carácter y los Asuntos Morales

El caso es diferente si usted no le informa a una persona cercana, que le ha pedido su opinión, sobre sus debilidades morales y de comportamiento; y a veces, cuando uno ve o anticipa un gran daño a personas inocentes, aun antes de que le pidan su opinión. Recibo muchas llamadas en las que me preguntan sobre el derecho, responsabilidad u obligación de la persona que llama de hacerse oír y decir "la verdad" acerca de las acciones de alguien o, como en el sistema de honor, informarles a los que están padeciendo un daño sin saberlo que hay un problema. Los temas van desde el alcoholismo, a los amoríos, o al maltrato.

El consejo que damos en estas situaciones es hacerle una admonición amable al individuo en privado y darle la oportunidad de "enmienda." Si esto falla y hay otra persona en riesgo, es necesario enterar a esa persona. Desafortunadamente, solamente puede ofrecer esclarecimiento y apoyo, mas no obligar a alguien a hacer lo correcto. En última instancia, usted tiene la obligación de proteger a las personas del mal obrar de otras.

Cuando uno no está verdaderamente informado o no es lo suficientemente cercano, tal vez es mejor mantenerse alejado, dado el riesgo de hacer más daño que bien con base en un conocimiento deficiente. Paso mucho tiempo cuestionando a las personas que me llaman sobre lo que creen saber a ciencia cierta, recordándoles cómo será la destrucción que causen si están equivocadas. Me ha llamado la atención la determinación de ciertas personas de utilizar retazos de "información" como balas. Los ataques sorpresivos, desagradables y causantes de vergüenza de los programas televisivos de variedades han contribuido a esta determinación de emboscar.

¿Los Secretos Son una Forma de Mentir?

Los padres deben también aceptar que sus hijos no siempre les dicen la verdad, pero que guardarse esta información no es lo mismo que mentir. Los hijos no quieren decepcionar a los padres. Cometerán errores de los cuales aprenderán, y este proceso de aprendizaje es una parte importante de su maduración. Los hijos deben admitir las faltas más graves y contarlas a sus padres, especialmente si hay repercusiones. Los padres no deben enojarse si descubren algo de poca consecuencia que ha hecho el niño.

Los esposos también se abstienen de comunicar reveladoras fantasías que podrían molestar a su pareja, así como de hacer comentarios sobre los inexorables cambios del cuerpo al envejecer. No se trata de mentiras, se trata de tener consideración. Durante veinte años, las técnicas de la psicología popular, apoyadas por artículos estúpidos en revistas populares que supuestamente promueven una mayor intimidad entre las parejas, han abogado por revelar todas las fantasías sexuales. En lugar de llevar a una

comprensión mutua, creo que estos ejercicios alejan a las personas. Cuando los esposos se revelan mutuamente los llamados
verdaderos deseos, el contenido de estos muchas veces ofende o
intimida al compañero.

Los amigos no se cuentan todo el tiempo los pequeños asuntos
y pecadillos—lo cual no serviría sino para hacer daño y alienar.
No siempre es amable, necesario o importante revelar cada opinión, reacción, percepción o preferencia. No se trata de mentir.
Evita la tiranía universal de la crítica y el juicio acerca de cosas
que distan mucho en importancia de la bondad, la amabilidad, la
rectitud y la compasión.

No obstante, está mal, y puede resultar destructivo, abstenerse
de informar sobre cosas que son peligrosas o destructivas para la
persona misma o para los demás. Por ejemplo, los niños deben
contarles a sus padres cuando les han ofrecido drogas y sexo o
cuando están en embarazo. Estos son asuntos que tienen profundas consecuencias. Los adultos deben contarse sobre indiscrecio-
nes presentes, infecciones venéreas, o problemas financieros o de
negocios, pues puede haber alguna otra persona en riesgo.

Falsa Adulación

Las mentiras piadosas son definidas por su intención benévola y
naturaleza benigna. Mentir para adular está mal. La adulación
esta mal cuando sacrifica la verdad y la dignidad para obtener
alguna ventaja material—ya se trate de objetos, dinero, afecto,
relaciones o favores. La adulación es de hecho como un robo que
se hace no con la ayuda del sigilo y las armas sino con falsas palabras de aprobación.

En segundo lugar, siempre que se confunda a la persona, se le
inhibe de enfrentarse valiente y correctamente a la verdad. "Los
aduladores—escribió Sir Walter Raleigh—son traidores de la
peor clase porque fortalecen sus imperfecciones, lo animarán
en todos los malos actos, no le corregirán nada, pero de tal forma
ensombrecerán y pintarán todos sus vicios e insensatez que

nunca, si fuera por su voluntad, usted distinguirá el bien del mal, o el vicio de la virtud."

Desde luego que es difícil, pero no imposible, adular falsamente a alguien que ya de antemano no está dedicado a mentirse a sí mismo. El auto engaño es probablemente la forma más común de mentir.

La Hipocresía

Hipócrita es una palabra griega que describe a alguien que es malo por dentro pero que se muestra como bueno; *hypo,* que denota falsedad, y *crisis,* juicio. Si usted actúa o habla de una forma que despierta una cierta percepción u opinión, mientras que en realidad sus acciones son llevadas a cabo exclusivamente para producir esa opinión o percepción, entonces se está volviendo hipócrita.

Todos conocemos la hipocresía a partir de historias muy públicas de televangelistas que predican la rectitud en sus programas (envíen dinero), pero que luego son descubiertos o bien apropiándose de un dinero que no es suyo o en amoríos con prostitutas en cuartos de motel.

La columna de Joseph Sobran para el *Universal Press Syndicate* (abril 24, 1997) lo expresaba bien: "Bajo las nuevas reglas, uno puede ser llamado hipócrita por defender los antiguos estándares de virtud que uno no ejemplifica perfectamente; pero a uno no lo pueden calificar de hipócrita por hundirse en un escuálido caos moral total, siempre y cuando uno diga que cree que no hay nada de malo en ello. Así que el defensor de la moralidad tradicional se la pasa a la defensiva pues es el único que puede ser acusado de hipocresía... y uno puede parecer hipócrita cuando es tan sólo humano."

Se han dado nuevos fenómenos en nuestros medios de comunicación cada vez más agresivos—en los cuales se busca incluso la menor inconsistencia en quienes abogan por los valores y los respetan. El motivo es claro en una sociedad que percibe los valores como herramientas de opresión. Dispárenle al mensajero, y por tanto invaliden el mensaje. La realidad es que uno puede creer en los valores y vivirlos... pero de manera imperfecta. Eso no constituye hipocresía, esa es la realidad de las limitaciones de todos los seres humanos para lograr la divinidad.

Otro uso injusto del término hipocresía es el dolor que muchos padres sienten cuando me llaman y me preguntan cómo pueden dirigir a sus hijos para que se abstengan del sexo no marital y de las drogas, cuando ellos mismos, en sus años mozos, estaban descarrilados. "¿No me convierte esto en un hipócrita?" me preguntan. Desde luego que no. Nunca se sientan culpables por abogar ahora por un punto de vista que, debido a la madurez y a la moralidad, se modificó a lo largo de los años. ¿Quién, sobre la faz de la tierra, sería capaz de orientar o aconsejar si el requisito laboral exigiera perfección vitalicia?

"Si de nuevo te vuelves hacia Él y le obedeces... según todo lo que yo te mando hoy... Él cambiará tu suerte, tendrá misericordia de ti... y te reunirá de nuevo..." (Deuteronomio 29:2–4). Es claro, bíblicamente, que volverse a encarrilar se llama arrepentirse y no hipocresía—siempre y cuando uno no se proclame perfecto.

Mentir por Entretenimiento

Con la proliferación y popularidad de la televisión, periódicos, revistas y radio amarillistas, está claro que mentir se ha vuelto una forma de entretenimiento. Mientras que muchas celebridades, como Tom Cruise y Carol Burnett han demandado exitosamente a este tipo de publicaciones, claramente es imposible para las personas protegerse de los ataques vulgares y agresivos de estos medios, empeñados en producir escándalos y controversia.

Salmos 10:8 parece aludir a estas crueles mentiras: **"Su boca está llena de violencia y fraude, bajo su lengua sólo hay vejación y mentira; se aposta al acecho junto a los poblados, a escondidas mata al inocente."**

Sisela Bok, una profesora de Harvard experta en asuntos éticos, habló durante la convención anual número 75 de la *American Society of Newspaper Editors*. Dijo, "Entre muchos editores
y reporteros, existe una sensación de estar mirando hacia un
abismo, de ser absorbidos por noticias que muchos de ustedes
antes habrían rechazado por considerarlas demasiado sensacionalistas, entrometidas y perjudiciales para el individuo y las ins-
tituciones."

Rick Green, un ministro bautista del sur de New Jersey, nos
escribió diciendo que *"La América contemporánea vibra incumpliendo este, el Noveno Mandamiento. Los programas de variedades en horario diurno y las revistas sensacionalistas florecen
con mentiras y verdades a medias. A la gente le encanta escuchar
controversias y en muchos casos han perdido toda lealtad a la
verdad o cualquier capacidad de buscar la verdad y de encon-
trarla."*

¿Qué les comunica a nuestros hijos que todas las noches veamos estos programas amarillistas de televisión que distorsionan
las vidas de las personas y lastiman sus reputaciones? ¿Qué les
comunica a nuestros hijos que cada día traigamos a casa periódicos amarillistas y debatamos los chismes a la hora de la cena?

Enseñarles a los Hijos

Los niños pequeños muchas veces inventan historias—para ellos
esto es divertido y creativo. Es cierto también que estos niños
pequeños a veces borran la línea que separa la realidad de la fantasía, razón por la cual tenemos que ser muy cuidadosos de controlar lo que ven en la televisión y en las películas, so pena
de que se vuelvan innecesariamente temerosos. Un niño mayor
de cinco años generalmente dice mentiras para evitar algo o
para evadir su responsabilidad por lo que ha hecho. Es muy importante que los padres respondan incluso a esos casos aislados
de mentir, hablándoles a sus hijos de la importancia de la veracidad, la honestidad y la confianza.

En este caso es donde entra el asunto de las "mentiras piadosas." Si los niños nos ven mentir con frecuencia a los amigos, parientes, colegas, empleados, y demás, aprenden rápidamente que no hay problema con mentir siempre y cuando esté bien racionalizado. Corremos el riesgo de que el niño establezca entonces sus propios parámetros de cuándo está bien mentir—cosa que ciertamente, ni los padres ni la sociedad van a ver con buenos ojos.

Un ejemplo de alejarse incluso de las "mentiras piadosas" hacia un estilo más sano de enfrentar situaciones embarazosas y potencialmente dañinas se relaciona con decirles a los niños cómo recibir regalos que no les gustaron en absoluto. Tal vez en lugar de decir, "Tía Mae, la camisa es preciosa, me encanta," podríamos orientar a nuestros hijos para saber identificar la bendición y responder: "Tía Mae, qué bien que pensaste en mí y me enviaste un regalo. Eres una tía tan detallista y tan maravillosa, te quiero." Entonces, en lugar de una mentira de cualquier clase, al niño se le enseña a tener en cuenta lo que es maravilloso e importante. Pensamos que se trata de una buena lección para la vida; muchas tragedias y decepciones se sobreviven buscando a veces una oculta bendición.

Los niños serán bombardeados todo el tiempo con mensajes contrarios a su sistema de valores. Incluso algo aparentemente tan neutro como esta carta de April indica cuán difícil es el trabajo de los padres: *"Un programa local de televisión en la Florida recientemente anunciaba una serie sobre cómo evadir una multa por exceso de velocidad. Mi primera respuesta fue pensar—'¿Manejaba con exceso de velocidad? Entonces, ¡asúmalo y pague su multa!' Ahora bien, ¿cómo diantre podemos esperar que las personas, menos aun nuestros hijos, acepten la responsabilidad por sus acciones cuando se nos bombardea con programas acerca de CÓMO evadir? ¡Qué extraño mundo en el que vivimos hoy!"*

Cuando Deryk, mi hijo, tenía unos seis años, lo pillé en una mentira. Ya le había dado sermones acerca de la confianza, la honestidad, el carácter, dañar las relaciones, y los castigos. En esta ocasión probé algo diferente. Le dije que le mostraría cómo era no saber si yo le estaba diciendo la verdad o mintiendo—y que le haría esa prueba durante una semana (una eternidad para un niño de seis años). En ese momento no le pareció gran cosa. Al día siguiente, cuando lo llevaba a la escuela, le prometí que cuando pasara a buscarlo lo llevaría a comprar patatas fritas (algo especial). Cuando lo llevaba a casa de regreso de la escuela, me recordó emocionado lo de las patatas. Me di vuelta para mirarlo y con una expresión corriente le dije, "Mentí." Se descompuso por completo, se puso a llorar y a gritar que no era justo. Después de tan sólo dos días de esta mentira esporádica, había sido suficiente. Me dijo que "había aprendido la lección."

Desde entonces he descrito esta técnica en mi programa de radio unas cuantas veces. La retroalimentación de parte de los padres ha sido muy positiva. De una manera controlada, los niños aprenden sobre la decepción y la inseguridad que hay en una relación que no tiene confianza.

En última instancia, los hijos deben saber que mentir es un asunto muy grave que puede socavar las relaciones personales, matrimoniales, y sociales. Decir toda la verdad puede a veces tener exactamente las mismas consecuencias. Debemos asumir que toda forma de mentira está prohibida, a menos que sea para salvar una vida, promover la justicia o demostrar profunda compasión y bondad. A menos que exista un beneficio concreto y la situación carezca de cualquier ingrediente de provecho personal, tal vez debemos pensarlo dos veces antes de mover los labios.

Cada intento de llevar honestidad a nuestra vida nos aleja del sentimiento de culpa de una existencia falsa y nos acerca a la cualidad divina de la verdad. Vivir mintiendo puede crear un infierno en vida, que es muchas veces peor que encarar la verdad.

10

El Décimo Mandamiento

"No codiciarás la casa de tu prójimo; no codiciarás la mujer de tu prójimo, ni su siervo, ni su sierva, ni su buey, ni su asno, ni cosa alguna de tu prójimo."

En una caricatura de Jules Feiffer, de 1995, aparece un niño pensativo. En el primer recuadro dice, "Quiero." Luego, otra vez "Quiero." La tercera vez: "¿Quiero?" "¡No quiero nada!" "¡No necesito nada!" "¡Lo tengo todo! Mi madre me lo consigue." En el siguiente recuadro, el niño grita, "Quiero... ¡QUERER ALGO!"

Comparen a ese niño con Nathan de siete años. Su madre y su padre me enviaron una copia de su tarea escolar, que era escribir sobre cómo sería la vida perfecta y hacer un dibujo de las cosas que él tendría en esa vida.

Nathan dibujó una casa y escribió "Mi hogar" debajo. También se dibujó con su perro. Al lado dibujó unos cuadros de ajedrez con caras dentro de cada cuadro y escribió al lado "mis amigos." A continuación, su tarea decía:

La vida perfecta para mí
Por Nathaniel

Para mí la vida perfecta es la vida que tengo ahora. Porque tengo muchos amigos y tengo también una familia grande. No necesito una vida perfecta.

"Mi esposa se queda en casa con los niños—escribe Rob, el padre de Nathan—y hemos hecho sacrificios para que así sea. Hay ocasiones en que desearíamos poder darles a los niños más cosas materiales. Los momentos como leer la tarea de Nathan nos reiteran que la moral y los valores con que vivimos la vida superan por mucho cualquier cosa material que pudiéramos proporcionarles."

¿Por Qué es Tan Malo Querer Cosas?

El impulso de querer es una parte muy necesaria del ser humano. Sin este impulso, las personas permanecerían inertes, inactivas, no tendrían motivación alguna y en última instancia no serían útiles. Las pertenencias pueden proporcionar disfrute, ventajas, oportunidades para el descubrimiento y el dominio, una vía de intercambio, una medida de logro, recompensa, bienestar y seguridad.

Es cierto que la naturaleza humana desea más de lo que necesita. Los animales y las plantas funcionan automáticamente para tomar del medio ambiente lo que necesitan para sobrevivir y reproducirse. Hay límites claros en su adquisición, y esos límites los dicta el instinto. Es decir, los animales tienen los circuitos conectados para dejar de querer cuando sus necesidades están satisfechas.

Antes de imaginar que ese estado es el ideal, hay que darse cuenta de que ningún animal sueña con conquistar un terreno agreste, salvar niños en tierras lejanas, reunir dinero para causas benéficas, comprometer su vida para descubrir la cura de enfermedades contagiosas, o colaborar para construir un lugar de reunión e inspiración para adorar y estudiar.

Cuando los primates inferiores atacan y matan a otro grupo de primates es al parecer por asuntos de supervivencia y reproducción, y tiene que ver con el alimento, el territorio, y la reproducción. Cuando los humanos atacan y matan a otro grupo, muchas veces es por una cantidad de razones que no tienen que ver con la supervivencia—la venganza, el odio, el poder, el control, la emoción de dominar, la sensación de superioridad e importancia y una codicia totalmente fuera de proporción con la necesidad.

No detestamos al león que corre, mata y se come el antílope—aceptamos que el león debe sobrevivir, y que no tiene opción, ni libre albedrío. Sí odiamos al tirano, como Pol Pot de Cambodia, quien torturó y asesinó a sus ciudadanos inocentes quienes, según él, amenazaban su retorcida visión de una buena sociedad. Los seres humanos tenemos las opciones y la capacidad de raciocinio para encontrar formas benévolas y justas de lograr metas valiosas. Tenemos libre albedrío para tomar decisiones morales o inmorales con un determinado fin.

Cuando los humanos no se ponen límites a sí mismos, cuando su impulso de dominar y poseer no tiene cortapisas, cuando pierden todo sentido de que la meta final de las acciones o las cosas radica en la santidad, el mundo puede parecerles demasiado pequeño y limitado en recursos para satisfacer sus ansias infinitas. La vida se vuelve un tormento para los perpetuamente insatisfechos y, como verá, el mundo se vuelve peligroso para quienes se les atraviesan.

¿Qué Significa Codiciar?

Este es un mandamiento muy interesante. A diferencia de asesinar, robar o cometer perjurio, que son acciones o comportamientos específicos, este mandamiento tiene que ver con la mente: los pensamientos, los deseos y los sentimientos. De hecho, todos los mandamientos de Dios pueden ubicarse en una de estas tres categorías: las acciones, las palabras y el corazón.

Es muy claro a lo largo de las Escrituras que Dios se ocupa de nuestros corazones y pensamientos. Ese énfasis se presenta claramente en Proverbios 6:16–19, donde está escrito que siete cosas abomina Dios; una de las siete es **"el corazón que trama designios perversos."** Que Dios valora y juzga nuestro corazón se hace evidente también en I Samuel (16:6): **"...el hombre ve las apariencias y Dios ve el corazón."**

¿Por qué al final de la lista de "hacer y no hacer" habría una prohibición sobre lo que ocurre en la mente? ¿No es acaso más relevante lo que en realidad hacemos a los demás? La respuesta es que la "acción real" de algo prohibido, inmoral, injusto o cruel no empieza con el acto en sí. Empieza en la *mente* y en el *corazón* con una secuencia de sentimientos, pensamientos y planeación que puede muchas veces llevar a incumplir los primeros nueve mandamientos. En este mandamiento, Dios nos recuerda que las acciones perversas no emanan de nuestras manos solamente sino de la fealdad desagradable o mezquina de nuestro corazón.

¿Pensamiento o Acción?

A lo largo de los siglos, ha habido discusiones sobre la naturaleza de la codicia. Algunos académicos interpretan la codicia como una forma de acción y no como un deseo o un sentimiento. Un ejemplo de esta interpretación aparece en Deuteronomio (7:25): **"...sin codiciar ni el oro ni la plata que los recubre ni apropiarte de ello..."** La idea es que la codicia es precursora inmediata del acto prohibido del robo. En esta visión, codiciar se asemeja a tramar y planear.

Es interesante que cuando Moisés reitera sus mandamientos (Deuteronomio 5:18), en lugar de utilizar la palabra hebrea *tahmod* para la codicia, introduce *tit'aveh,* deseo—**"No desearás la casa de tu prójimo"** justo después de **"No codiciarás la mujer de**

tu prójimo." Los académicos que interpretan la codicia como una acción utilizan la prohibición en contra del deseo, porque puede llevar a la codicia, lo cual puede a su vez llevar al robo o al adulterio.

No todos los estudiosos están de acuerdo con esta distinción, pues algunos creen que no hay diferencia entre codiciar y desear. Utilizan Miqueas (2:2) como ejemplo de la diferencia entre la acción y el pensamiento: **"Codician campos y los roban, hacen violencia al hombre y a su casa."** El argumento es que primero aparece la codicia, el sentimiento en el corazón, y luego se da el hecho, la adquisición por la fuerza.

Puede parecerle que estos argumentos se centran quisquillosamente en la semántica porque regresamos al asunto de si es o no es un mandamiento que se aplica a los sentimientos interiores o a un hecho virtual (tramar). ¿Por qué imaginamos que Dios no habría de ocuparse de nuestros pensamientos y corazones cuando en Salmos 15:1–2 se sugiere que lo contrario es lo cierto? **"¿Quién podrá, Señor, hospedarse en tu casa, quién podrá morar en tu montaña santa? El que vive sin tacha y practica la justicia, el que dice la verdad de corazón..."**

No solamente no debemos asesinar al hermano o a la hermana, **"No guardarás odio a tu hermano"** (Levítico 19:17). Parecería que el interés de Dios no es solamente ordenar que se hagan buenas obras sino que también se requieren convicciones y pensamientos y deseos internos de bondad.

¿Puede Uno Controlar los Pensamientos y los Sentimientos?

El judaísmo es primordialmente una religión de comportamiento y el cristianismo, históricamente derivado del judaísmo, también se ocupa de la clase de vida que uno vive. Es obvio que los pensamientos correctos seguramente conducen a los comportamientos correctos, y los pensamientos incorrectos a los comportamientos incorrectos. Los pensamientos pueden adquirir vida propia. Los pensamientos que contemplan un mal obrar constituyen una mancha en la chispa divina de cualquiera.

¿Cómo será posible controlar los pensamientos? ¿Y qué pensamientos se supone que controlemos? Este mandamiento tiene que ver con *querer algo a expensas de otro*—no con el simple hecho de querer algo. Sentimos que la meta de este mandamiento es impedir que pensemos excesivamente en cosas que no nos pertenecen, así como impedir que amemos cosas terrenales que nos desvíen de la santidad. Cuando nos obsesionamos con poseer cosas, y concretamente cosas que pertenecen a los demás, esto influye sobre nuestra capacidad de crear una vida equilibrada en significado y puede llevar al mal para poder obtener nuestros deseos.

En sentido estricto, transgredimos este mandamiento cuando codiciamos, y luego, aunque sea de manera legal, obtenermos lo que queríamos. Por ejemplo, codicio su negocio, y luego se lo quito haciendo trampas.

Pensar demasiado en ciertas cosas generalmente implica obsesión e infelicidad. Cuando el pensamiento excede los límites de lo que es necesario o bueno, cuando sus acciones están determinadas solamente por lo que finalmente adquiere y posee, entonces usted sabe que se ha pasado del límite.

Desde luego que no es posible controlar todo pensamiento itinerante que se aparece en su cabeza: *Todo pecado se inicia con un pensamiento. Creo que fue Martín Lutero quien dijo "es aceptable que un pájaro se pose en su cabeza pero no tiene que dejarlo anidar"* (Rob Sugg, uno de los líderes Iglesia Presbiteriana USA). ¿Cómo hacemos para que los pensamientos errados no "aniden"? *Se nos exhorta a desterrar de nuestra mente los malos pensamientos remplazándolos por pensamientos buenos y elevados"* (Dr. Robert Kofahl, Presbiteriano).

He recibido a lo largo de los años muchas llamadas de personas que albergan lo que ellos saben que son pensamientos feos, como el resentimiento, los celos, la envidia o la codicia. Me preguntan cómo pueden hacer para controlar estos sentimientos, puesto que se dan cuenta de que por causa de ellos se están comportando mal, o están esquivando del todo a la persona debido al temor y la culpa. Cada vez, les sugiero que hagan algo bondadoso. Por ejemplo, cuando una mujer sentía envidia del maravilloso trabajo nuevo de su amiga, le sugerí que le hiciera una fiesta para felicitarla, o que le enviara una nota de felicitaciones, o algo que expresara exactamente lo contrario de lo que su envidia le dictaría hacer. Cada vez que hago esta recomendación, la persona que llama expresa alivio inmediato de un horrible peso, así como un sentimiento más positivo. Al considerar la buena acción, su mente regresa a los buenos pensamientos. No solamente los buenos pensamientos generalmente arrojan buenas acciones, sino que los buenos pensamientos pueden resucitar el buen pensamiento.

La oración es otra forma de procurar alivio de los pensamientos negativos y feos. Al leer las Escrituras, confesarnos y orar, nos reconectamos con Dios. En esos momentos nuestro corazón y nuestra mente se trasladan a un plano que renueva nuestra perspectiva acerca de lo que es significativo, valioso, decente y bueno.

Cómo la Codicia Crea el Mal

Hace unos 2,800 años, el rey Ajab quería la tierra contigua a su propiedad, pero la tierra le pertenecía a un vecino. Ajab se ofreció a comprar la tierra a un precio razonable, pero su vecino no quería vender, porque su propiedad había estado por mucho tiempo en manos de su familia. Ajab se deprimió por este asunto hasta que su esposa le aseguró que ella se encargaría de todo. La esposa, la reina Jezabel, hizo que acusaran falsamente al vecino de blasfemia y traición y que lo mataran (I Reyes 21). Entonces el Rey pudo confiscar la tierra. A partir de la codicia del Rey se desencadenaron el falso testimonio, el asesinato y el robo.

Cien años antes, el rey David vio sobre una azotea a una mujer hermosa, Betsabé, y la deseó. A pesar de saber que estaba casada, hizo que se la trajeran para tener relaciones sexuales con ella. Más adelante, ella le informó de su embarazo y él tramó un intento fallido de organizar una velada "íntima" entre Betsabé y su esposo, Urías, para hacer parecer que el embarazo era legítimo. Cuando esto falló, debido a la lealtad de Urías hacia sus hombres que todavía estaban en la batalla, hizo que Urías fuera enviado al frente, donde murió en el conflicto (II Samuel 11). La codicia del rey David desencadenó un adulterio y luego indirectamente un asesinato. Algunos estudiosos rabínicos sugieren que dado que en esos tiempos antiguos se le expedía a la esposa un decreto de divorcio temporal cuando el esposo partía para el campo de batalla, David no había cometido "técnicamente" adulterio. Sea cierto o no, las acciones de David constituyeron un abuso abominable de su poder real y de las expectativas divinas.

Los intentos del rey Saúl (I Samuel 18) por asesinar a David antes de que fuera rey empiezan con su envidia por su creciente popularidad entre la gente. La maldición de la lepra de Miriam fue el resultado de sus celos de la relación especial de su hermano Moisés con Dios (Números 12). La codicia que sentía ante la posición de Moisés como profeta desencadenó sus chismes.

Todos tenemos historias, esperamos que no tan horrendas como las anteriores, sobre cómo la codicia, en forma de envidia, celos o ambición desmedida, nos han desviado del camino correcto. Irene nos escribió acerca de su historia: *"Probablemente después de tener mi primer bebé experimenté un tiempo en mi vida en que sentía envidia de las mujeres que parecían tenerlo todo. Ya se imagina, una gran carrera profesional, un gran esposo, una gran familia, dinero, y prestigio. Sentía envidia de una mujer en particular. La conocía por la iglesia. A mí me parecía que ella lo tenía todo. Más adelante me enteré de que no era así. Tenía más problemas que yo. Pero en ese entonces, cuando yo sentía envidia, hablé a sus espaldas y aproveché todas las oportunidades para hablar mal de ella. Por fortuna superé esto y me di cuenta de que al hacerlo lo único que lograba era revelar mis propias inseguridades."*

Un conocido a través de los negocios, que es muy adinerado, disfruta repitiendo la frase, supuestamente pronunciada por Andrew Carnegie, quien, cuando le preguntaron "¿cuánto dinero es suficiente?" respondió, "¡Siempre un poquito más!" La adquisición puede adquirir vida propia. Eclesiastés (5) afirma que: **"el que ama el dinero nunca se harta de él..."** y (17–19) **"He comprobado que lo mejor y más conveniente para el hombre es comer y beber y gozar del bienestar en todo el trabajo en que se afana bajo el sol durante los días de su vida que Dios le ha dado, porque ésta es su parte. Igualmente cuando Dios da a un hombre riquezas y hacienda y le permite disfrutar de ellas, tomarse su parte y gozar de su trabajo, esto es un don de Dios. Entonces no tiene que pensar mucho en los días de su vida, mientras Dios llene de alegría su corazón."**

Todo lo que tiene cada uno de nosotros es una bendición de Dios. Debemos disfrutar la vida que tenemos, sentirnos contentos con ella y encontrarle significado. No se trata de que alguien que parece tener más que suficiente en realidad tiene más problemas; puede que tengan menos dificultades o simplemente otro tipo de retos. La medida del valor de nuestra vida no se infiere de la cantidad de problemas, ni de nuestras posesiones y posibilidades de disfrute. El valor de nuestra vida se deriva del propósito que encontramos en reconocer sus bendiciones.

Marianne me escribió acerca de su espíritu competitivo como parte de su búsqueda de valor personal: *"La codicia o la envidia solamente se apoderan de mí cuando estoy compitiendo en un deporte. Me educaron para que fuera la mejor y la envidia se apodera de mí cuando no soy la número 1 en lo que estoy haciendo. Es una falla que estoy tratando con esmero de erradicar. Pero cada cierto tiempo cuando alguien supera una de mis marcas y no me está yendo bien, mi frustración crece y mi desempeño empeora."*

Existe un mundo de diferencia entre hacer lo mejor que uno

puede hacer y ganarles a todos los demás. En la película *Chariots of Fire,* uno de los atletas sentía que tenía que ganar como fuera; tenía mucho que demostrar. Otro, muy religioso, sencillamente disfrutaba el regalo del viento contra su cara y sus pies prácticamente volaban sobre el piso. Para este atleta, lo central no era ganar; lo central era apreciar la experiencia. Cuando codiciamos el triunfo ajeno, disminuimos el significado de la oportunidad y la experiencia de participar y de apreciar el valor inherente en la vida. Demasiadas personas se dejan impresionar por lo que se ha convertido en el lema de los deportes, la frase de Vince Lombardi, "Ganar no es todo; es lo único."

Hay múltiples advertencias a lo largo de las Escrituras en contra de cultivar sentimientos que nos llevan a querer tener lo que otro tiene o ser lo que otro es: **"Ambicionáis y no tenéis, entonces matáis"** (Santiago 4:2); **"Porque los celos encienden el furor del marido, y no perdonará en el día de la venganza"** (Proverbios 6:34); y **"Un corazón tranquilo es la vida del cuerpo, la envidia es la carie de los huesos"** (Proverbios 14:30).

Claramente, necesitamos concentrar nuestros deseos en los valores que nos enorgullecen, en los valores que Dios atesora, en los valores que nos llevan a hacer el bien. Los deseos codiciosos, aunque aparentemente naturales a la condición humana, deben ser contrarrestados renovando el compromiso con nuestros valores externos al ego y al egoísmo. Cuando esto no se hace, estamos expuestos a aumentar las miserias del mundo.

La Sociedad Quiere que Usted Quiera

Según un artículo en el *Educational Forum* (Louis Goldman, vol. 60, invierno, 1996), "El consumidor típico de los Estados Unidos recibe 3,000 anuncios diarios. El mensaje general de este mercadeo es que todos nuestros problemas pueden ser resueltos inmediatamente por medio del consumo del producto indicado."

Y de este mismo informe: "Otras encuestas han mostrado que, en 1967, 44 por ciento de los estudiantes de primer año de uni-

versidad pensaban que era esencial tener 'mucha solvencia financiera,' y para 1990 esa cifra se había elevado al 74 por ciento. En
contraste, 83 por ciento opinaban que era esencial desarrollar un
significado en la vida en 1967, pero para 1990, solamente opinaban así el 43 por ciento."

No conocemos ninguna encuesta que indique que las personas
son más felices mientras más cosas tengan. Las cosas que no
aportan propósito, significado ni dirección a la propia vida ofrecen escasa recompensa. *"Una persona que no codicia es una
persona en paz, contenta, feliz con sus circunstancias presentes.
Desde luego que una persona así disfrutaría con un nuevo equipo
eléctrico, o con una casa más grande, pero en ese caso no se trata
de ambiciones que obsesionan y que le restan placer a la vida."*
Esta cita es de P. Badham, uno de los oyentes del programa, quien
también escribió que *"Codiciar se ha vuelto un pasatiempo nacional; más aun, es una forma vida."*

Según reconoce Shaunna, una de mis oyentes: *"El más difícil
de los Diez Mandamientos es el que nos advierte contra codiciar cualquier cosa del vecino. Es difícil estar satisfecho con lo
propio cuando hay tantas tentaciones de comprar más, conseguir
más, poseer más. Estoy aprendiendo a estar tranquila en todas
las cosas incluyendo cuando mis amigos o parientes hacen esos
viajes maravillosos y yo me quedo en casa con mi familia. He
llegado a darme cuenta de que tomamos decisiones propias y es-
tablecemos prioridades propias, y finalmente me siento cómoda
con mi vida y no me la paso deseando lo que no tengo."*

El rabino Vogel recuerda haber visto una entrevista de televisión con personas que se habían hecho repentinamente millona-
rias gracias a la lotería. Ante la pregunta del entrevistador,
"¿Cuántos de ustedes son más felices hoy?" no se levantó ni una
sola mano. Uno de los ganadores respondió, "¿Cuántos trajes
nuevos puede uno comprarse? ¿Cuántos autos puede conducir?
Cada vez que uno consigue algo que le gusta más, entonces ya no
es lo suficientemente bueno, porque uno ve y quiere algo que le

gusta todavía más." El rabino Vogel gusta de citar la enseñanza rabínica, "¿Quién es rico? El que está contento con su vida."

Existe un problema obvio cuando nos concentramos más en lo que no tenemos que en lo que sí tenemos. La satisfacción no es pereza. No implica una falta de esfuerzo o ambición. Antes bien, esa satisfacción significa que en cada etapa de la vida la medida es el aprecio y la gratitud y no el inventario de todo lo que falta o resta por conseguir. Esta segunda preocupación lleva a la infelicidad, al descontento, a creer que uno tiene derechos, a la frustración, la rabia, y seguramente a decir palabras y cometer actos feos dado que los pensamientos son los padres de las acciones. Uno sabe que está bien encaminado en este sentido cuando puede disfrutar la felicidad y el éxito de los demás. Cuando, en lugar de admiración o respeto, sufre de resentimiento y se siente ofendido, uno debe darse cuenta de que no está bien encaminado.

Finalmente se trata de ser los amos de las cosas y no los esclavos de ellas. Si uno es esclavo, se consume y es prisionero de la necesidad de adquirir cosas. Si uno es el amo, puede ordenar y controlar los deseos para incluir tan solo aquellas cosas que uno cree que le ayudarían, le aportarían belleza o dignidad, y le darían disfrute, todo de una manera apropiada.

Querer Versus Necesitar

Este mandamiento se relaciona directamente con el problema que tenemos hoy en día para distinguir entre las necesidades y los deseos. Todos los adultos sufrimos de esta aflicción. Muchas personas viven más allá de sus posibilidades porque creen que necesitan todas esas pertenencias o servicios. Algunos los llamarían lujos; otros, necesidades básicas. Es precisamente lo difusos que se han tornado estos asuntos lo que genera una excesiva complacencia en nuestra vida y la de los hijos.

No hace mucho, las personas se rehusaban a comprar cualquier cosa que no pudieran pagar en efectivo. Sentían orgullo de saber que se habían ganado lo que tenían y lo disfrutaban. Hoy en día, la mayoría de los estadounidenses vive mucho más allá de sus posibilidades. Comprar a crédito, adquiriendo altísimas deudas y pagando tasas de interés, se considera hoy en día la única forma de conseguir todo lo que quieren. Nos arriesgaríamos incluso a adivinar que comprar a crédito no proporciona el mismo orgullo que proporcionaba pagar en efectivo.

Muchos de nuestros jóvenes hoy en día tienen visiones muy distorsionadas de lo que constituye una necesidad básica. He hablado en mi programa radial con muchos padres que se sienten culpables por no darles a sus hijos todo lo que quieren simplemente porque el argumento de sus hijos es "lo necesito porque todos los demás lo tienen." Ahora la necesidad es definida por la equidad con los adolescentes vecinos a los que hay que emular. Les he explicado a los padres que las necesidades de la vida son realmente necesidades y les he tratado de hacer ver que si sus hijos quieren un mejor auto, más allá de la necesidad de seguridad y transporte, les informen que los lujos se los tienen que ganar.

De manera similar, el rabino Vogel ha hablado con muchos adolescentes que reconocen que sus padres les dan demasiado, demasiado pronto. También reconocen que, si bien esto es cierto, no están dispuestos a arruinar algo bueno. A pesar de su falta de madurez y experiencia, muchos de ellos reconocen que la gratificación constante no es la forma de educar un adulto sano y autosuficiente. No obstante, estos hijos se acostumbran a tener y a recibir contribuyendo a la vez muy poco. Me preocupa cómo van a comportarse cuando sean adultos y no puedan obtener algo sin ganárselo.

La Codicia le Roba el Significado a la Vida

Algunos historiadores explican la caída de Roma por el exceso de ocio y prosperidad que privó a la sociedad de un verdadero significado. Es una trampa en la que fácilmente caemos hoy.

Según me escribió Donna, una de mis oyentes, *"Creo que la envidia se ha apoderado de mí cuando olvido mi propósito. Estoy acá para hacer algo bueno en el mundo, no para competir por la gloria seglar. Cuando he rechazado mi deber y obligación hacia Dios, he perdido mi propósito. A veces otros nos animan a jugar los juegos de la codicia: quién es mejor que quién con base en logros, bienes materiales y conocimientos. Me he elevado por encima de la envidia, convirtiendo a Dios en mi prioridad, en lugar de mi ego."*

Los bienes materiales son un regalo de Dios. No son inherentemente malos, ni tampoco son irrelevantes para Dios—si lo fueran, entonces ¿por qué habría de existir el mandamiento "No robarás"? Los bienes materiales tienen valor en virtud de aumentar nuestra capacidad de disfrutar el don de la vida y de traer bondad al mundo. Como metas o fines en sí mismos, se convierten en idolatría.

No hay un terreno más fértil para esta preocupación de que el éxito y las pertenencias se conviertan en idolatría, que en el contexto de la familia. Durante los dos últimos decenios, he visto el declive de la familia que está primordialmente basada en que el esposo/a-padre/madre codicien un nuevo compañero, o codicien más los bienes y el poder que el cuidado de los hijos. David, uno de mis oyentes, nos escribió sobre su descubrimiento en relación con este último asunto: *"Tengo treinta y siete años y estoy felizmente casado. Tenemos tres hijos. Mi historia empieza cuando nació mi primera hija. Tanto mi esposa como yo estábamos muy centrados en nuestras carreras y ambos teníamos empleo. Yo trabajaba para una compañía aeroespacial y mi esposa trabajaba para el sistema educativo. Ambos nos sentíamos muy cómodos con el estilo de vida y el ingreso monetario doble que nos permitía nuestro estilo de vida. Mi esposa estaba decidida a regresar a trabajar cuando naciera el bebé y a continuar su carrera fuera de casa. No solamente aceptaba su forma de ver las cosas sino que la promovía.*

Nuestra preciosa bebé nació al final del año escolar y mi es-

posa pasó casi cuatro meses del verano en casa con la pequeña y recién llegada Natalie. Trabajamos con ahínco para conseguir la mejor guardería para nuestra hija. Al finalizar el verano, nuestros días consistían en despertarla a las 5:30 a.m. y llevarla a la guardería, pasar a buscarla al final del día y luego pasar unos breves momentos en casa con ella—alimentándola y preparándola para la noche, tan solo para despertarnos al día siguiente con la misma rutina.

Al cabo de unos cinco meses, mi esposa efectuó un cambio radical en la vida familiar al decidir comprometerse más a fondo con nuestra hija y con los futuros hijos y por tanto quedarse en casa y ser madre de tiempo completo. No solamente me quedé sorprendido con su decisión, sino que me opuse. Respetaba su decisión y me parecía que estaba en su derecho de tomarla, pero me preocupaba el impacto que eso representaría en nuestro estilo de vida.

Verá, mirando retrospectivamente, no solamente me gustaba que ella trabajara sino que codiciaba el dinero que ella se ganaba. Sabía (¿esperaba?) en el fondo que al cabo de unos meses de estar en casa mi esposa se aburriría y regresaría al trabajo, de modo que retornaríamos a los días de gastar y de vivir egoístamente.

Dado el perseverante empeño de mi esposa de permanecer en casa, hicimos cambios significativos en nuestro estilo de vida. Nos mudamos a una casa más pequeña y menos costosa, cambiamos los vehículos por modelos menos caros, y prescindimos de los juguetes de adultos que nuestra situación financiera anterior nos había permitido adquirir.

Ahora puedo decir, cuatro años después y con lágrimas en los ojos, que soy la persona/el hombre/el padre más feliz del mundo y el esposo más orgulloso de una esposa que decidió quedarse en casa para ser una verdadera madre con sus hijos. He comprendido la importancia de que los hijos puedan tener en casa a la madre todo el día para amarlos, abrazarlos, jugar con ellos y darles cariño y sustento. He comprendido lo que es verdadera-

mente importante en la vida y a dónde necesita ir todo mi tiempo, esfuerzo, y habilidad: a beneficio de mis hijos.

Ahora tenemos 'las mejores cosas de la vida': nos tenemos el uno al otro, tenemos un hogar amoroso, y una madre de tiempo completo."

Todo es Cuestión de Perspectiva

Lo que siempre nos ha conmovido es la capacidad que algunas personas han desarrollado para apreciar su vida y encontrar las bendiciones. Por ejemplo, este comentario de Susan: *"Recientemente hice un recorrido por la casa recién estrenada de mi amiga, techos altos, alfombra blanca—muy elegante. Me siento genuinamente feliz por ella. No siento ni una pizca de envidia. Regresé a casa y observando el poyo color aguacate que ya cumple treinta años, me di cuenta de que ¡había esperado suficiente tiempo y que ahora el color aguacate estaba de moda OTRA VEZ! La vida es buena."*

Y esta carta de Harvey: *"Hace cuatro años me sometí a una cirugía de corazón abierto en la cual me hicieron puentes coronarios cuádruples y acabo de pasar mi cuarta cirugía por problemas de glaucoma. Le cuento todo esto debido a algo que quiero decirle, Dra. Laura. Usted me ayudó a doblar la esquina emocional en relación con la depresión. Usted me enseñó que TENGO QUE SENTIRME AGRADECIDO POR LO QUE TENGO Y NO SENTIRME MAL POR LO QUE PERDÍ. Me parece que debemos trabajar con lo que nos han dado, no solamente para aprovecharlo al máximo sino para transformarlo en algo mejor. Algunas personas no se sienten felices sino informando a otros de su infelicidad. Me considero una persona rica—no en cosas materiales, sino porque tengo una esposa amorosa y CARIÑOSA (Helene), cinco hijos maravillosos (incluyo a mi yerno entre los hijos), magníficos amigos, la compañía para la que trabajo que me ha apoyado me a lo largo de mis dificultades y colegas que me ayudan."*

Anne me escribió sobre su aprecio por los aspectos agridulces de la vida: *"Todo el mundo tiene algo en su vida que yo no querría tener. Aprendí a no envidiarles su vida sino a regocijarme con la mía. Mi vida no es perfecta; es agridulce. Pero soy muy afortunada. La vida nos da algunas cosas dulces y algunas no tan dulces. Uno aprende a tomar decisiones sabias. Uno aprende a enfrentar cada situación en base a sus fortalezas y su moralidad y no deseando las pertenencias de su amigo. La envidia a veces acecha, pero cuento mis bendiciones en lugar de contar los nuevos diamantes de mi amiga, su esbelta figura, o su casa de recreo—y así me siento más rica. Entonces también puedo alegrarme por su felicidad. Aprendí a vivir mi vida según los principios de mi religión, mis propias convicciones, directrices y con amor."*

Un ejemplo muy gracioso de la falta de perspectiva proviene de una caricatura de Leigh Rubin, publicada en 1997. Muestra a dos jirafas que siguen calmadamente a dos elefantes disgustados que salen del Arca de Noé. Uno de los elefantes se queja, "¡Qué viaje más terrible...llovió *todo* el tiempo!"

Nunca sentiremos satisfacción en nuestra vida si no podemos encontrar la bendición inmediata o sentimos que nuestros esfuerzos tienen un propósito. Las bendiciones y el significado no provienen de las cosas sino de lo que hacemos con esas cosas o a pesar de ellas. La mayoría de los verdaderos placeres en la vida proceden de nuestros esfuerzos y de nuestras relaciones. ¿Cómo podemos darnos cuenta de cuál es nuestro lugar en el mundo en este tiempo en que nos sentimos desvalorizados, carecemos de gratitud, tenemos expectativas poco realistas, comparamos constantemente lo nuestro con lo de los demás y nos sentimos triunfantes o fracasados dependiendo de lo que obtenemos? La respuesta es que no podemos y que nosotros mismos hemos construido un infierno.

¿Cómo Aprenden los Niños?

Sandie nos escribió, *"Me encanta la versión islámica de la Regla de Oro: No es un verdadero creyente quien no desea para su hermano lo que desea para sí mismo."*

Colleen me escribió acerca del primer asomo de comprensión de su sobrino sobre este mandamiento: *"Hace dos años mi sobrino aprendió la lección de 'no codiciarás' con gracia y aplomo. Verá, su hermano cumple años una semana antes que él. Cuando sucedió el incidente, estaban a punto de cumplir tres y seis años. Mientras que el hermano menor abría sus regalos de cumpleaños, el mayor ponía mala cara y estaba de mal genio porque no le permitían abrirlos a él. Sus padres le explicaron que aunque era muy difícil ser sólo espectador, era mala educación hacerlo sentir tan mal y que su comportamiento era equivocado.*

Lo pensó durante una semana. Cuando llegó su cumpleaños, el menor estaba un poco enojado por no poder abrir los regalos. En lugar de quitarle los regalos y gritarle a su hermano menor, le dijo, 'Sé lo difícil que es ver a otro abriendo regalos, así que puedes ayudarme si quieres. Aunque no estaba dando exactamente la misma lección sobre cómo no ser ruin, aprendió una lección tremenda sobre ser un hermano mayor bondadoso y un ser humano decente."

Los niños necesitan aprender a ser compasivos pues así se les enseña a controlar la codicia y los antojos. Aprenderán primero y mejor a partir del comportamiento de sus padres en cuánto al énfasis, la emoción, las discusiones, las conversaciones, tiempo y e esfuerzo que invierten en las cosas, en contraposición la familia, las obras de caridad, la verdadera superación personal y el cumplimiento religioso. También aprenden del esfuerzo mismo que hacen los padres por ayudarles a distinguir entre los deseos y las verdaderas necesidades humanas y espirituales. Los padres no deben darles demasiados gustos a los hijos con objetos y modas, en desproporción con la importancia que les dan a los libros, los deportes, la música, y el trabajo escolar y las obras de caridad.

Los padres también deben involucrar a sus hijos en actividades generosas, de modo que desde pequeños aprendan sobre la alegría de dar y no solo sobre la dicha de recibir.

¿Qué es el Éxito?

En última instancia, este capítulo trata sobre medir el éxito según las cosas. Shannon nos envió este poema (de un autor desconocido) que leyó en la cartelera de su iglesia. Dice que lo lleva consigo porque le sirve de inspiración y la mantiene centrada en aquellas cosas que son verdaderamente importantes en la vida. En su opinión, serían unos bellos Diez Mandamientos modernos.

El Éxito

Tener éxito es saber elogiar,
saber animar a los demás,
hacer lo mejor posible
con cada tarea y cada plan.
Es callar cuando hace falta,
ser cortés cuando el otro es cortante.
Es ser sordo cuando el escándalo abunda,
y comprensivo con las penas ajenas.
Es ser valiente cuando llega el desastre,
paciente cuando las horas se alargan.
En la risa y la canción,
en los ratos silenciosos de oración,
en la felicidad y en el desconsuelo,
en todo lo que es la vida y nada menos,
encontramos aquello que llamamos éxito.

En ningún lugar de este poema sobre el éxito se mencionan las pertenencias como un medio para obtenerlo. No nos malentiendan, a ambos nos encantan nuestras cosas, pero luchamos por amar más a Dios. Es en esta lucha, y no en las cosas, donde encontramos la paz y la alegría.

Si uno fuera a seguir los mandamientos, del uno al nueve, perfectamente, y controlando todos nuestros comportamientos, según el Décimo Mandamiento, no estaríamos fuera del bosque, espiritualmente hablando. No somos santos solamente por evitar incumplir los mandamientos del uno al nueve si a la vez estamos llenos de resentimientos contra los demás por lo que hacen o tienen, o nos sentimos vacíos por lo que no tenemos. Nuestra bondad es mancillada por la podredumbre en el alma que causan la envidia, la codicia y los celos. Controlar nuestro deseo de tener nos hace más íntegros y más amables y disminuye el potencial de hacer cosas malas o perversas.

Cuando Codiciar es una Buena Cosa

¿Puede algo bueno surgir de una reacción "codiciosa" acerca de determinados aspectos de la vida del prójimo? La respuesta es afirmativa. Cuando uno mira a alguien con respeto por lo que es o hace, quizás quiera ser como esa persona. Uno puede sentirse inspirado, motivado y elevado por el ejemplo que da el otro en compasión, disciplina, piedad, valor, esfuerzo, perseverancia, sensibilidad, caridad y búsqueda de conocimiento. O sea, uno puede y debe envidiar la bondad de los demás volviéndose asimismo bueno.

Dios quiere que deseemos o codiciemos algunas cosas con pasión. Según los Salmos (19:11), los deseos de Dios deben desearse más que el oro. Quienes añoran los aspectos eternos del carácter, la espiritualidad, y la determinación de aportar bondad y belleza al mundo no se dejarán distraer fácilmente de lo importante por lo superficial y pasajero. **"Una cosa pido al Señor, sólo eso busco; habitar en la casa del Señor todos los días de mi vida para gustar la dulzura del Señor y contemplar la belleza de su templo"** (Salmos 27:4). Esta es la clase de codicia que hace valiosa la vida.

No es difícil distinguir entre la clase correcta o incorrecta de codicia. El Décimo Mandamiento nos advierte que no debemos codiciar las pertenencias y la vida ajena. La codicia mala lleva a que una persona—el codicioso—gane, pero perdiendo su alma a costa de otro. La codicia acertada, es decir, crecer espiritualmente en sabiduría, conocimiento y bondad, no disminuye ni merma a nadie—de hecho, nos beneficia a todos y al mundo.

Finalmente, en la ley judía están permitidos los deseos materiales—de una casa bonita, un auto y demás. A uno no se le permite desear la casa de otro. La diferencia no radica en el posible robo. Al desear los bienes de otra persona, uno cuestiona la repartición que hizo Dios: "¿Por qué ellos tienen esto y no yo?" Esto demuestra una falta de fe y de confianza en el Señor. El Décimo Mandamiento es el signo de exclamación final para el primer mandamiento—creer y confiar en Dios.

Epílogo

"Que me embarquen a algún lado al este del Suez, donde lo mejor es igual que lo peor," escribió Rudyard Kipling. "Donde no haya Diez Mandamientos y un hombre tenga derecho a saciar su sed." Independientemente de la geografía, ¡Inglaterra puede ser el lugar! El periódico británico *The Sunday Times* (Noviembre 16, 1997) informaba que la comisión litúrgica de la Iglesia de Inglaterra había decidido eliminar los mandamientos del servicio de sagrada comunión en el libro de oraciones del nuevo milenio. "Philip Gore, un miembro del sínodo de la diócesis de Manchester, manifestó que la decisión reflejaba el temor de la iglesia de que cualquier clase de exigencia religiosa aliene a los congregantes. Al comienzo del año, se evidenció que la iglesia había sufrido el mayor descenso en asistencia en más de veinte años. 'Mucha gente en la iglesia no quiere a un Dios que les haga demasiadas exigencias,' dijo. 'Por lo tanto, quieren dejar de lado los mandamientos considerándolos *irrelevantes para los tiempos modernos*'."

Esta sorprendente conclusión me recuerda una de las tiras cómicas de *Toles,* en la cual el abogado defensor proclama, "Su Señoría, hemos acudido a la más alta corte porque la ley en cuestión tiene más de *100 años*—fue escrita incluso antes de que se inventara el teléfono- en una época muy diferente a la que vivimos hoy." En el recuadro siguiente vemos a Dios, con los Diez Mandamientos a sus espaldas, el mazo divino en la mano, y exclamando "¡Irrelevante!"

Una vez le pregunté a un público de casi tres mil personas si pensaban que los Diez Mandamientos estaban pasados de moda. Muchas manos fueron alzadas. Cuando les pregunté, "¿Específicamente cuáles?" nadie se movió. Sin embargo, percibía la incomodidad en el recinto. Era como si trataran de justificar su proclama inicial de la obsolescencia de los mandamientos pero se dieran cuenta de que no había nada para respaldar esa noción— solo apatía moral.

Los Diez Mandamientos son la primera comunicación directa entre un pueblo y Dios. Aun para los cristianos, que creen que la salvación no se logra mediante la obediencia a las leyes de Dios sino también mediante la fe en Jesucristo, su religión les exige poner en práctica esa fe a través del cumplimiento de las leyes.

Las leyes morales de Dios todavía obligan. Son el esquema de las expectativas de Dios hacia nosotros y su plan para una vida significativa, justa, amorosa y santa. Cada uno de los Diez Mandamientos afirma un principio, y, como se analiza en este libro, cada principio es un punto moral de foco para miles de asuntos de la vida real, incluyendo la relación con Dios, la familia, nuestros congéneres, el sexo, el trabajo, la caridad, la prosperidad, el habla y el pensamiento.

Desafortunadamente, la ignorancia o el abandono de los mandamientos ha hecho presa hasta tal punto de la sociedad que cada vez es menor el número de personas que tiene una idea clara de la diferencia entre lo correcto y lo incorrecto. Peor aún, siempre y cuando sientan que tienen lo que quieren, no les importa.

Rebeca, una oyente de mi programa, me escribió acerca del asunto de los mandamientos arcaicos: *"Con respecto a sus comentarios sobre la actualización de Dios, tuve una experiencia interesante mientras vivía en Bélgica, sirviendo en una misión con mi Iglesia. Asistía a una reunión religiosa en la cual un conferencista hablaba sobre los Diez Mandamientos. Era profesor de estudios religiosos en la universidad local, y sus estudiantes le decían constantemente que los Diez Mandamientos estaban pasados de moda, no eran aplicables a la sociedad de hoy y deberían ser cambiados. Dijo que los Diez Mandamientos no tenían que ser 'op nieuw geschreven,' sino 'op nieuw gelezen,' lo cual quiere decir que no tienen que ser reescritos sino más bien releídos."*

Estoy de acuerdo. Posiblemente las personas se sientan intimidadas por las leyes de Dios porque parecen ser apenas una lista de reglas según las cuales uno debe vivir, *o de lo contrario...,* pero subyacentes a estas reglas están los conceptos más importantes de amor, honor y respeto. El Rabino Yosef Ber Soloveitchick dijo en una conferencia el 22 de junio de 1972 ante el Concilio Rabínico de los Estados Unidos esta reflexión tan importante de comprensión espiritual: "La mayoría de nuestros hombres sabios distinguía entre *chukim y mishpatim.* Declaraban que su cumplimiento de *chukim* era un gesto de obediencia pura y de subordinación a Dios. De la misma forma, la adhesión a *mishpatim* es el resultado de una necesidad moral interna que Dios sembró en el hombre, cuando este fue creado a Su imagen. El mero hecho de que el hombre lleve dentro de sí la imagen de Dios sugiere que la moralidad es característica de la naturaleza humana, y que hacer el bien es una necesidad indispensable, en nada inferior al alimento o al aire."

Aunque creemos que eso es cierto, el hombre sí ejerce su libre albedrío para elegir entre el bien y el mal—entre el espíritu de los mandamientos y el influjo hacia el caos espiritual. Este libro intenta influir a favor de esa opción por Dios.

En conclusión, recuerdo una caricatura *Non Sequitur,* de Wiley, que mostraba a Moisés, después de haberles presentado los mandamientos a los israelitas, diciendo, "Mmmm...

buena pregunta. Regresaré para verificar." Después de caminar un buen rato por todo el Sinaí, con un interludio tormentoso y fogoso, Moisés reaparece, chamuscado y exhausto, con el siguiente mensaje, 'Sí. Tienen que obedecerlos TODOS, TODO el tiempo'. Y esto pone fin a la &)()%$*"! sesión de preguntas y respuestas..."

A nosotros nos suena claro.